明治大の日本史

［第2版］

堀越直樹 編著

教学社

はしがき

本書は，明治大学で日本史を課すすべての学部の問題を分析し，明治大学に合格するための最良の道筋を示すことを目的に編集されました。最近 10 カ年の過去問の中から 37 題を精選し，時代別に配列して，最後にテーマ史をまとめています。

明治大学は伝統と実績を誇る大学であると同時に，近年では私立大学の改革の先頭を走る大学として認知されており，研究実績，キャリア支援，グローバル教育，情報発信力などで他大学のモデルとなることが多くなっています。そのため，受験生の間で明治大学の人気は高く，志願者数は全国でもトップクラスを誇っています。

明治大学の入試問題は，教科書の範囲を逸脱するような設問を極力控え，標準的な問題を多く出題する方針であると，大学主催の説明会で入試担当者が説明しています。実際に標準レベルの設問が多いのですが，人気のある大学であるため，合格最低点が高くなる傾向にあります。明治大学の入試で高得点をとるためには，基礎を徹底的に反復して身につける必要がありますが，それでは日本史の基礎力とは何でしょうか。どのような反復を通じて基礎力が身につくのでしょうか。それらを本書を通じて示していきます。

2025 年度からの新課程入試では，「歴史総合」も出題範囲に含まれますが，基本的な出題方針に関する変更は発表されていません。過去問が入試対策の大きな指針となることに変わりはないでしょう。

本書ではすべての小問に難易度を示しています。それにより，自分が何問正解しなければならないのかを確認できます。《易》《標準》は，合格最低点の高い明治大学では落としたくない設問です。《やや難》は，日本史で高得点をとって他の受験生に差をつけたい人には得点してほしい設問です。選択肢の一部がわからなくても，消去法などを使えば標準的な知識でも解答できるものがあります。《難》と表示されている難問も一部にはありますが，ここは合否には大きな影響がないと考えてください。

明治大学の日本史は良問が多く，適度な難度の問題がそろっています。本書を通じて明治大学の入試問題で高得点をとることをめざして学習を続けていけば，明治大学の入試対策になるだけでなく，他の大学でも合格点をとりやすくなるはずです。そのようなことも意識して本書は編集されています。

なお，解答・解説の執筆にあたっては，他社の媒体によるものも含め，先行文献を多く参考にさせていただきました。個々に申し伝えることがかなわないことのお詫びかたがた，ここに感謝申し上げます。

本書を有効に活用したすべての方が入試を突破し，大学という場で学問をしながらさらなる高みをめざすことを願っています。

堀越直樹

目　次

（　）内は年度・学部・大問番号を示す。
★は史料問題，☆は図版・グラフ・表などの資料問題，◇は論述問題。

第1章　原始・古代～中世

第2章　近　世

第3章　近　代

第4章 現 代

第5章 テーマ史

＊注意：国際日本学部について

2025年度入試より，国際日本学部では日本史が課されなくなる予定である。しかし，明治大学では学部をまたいで類題が出題されていることから，他学部の受験生にも参考になると判断して掲載している。

◇時代区分について

本書では，原始（旧石器時代～縄文時代），古代（弥生時代～平安時代），中世（院政～戦国時代），近世（織豊政権～江戸時代），近代（開国～昭和戦前期），現代（第二次世界大戦後）と区分しています。

（編集部注）本書に掲載されている入試問題の解答・解説は，出題校が公表したものではありません。

本書の特色と活用法

▶**問　題**　明治大学の日本史を攻略する最大のカギは，**教科書を中心とした基本的な学習**です。難問・奇問の出題率は低いので，特別な対策を模索する前に，まずは教科書中心の学習を徹底することを心がけてください。本書の解説などを読む際も，教科書や普段使用している教材で出来事の前後関係や関連事項を確認し，何度も往復を繰り返しながら知識の定着をはかってください。

明治大学の日本史は，出題形式では**正文・誤文選択問題**，**史料問題**の比重が大きいと言えます。時代については**近現代重視の傾向が顕著**です。そのことをふまえて，本書では代表的な良問 37 題を精選しました。すべての学部を通じて共通する出題傾向や形式があり，内容についても類似したものがしばしばみられます。本書を通じて出題内容やパターンを知ることで，明治大学合格のための実力を養成してください。

▶**解　説**　すべての設問に解説をつけています。その**設問の解き方だけではなく，そこで学んだことが類似の問題への対応にも役立つように意識して解説しました**。また，必要に応じて表，年表，地図，グラフなども加えています。しっかり熟読し，教科書などを参照しながら理解を深めてください。

▶**難易度**　すべての設問に難易度を示しました。本書収載の 401 問の難易度を示すと，以下のようになります（数字は難易度別の小問数とその割合を示しています）。

	易	標準	やや難	難	計
原始・古代	5	28	2	1	36
中世	4	26	3	0	33
近世	2	65	9	4	80
近代	4	78	13	5	100
現代	4	44	11	8	67
テーマ史	6	61	13	5	85
計	25 （6％）	302 （75％）	51 （13％）	23 （6％）	401

《**易**》は失点が許されない問題です。ほとんどの設問は《**標準**》に分類され，合格最低点が高い明治大学では，この部分を確実に得点することが求められます。《**やや難**》は差がつく問題です。この部分ができると日本史でライバルに差をつけることができます。《**難**》はほとんどの受験生が正解できない問題ですので，合否に大きな影響はありません。

明治大日本史の研究

❶ 明治大に合格するために

▶教科書中心の学習を

明治大学の日本史は良問が多い。難関大学と呼ばれる大学だが，難問・奇問などの出題は少ないと言える。難問が出題されたとしても，全体の中での割合はわずかであり，その問題が合否を左右することはない。

しかし，決して易しい問題ばかりではない。教科書に掲載されている標準的な知識を用いつつ，それに関する背景や歴史事象のつながりなどを考察させる，深い理解を求める問題が多い。歴史用語などの知識は必要だが，一問一答的な学習ばかりに頼っていては合格にたどりつけない。

教科書中心の学習が最も効果的な対策である。ただし，教科書をどう読むか，どう活用するかが重要である。教科書の本文を前から読み，重要語句に線を引く，という行為を続けるだけでは，教科書を上手に活用しているとは言えない。

教科書の活用で重要なのは何度も「往復」することである。「細かい事柄」に目を通しながら，「その時代の大きな展開」を意識する。「その時代の大きな展開」を意識しながら，「細かい事柄」がそこにどう関わっていくかを意識する。また，各分野の相互関係に留意すると効果的である。たとえば，鎌倉時代の社会経済史の部分を読んだ後に，室町時代の社会経済史の部分を読んでみる。弘仁・貞観文化の部分を読んだ後に，国風文化の部分を読んでみる。このような読み方を繰り返すことが，テーマ史対策，正文・誤文選択問題対策などにつながり，合格に必要な実力が養成されていくだろう。

▶近現代の重視

すべての学部で**近現代の比重が大きい**。また，やや難問，難問が出題される割合も近現代で高い。教科書を中心に，用語集・図説・史料集などを活用しながら，十分な時間をかけて学習したい。現代（戦後史）が大問で出題されることも多いので，早めに学習を始めておきたい。

また，近現代では国際情勢とからめた出題が多くみられる。世界史の知識が求められることもあるため，国内だけでなく，国外の動向についてもおさえておくとよい。

▶正文・誤文選択問題対策

正文・誤文選択問題はほとんどの学部で出題されている。学部によっては最も比重が大きく，合否を左右する出題形式である。

選択肢に○または×などをつけながら，解答を選んでいくことになるが，その際に○と×だけでなく，**△を活用することを強く推奨する**。次の**例題**を見てみよう。

例題　初期荘園に関する説明として正しいものを，次の**A**〜**D**のうちから一つ選べ。

A　墾田永年私財法には，位階に応じて墾田の面積の制限があった。

B　初期荘園には，原則的に律令国家から不輸・不入の権が認められた。

C　代表的な初期荘園には，唐招提寺領である越前国道守荘や糞置荘がある。

D　8〜9世紀に生まれた初期荘園の多くは，10世紀に寄進地系荘園として存続していく。

(2016年度　全学部統一入試〔1〕問6・改題)

難問ではないが，**C**と**D**の選択肢で迷う。**C**については，東大寺領糞置荘の開田図を掲載している教科書があり，**D**については，初期荘園は独自の荘民をもたなかったことから郡司の弱体化とともに衰退していった，という内容を欄外の注に記している教科書がある。しかし，そこまでは学習していなかったという受験生も多いのではないだろうか。

自分が学習した内容からは判別が不可能な選択肢については，なんとなく○や×をつけるのではなく，一度△をつけて保留しておこう。残った**A**と**B**の選択肢をみると，どちらも高校の授業などで習う基本事項である。**A**が正しい内容であり，**B**は初期荘園が輸租田であったという基本知識があれば×と判断できる。よって，この場合は**C**と**D**の判断を保留にしたまま，**A**を選べばよい。

▶史料問題対策

難関大学の中でも明治大学は**史料問題の出題の多さが目立つ**。教科書で基本史料を確認しつつ，史料集を用いた学習を心がけたい。基本史料はキーワードの空所補充が求められることがあるので，注意が必要である。初見史料を用いた問題も頻出なので，知識分野の定着をはかるだけでなく，原文の意味を読み取る練習もしておきたい。そうすることで，初見史料であっても文中のキーワードを見逃すことなく対応できるようになるだろう。

▶テーマ史対策

商学部，情報コミュニケーション学部を中心に，多くの学部でテーマ史は頻出である。特に社会経済史は頻出であり，土地制度史・商業史・流通史・貨幣史・金融史・農業史・資本主義発達史・社会労働運動史・交通史・都市史といった分野は整理しておこう。また，日中関係史，日朝関係史，蝦夷地・北海道史，琉球・沖縄史，教育史なども頻出なので，しっかり学習しておきたい。

▶時代・時期への理解を深める

年代順配列問題に加えて，年代そのものを問う問題，同時代の出来事を選ぶ問題などが出題されており，時代・時期への深い理解が試されている。

日本史上の画期となる重要な年代はおさえておいたほうがよいが，膨大な量の西暦年を暗記しなければいけないわけではない。「世紀」「時代」「文化」などの時期区分を普段から意識して学習し，権力者・為政者（天皇・将軍・内閣など）の情報からも時期を認識できる実力をつけていれば，解答にたどりつけるケースが多い。明治大学の年代順配列問題では年代幅が狭いものも見受けられるが，その場合も個々の事項の西暦年を知らなければいけないわけではなく，むしろ相互の関連性など時代の流れについての理解が求められている。

本書の解説では，年代順配列問題で求められている理解がどのようなものかを，流れに示しているので参考にしてほしい。また，普段から出来事の前後関係や因果関係を意識して学習をすすめよう。

▶歴史と現在（時事問題）との対話

本書の「**30**　現代の一次エネルギーと農林水産物の推移」「**31**　日米関係を中心とした戦後外交史」のように，時事問題を歴史的に掘り下げるようなテーマ設定が多いのが明治大学の特徴である。**日頃から，歴史と現在とのつながりを意識して学習することが求められる。**

▶新課程入試に向けて

2025年度の新課程入試から，出題範囲が「歴史総合，日本史探究」となる予定である。2025年度入試では，旧課程履修者に配慮して出題するとされているため，大きな変化はないと予想されるが，注意は必要だろう。新たに出題範囲に加わる「歴史総合」は，近現代における世界と日本の歴史と相互の関わり合いを学ぶ科目である。前述したように，明治大学は近現代の出題が多い大学だが，その中でも，外交史や，世界史と関わるテーマの問題は積極的に解き，知識の不足を補っておきたい。

❷ 明治大の日本史／全体概観

ここでは過去3年分（2021～2023年度）の出題を分析している。受験する学部の選択や，傾向の似た学部の過去問探しに役立ててほしい。

■ 出題形式

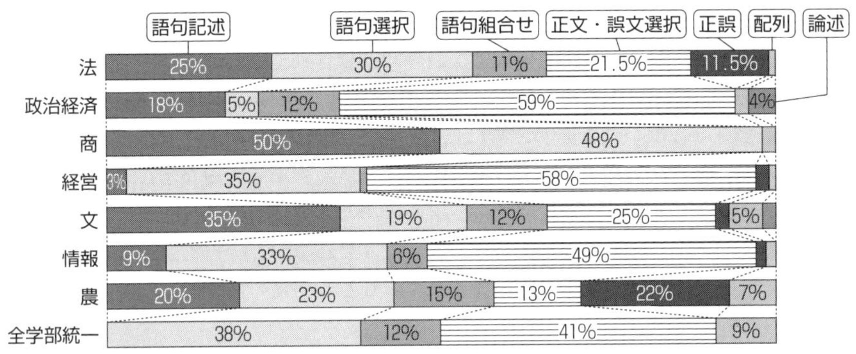

学部ごとの出題形式

▶語句記述問題

全問選択式（マーク式）の全学部統一入試，2022年度から全問選択式（マーク式）となった経営学部以外の学部で出題されている。中でも，商学部・文学部・法学部の順に語句記述問題の比重が大きい。漢字で解答するよう指定されていることも多く，正確な漢字表記が求められている。日頃から漢字の筆記練習を怠らないようにしよう。

▶正文・誤文選択問題

正文・誤文選択問題は商学部をのぞき，すべての学部で出題されている。中でも，政治経済学部・経営学部・情報コミュニケーション学部・全学部統一入試は正文・誤文選択問題の比重が大きく，合否を左右すると言える。歴史用語の暗記だけでは解けない問題が多いので，日頃の学習から時期区分を意識し，用語を背景知識と結びつけて理解を深める取り組みが求められる。

▶論述問題

論述問題は，法学部（10～15 字程度），政治経済学部（12～180 字程度），文学部（20～40 字程度）で出題されている。

法学部と文学部については字数が少なく，歴史用語の意味，事件の要因や背景，その結果や意義などを，短めの字数を設定して書く練習を積んでおくことが効果的である。政治経済学部は史料などを読解したうえで，かなり本格的な論述が要求されることが多い。なるべく多くの過去問を解き，さらに国公立大学・私立大学を問わず論述を課す他大学の過去問も解くなどして演習量を増やしておきたい。

設問の題意を的確にとらえて解答をまとめることができたかを確認するため，書き上げたものは先生に添削してもらい，よくなかった部分を改善していくことが必要である。

●法学部：論述問題のテーマ（過去 10 年分）

年度	内　　容
2020	「越訴」の説明（10 字以内） 「本主」の説明（10 字以内）
2017	三世一身法の「限満つる」の内容説明（15 字以内） 皇后の出自（15 字以内）
2016	蓄銭叙位令の説明（15 字程度）

●政治経済学部：論述問題のテーマ（過去 10 年分）

年度	内　　容
2023	国学の考え方と西周の主張の共通点（150 字以内）
2022	普通選挙についての美濃部達吉・吉野作造・市川房枝の見解（180 字以内） 大日本帝国憲法下で選挙権がどこまで拡張したか（12 字以内）
2021	明治期の国勢調査実施についての意見陳述（150 字以内）
2020	女性の独立についての三つの史料の見解（140 字以内）
2019	政府の緊縮方針について史料Ａ・Ｂの見解（60 字以内 2 問）
2018	尊王論者からみた朝廷・天皇と幕府・将軍の関係（120 字以内）
2017	自由民権運動において五箇条の誓文が果たした役割（80 字以内）
2016	日本国憲法の制定過程（80 字以内）
2015	「学事奨励に関する太政官布告」と就学状況の表から読み取れる教育の原則と実情（100 字以内）
2014	アメリカ軍駐留の理由と経過（60 字以内）

●文学部：論述問題のテーマ（過去 10 年分）

年度	内　　容
2023	「異国警固番役」の説明（20 字以内）
2022	「上米」の説明（20 字以内）
2021	古代の人の移動（運脚）の理由（20 字以内）
2020	原敬内閣による選挙人資格の緩和（20 字以内）
2018	「改易」の説明（字数指定なし）
2017	豊臣政権のキリスト教取り締まりが不徹底であった理由（字数指定なし）
2016	鎌倉時代後期の御家人窮乏化の要因（字数指定なし）
	「開帳」の説明（字数指定なし）
2015	「村切」の説明（字数指定なし）
2014	鎌倉時代後期の経済格差拡大の背景（字数指定なし）

■ 時代別

時代については近現代重視の傾向が顕著である。文学部・農学部・全学部統一入試は各時代からバランスよく出題しようという意図が感じられるが，それでも近現代からの出題の割合が最も高い。経営学部は近年，近世以降からの出題に限られている。政治経済学部も近世以降からの出題の割合の高さが目立つ。

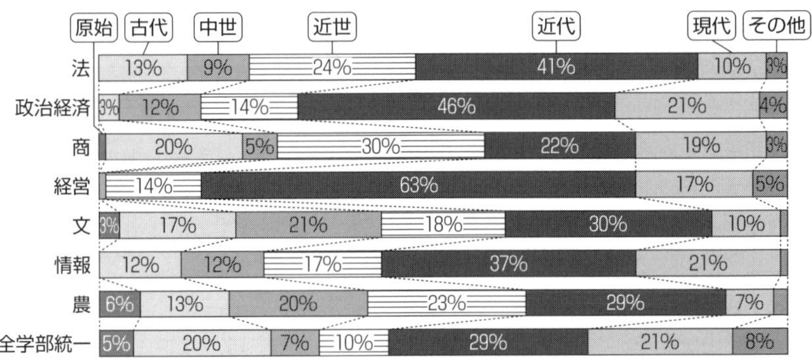

学部ごとの時代別出題数

■ 分野別

分野については，学部の性格が大きく反映されている。政治史・社会経済史が大きな割合を占めている学部が多いが，経営学部は文化史の割合が近年高まっている。

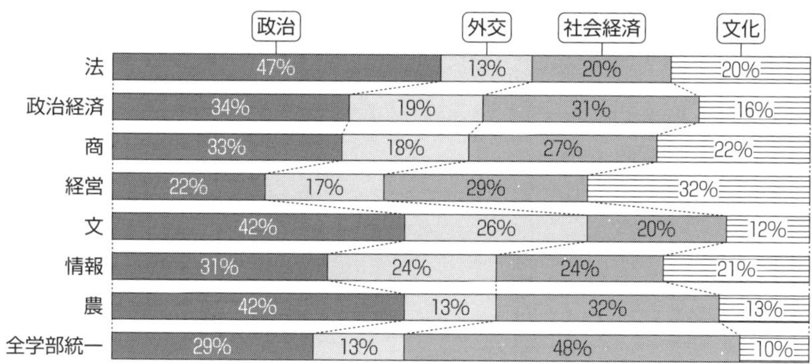

学部ごとの分野別出題数

■ 史料問題の比重

明治大学の日本史では史料対策が不可欠である。ほとんどの学部で，大問２題以上が史料問題ということが珍しくない。教科書に記載されている基本史料だけでなく，初見史料も出題される。設問内容も，史料読解・空所補充・出典関連事項を問うものなど多岐にわたるので，本格的な史料対策が必要である。

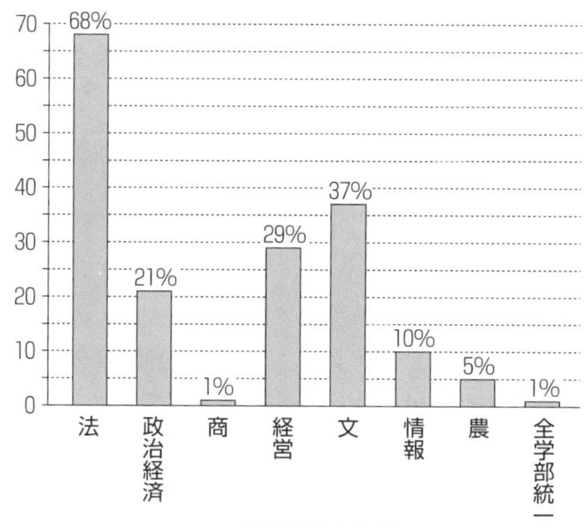

史料問題の比重

❸ 学部別／傾向と対策

※グラフは，過去3年分（2021～2023年度）を集計。

法学部

▶出題形式

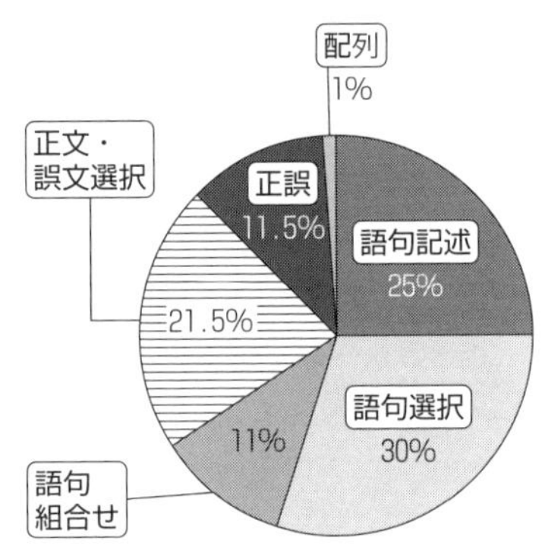

試験時間は60分。大問4題で，解答個数は約40個。選択式（マーク式）と記述式の併用である。選択式は，空所補充形式の問題と下線部について問う問題のほかに，**適当なものがなければ「正答なし」を選ぶタイプの正誤問題も出題される**のが特徴である。記述式はほとんどが歴史用語や人名を問うものだが，過去には10字以内の論述もみられた。また，用語・語句を記す問題では字数が指定されることもある。

▶出題内容

時代別では，**近世以降の比重が大きい**傾向にあり，ここ数年は古代～近世から2題，近現代から2題で構成されている。

分野別では，政治史・社会経済史を中心に，外交史・文化史からも出題されている。特に学部の性格から**法制史の出題が多い**。

史料問題は**毎年出題されており，その比重も大きい**。出題される史料は，教科書にも掲載されているような基本史料から，史料集などには載っているがやや頻度の低いもの，初見史料まで幅広い。設問内容も，史料読解・空所補充・出典関連事項を問うものなど多岐にわたり，レベルの高い問題である。

▶対策

例年，一部に難問もみられるが，基本的には教科書レベルの標準的な問題である。明治大学のすべての学部に共通して言えることだが，教科書の精読が最も有効な学習方法である。その際，図表や欄外の注にもしっかり目を通し，人名や重要語句などは用語集などを併用して，他の分野や時代とも関連づけてより深い理解を伴った知識の定着をはかることが必要である。

史料問題は教科書で基本史料を確認しつつ，史料集を用いた学習を心がけ，原文の文意を読み取る練習をしておくとよい。

政治経済学部

▶出題形式

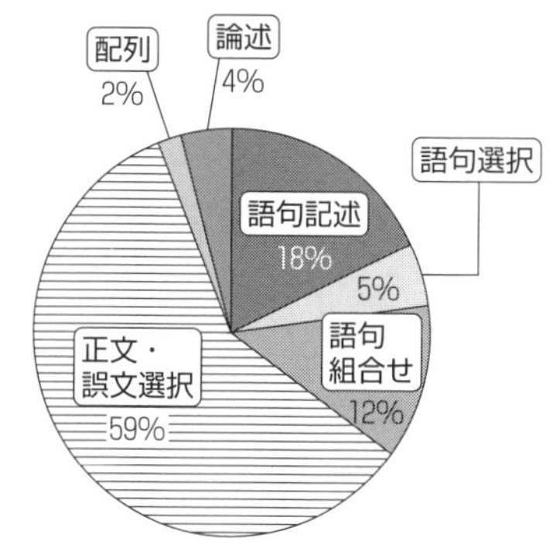

試験時間は60分。大問4，5題で，解答個数は約40個。例年〔1〕の史料問題が記述式で，それ以外の大問が選択式（マーク式）となっている。選択式は**正文・誤文選択問題が中心**で，ほかに用語などの選択問題も出題されている。**ここ数年連続して〔1〕で論述問題が出題されており，論述字数は12～180字となっている。**

▶出題内容

時代別では，古代～近現代まで幅広く出題されているが，**近世以降の割合が高い**のが特徴である。大問4題中2題以上が近現代に関する出題という傾向が続いている。

分野別では，政治史・外交史・社会経済史・文化史から幅広く出題されており，**政治史と社会経済史がやや多めである**。文化史は，特定のテーマを掘り下げた形での出題が多い。

史料問題は，**毎年必ず大問で1題以上は出題されている**。全体としては近現代の史料が多めである。史料の内容についての難度の高い論述問題も出題されており，史料読解力が試されている。

▶対策

おおむね教科書レベルの標準的な問題なので，一部の難問以外の問題を確実に正解することが合格につながる。まずは教科書の精読が最も有効な学習方法だが，その際，図表や欄外の注にもしっかり目を通し，人名や重要語句などは用語集などを併用して，他の分野や時代とも関連づけてより深い理解を伴った知識の定着をはかることが必要である。

正文・誤文選択問題の比重が大きく，歴史用語の暗記だけでは解けない問題が多い。時期区分や時代背景と関連づけた理解が求められる。

論述問題で大切なのは，設問の題意を的確にとらえることである。題意を正しく読み取り，字数内で簡潔にまとめる練習をしておこう。

商学部

▶出題形式

試験時間は60分。大問4題で，解答個数は選択式（マーク式）・記述式ともに20個ずつで，合計40個。選択式は5択で，人名・語句・数値・年代などを選択させるものである。史料問題や美術作品を用いた問題が出題されることもある。

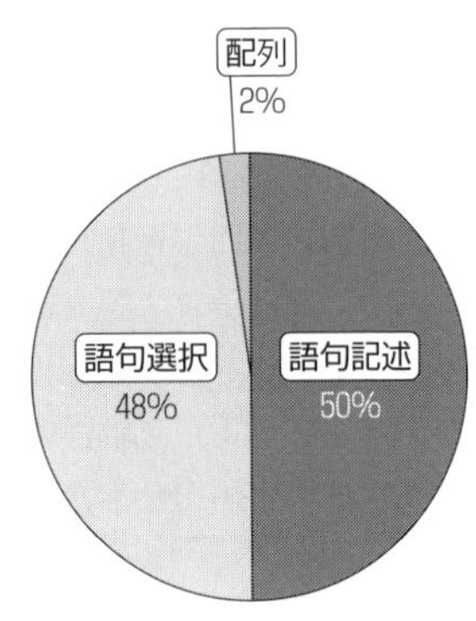

▶出題内容

時代別では，**古代〜近現代のテーマ史の出題が特徴的**である。ただし，例年，全体の半数近くは近現代からの出題となっている。戦後史の問題は，2022・2023年度には大問として，2021年度には小問として出題されている。また，**世界史的知識が問われたこともあり，特に近現代では教科書での世界史的記述にも注意を払う必要がある。**

分野別では，あらゆる分野からバランスよく出題されており，分野を絞るのではなく，幅広い学習が求められる。時代をまたいだ内容を問うテーマ史の出題については，テーマ自体は受験生になじみのうすいものも多いが，問われている知識は教科書レベルのもので，特殊な知識を要求しているわけではない。

▶対策

教科書の精読を学習の中心としつつ，用語集などを併用することで，周辺の知識をどんどん増やしていくことが求められる。教科書の本文中で太字になっている重要語句はいうまでもなく，太字以外の語句，さらには欄外の注からも出題されているので，細部にわたる対策が必要である。

テーマ史では社会経済史の重要テーマ，たとえば土地制度史・商業史・流通史・貨幣史・金融史・農業史・資本主義発達史・社会労働運動史・交通史・都市史といった分野が出題されやすい。時代別学習を進めるなかで，特に**社会経済関係の分野には重点的な学習が必要である**。ただし，その他の分野についても対策をおろそかにしてはならない。

経営学部

▶出題形式

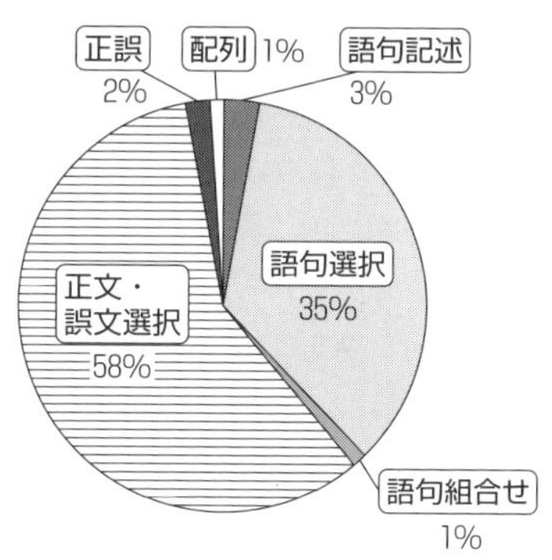

試験時間は60分。大問3題で，解答個数は約45個。2021年度までは記述式の問題が大問1題につき1個か2個出題されたが，2022・2023年度は全問選択式（マーク式）となっている。**正文・誤文選択問題が解答個数の6割程度を占める**のが特徴である。また，適当なものの数を選ぶタイプの正誤問題がみられるほか，年代順配列を問う設問や，ある出来事の同年や前後に発生した出来事を問う設問など，さまざまな形式で時代・時期理解が問われており，今後も注意を要する。

▶出題内容

時代別では，近世・近代以降からの出題が中心となっている。過去には古代・中世からの出題があったが，近年は〔1〕が近世または近代，〔2〕が近代，〔3〕が現代または近現代となっており，**近現代重視の傾向が強まっている。**

分野別では，**社会経済史をテーマとする出題が目立つ。**特に〔3〕は社会経済史をテーマとして出題されることが多い。ただし，設問単位でみると，各分野からバランスよく出題されており，近年は**文化史からの出題も目立つ。**

史料問題は，史料をリード文にした問題が出題されている。2023年度は選択肢に史料が使用され，正しい史料を選ぶ問題も出題された。

▶対策

正文・誤文選択問題に難問がみられ，単純な一問一答形式の暗記知識では通用しない場合が多い。さらに，社会経済史では教科書に記載のない知識が要求されることもあり，全体としてはやや難と考えてよいだろう。しかし，**問題の多くは教科書を基礎とした内容からの出題であり，一部の難問にとらわれすぎないことが重要**である。教科書精読の際には，本文だけでなく欄外の注や視覚資料・地図・図表など，細部まで目を通しておきたい。

正文・誤文選択問題の比重が大きいので，日頃から時期区分を意識し，関連する知識とのつながりを確認しながら学習することを心がけよう。

文学部

▶出題形式

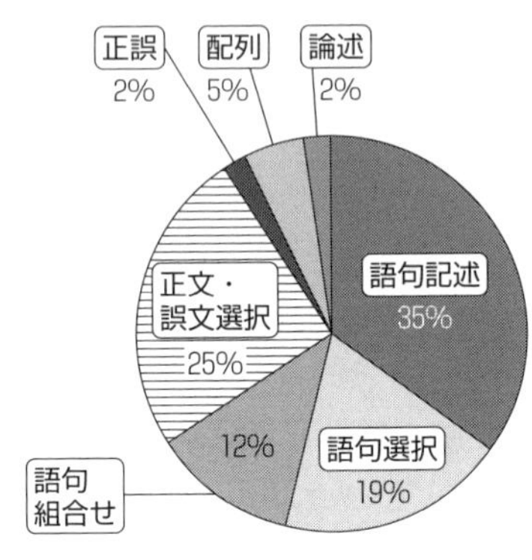

試験時間は60分。大問5題で，解答個数は約50個。そのうち，大問3題30個が選択式（マーク式）の出題である。選択式は，正文・誤文を選択する問題や，歴史用語や人名，史料中の語句を選択するものなどがある。また，2，3の事柄について正誤の組み合わせを選択する設問，年代順配列を問う設問もある。記述式では，歴史用語や人名は漢字で解答するよう指定されており，正確な漢字表記が求められる。20字以内と字数を指定した論述問題が1問出題されている。

▶出題内容

時代別では，原始・古代1題，中世1題，近世1題，（近世・）近代1題，近現代1題の出題構成である。年度により若干の異同があるものの，**各時代をバランスよく出題しようとの意図は，一貫して汲みとれる**。他学部とは異なり，原始の出題もよくみられる。複数の時代にまたがるテーマ史の出題は比較的少ない。

分野別では，おおむね各分野からバランスよく出題されているが，年度によっては分野に偏りがみられることもある。

史料問題は，**毎年出題されている**。史料の空所を埋める問題や史料の読解・理解力をみる設問も見受けられる。初見史料の出題もあるが，その場合は設問などにヒントがあるので落ち着いて対処したい。

▶対策

まず教科書を読み，内容をよく理解していくことが大切である。教科書精読の際には，本文だけでなく欄外の注や視覚資料・地図・図表など，細部まで目を通しておきたい。

史料問題は毎年大問2，3題で出題されており，その中には読解力を要する問題も含まれている。教科書で基本史料を確認しつつ，史料集を用いた学習を心がけたい。

論述問題対策としては，歴史用語の説明，事件の要因や背景，その結果や意義などを，短めの字数を設定して書く練習を積んでおこう。

情報コミュニケーション学部

▶出題形式

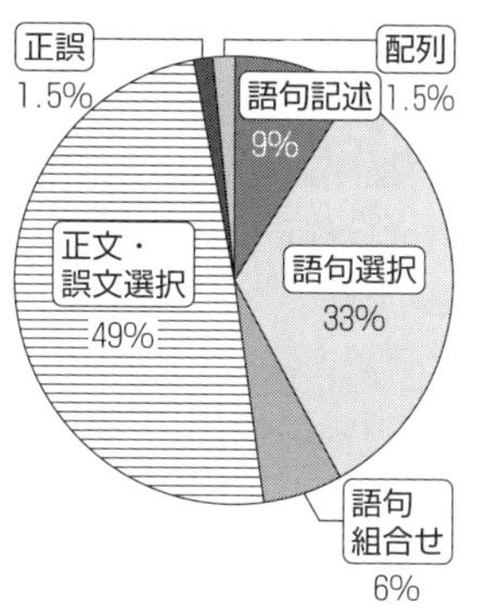

試験時間は60分。2021年度までは大問3題であったが，2022・2023年度は大問4題の出題となった。解答個数は50個。記述式が4，5個で，それ以外は選択式（マーク式）である。選択式の中では，**正文・誤文選択問題が多く，それらの正答率が合否を分けるであろう**。また，史料問題が毎年出題されており，地図や年表を使った問題が出題されたこともある。

▶出題内容

時代別では，2022・2023年度は〔1〕〔2〕テーマ史，〔3〕近代，〔4〕現代であった。**例年，時代をまたがるテーマ史が出題されている**。他学部同様，近現代重視の出題で，現代（戦後史）の大問も例年出題されており，比較的ウエートが高い傾向が続いている。

分野別では，政治史がやや多いものの，まんべんなく出題されている。どの分野もぬかりなく対策しておくこと。また，文化史にも十分注意したい。

史料問題は，**毎年出題されている**。基本史料だけでなく初見史料も出題され，史料読解能力が問われる。

▶対策

全時代・全分野から基本的内容を中心に出題されているので，教科書の基本事項を確実に習得することが重要である。教科書の太字語句を暗記する学習にとどまらず，内容を理解しながら熟読する姿勢が求められる。その際，教科書本文に加え，欄外の注や史料・視覚資料・地図・図表などにも注意を払いたい。

政治史・外交史では年代順配列問題や同時期に起きた事項を問う問題などが出題されている。日頃から，時期区分や関連する事柄とのつながりを意識して学習する習慣を身につけてほしい。

戦後史を問う大問が連続して出題されているので，早くから学習を始めるようにしよう。

農学部

▶出題形式

試験時間は2科目で120分。大問5題で，解答個数は50個。選択式（マーク式）と記述式の併用である。記述式は例年10個程度で，歴史用語や人名が問われている。選択式は，正文・誤文選択問題のほか，複数の文章の正誤の組み合わせを問う問題や，年代順配列問題も出題されている。

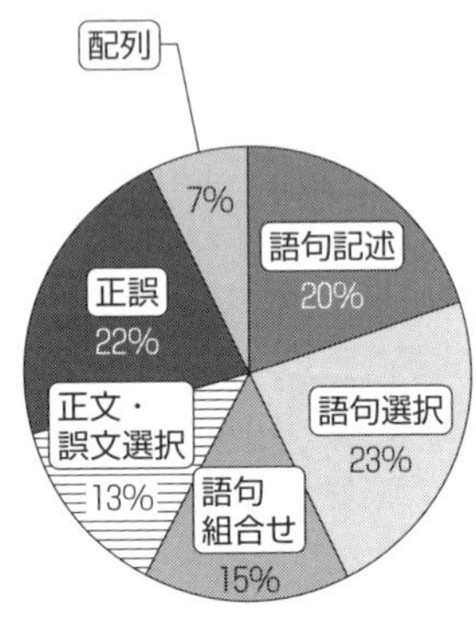

▶出題内容

時代別では，例年，古代1題，中世1題，近世1題，近現代2題の構成となっており，まんべんなく出題されている。原始からの出題がみられることもある。

分野別では，**政治史・社会経済史を中心にバランスよく出題されている**。年度によって偏りが生じることはあるが，どの分野においても苦手意識をもたないように対策しておきたい。

史料問題は小問で出題されている。出題されているものはほとんどが教科書に掲載されている基本史料であり，設問レベルも標準的なものが中心である。

▶対策

ほとんどが教科書中心の標準的な問題である。特にその傾向は近年強まっており，教科書の基本事項を確実に習得しておきたい。教科書の太字語句だけでなく，欄外の注や図表などにもしっかり目を通しておこう。人名や重要語句などは用語集を併用して，他の分野や時代とも関連づけることで，理解を深めながら知識の定着をはかりたい。

表・年表・グラフを使った問題が出題されている。教科書の文章を読みこなす学習のみならず，日頃から図説を活用し，地図，写真，表，グラフなど幅広い資料を用いた学習を心がけたい。

全学部統一入試

▶出題形式

試験時間は 60 分。大問 4 題で，解答個数は 34 個。解答形式は全問選択式（マーク式）である。正文・誤文選択問題のほか，年代順配列問題も出題されている。過去には，複数の文章の正誤の組み合わせを問う問題もみられた。

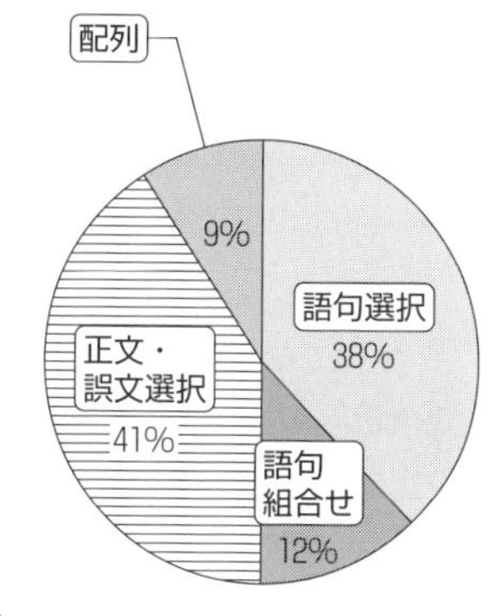

▶出題内容

時代別では，2023 年度が〔1〕原始・古代，〔2〕中世・近世，〔3〕近代，〔4〕近現代という構成だったが，組み合わせが固定されているわけではなく，2021 年度には原始～近代のテーマ史も出題されている。解答個数でみると，近現代が半分程度を占めており，比重が大きい。

分野別では，**政治史・社会経済史の出題が多い傾向にある**が，年度によって偏りが生じることがある。建築の歴史について問われた 2021 年度のように，複数の時代にまたがるテーマ史が出題されることもある。

史料問題は頻出ではないが，選択肢の一部に史料を引用した設問や，過去には現代語訳された史料から読み取れる歴史事項を年代順に配列させる設問などが出題された。出題されるのは基本史料だけではなく，初見史料の場合もあるが，その場合は史料文中や設問文にヒントがあるので，落ち着いて取り組みたい。

▶対策

問題の大半は教科書学習を徹底させることで対処が可能な基本～標準問題である。教科書を精読し，欄外の注や図表などにもしっかり目を通しておこう。図説や用語集を併用し，知識と理解の精度を高めたい。

正文・誤文選択問題の出題が多い。中にはやや細かい知識や理解力を問うものもある。普段の学習から，時期区分を意識しつつ，歴史的な出来事を背景も含めて理解する習慣をつけよう。

第1章　原始・古代～中世

1

2016年度　文学部〔1〕

原始・古代に関する次の文章A～Cを読み，下の設問に答えよ。解答はマーク解答欄に記入せよ。

A　弥生時代から奈良時代の研究では，文字・文献史料が少ないので，考古学の研究対象となる古墳や遺跡の遺物・遺構などが重要な資料となる。

(1)　島根県斐川町の荒神谷遺跡では［ a ］6点・銅矛16本が一か所に埋納されていた。また，近くの加茂岩倉遺跡では，39点の［ a ］が出土し，青銅器祭器の使用法の研究が進んでいる。

(2)　福岡県［ b ］には巨石群の祭祀場があり，多くの祭祀用品の遺物が出土している。日本列島と朝鮮半島を結ぶ海上交通の安全を祈願したと考えられている。

(3)　大阪府堺市にある大仙陵(大山)古墳(ア)は，墳丘の長さが約486mあり，周濠がめぐらされている。

(4)　宮城県多賀城市の多賀城跡は，陸奥の国府となる官衙遺跡(イ)で，古代東北における太平洋側の政治拠点である。

設　問

1　空欄aに入る語として**正しいもの**を，次の①～④のうちから一つ選べ。

①　三角縁神獣鏡　②　銅　鐸　③　銅　剣　④　銅　戈

2　空欄bに入る語として**正しいもの**を，次の①～④のうちから一つ選べ。

①　壱　岐　②　隠　岐　③　値嘉島　④　沖ノ島

3　下線部(ア)について述べた文として**正しいもの**を，次の①～④のうちから一つ選べ。

① この古墳は，古墳時代中期の古墳で，百舌鳥古墳群に属する。

② この古墳は，古墳時代前期の古墳で，百舌鳥古墳群に属する。

③ この古墳は，古墳時代中期の古墳で，古市古墳群に属する。

④ この古墳は，古墳時代前期の古墳で，古市古墳群に属する。

4 下線部(イ)に関連して述べた文として**誤っているもの**を，次の①〜④のうちから一つ選べ。

① 多賀城では，政庁や役所群・倉庫群が見つかっている。

② 多賀城は，蝦夷対策の軍事的拠点の機能をもった。

③ 日本海側では，7世紀半ばに渟足柵・磐舟柵が設置されている。

④ 日本海側では，7世紀末期に出羽国が建国された。

B 天智天皇の没後，大友皇子と大海人皇子との間で，皇位継承をめぐる壬申の乱(ウ)が起こった。大海人皇子はこの戦いに勝利して即位し，天武天皇となった。天武は，左右大臣をおかず，皇族を重視する皇親政治を行ったことで有名である。

この天武朝と次の持統朝には，律令や国史の編纂が進み，飛鳥浄御原令の施行や，藤原宮遷都(エ)が実施された。また，中央や地方で仏教文化が興隆し，この文化は白鳳文化(オ)と呼ばれた。

設 問

5 下線部(ウ)について述べた文として**誤っているもの**を，次の①〜④のうちから一つ選べ。

① 大海人皇子は，天智天皇の弟である。

② 大海人皇子は，吉野にのがれていた。

③ 大海人皇子は，吉備など西国の豪族の力を得て戦いに勝利した。

④ 大海人皇子が即位したのは，飛鳥浄御原宮である。

6 下線部(エ)に関連して述べた文として**正しいもの**を，次の①～④のうちから一つ選べ。

① 藤原宮は，中国の影響で藤原京北部の中央にある。

② 藤原京は，官人や民衆が居住する場で，寺院は建設させなかった。

③ 藤原宮の時代に，八色の姓を制定し，新しい身分秩序を定めた。

④ 藤原宮の時代に，大宝律令が実施された。

7 下線部(オ)について述べた文として**誤っているもの**を，次の①～④のうちから一つ選べ。

① 白鳳文化には，新羅とともに唐の影響もみられる。

② 中央の貴族ばかりか，地方豪族も寺院を建立した。

③ 薬師寺吉祥天像は，白鳳文化の代表作である。

④ 興福寺仏頭の彫刻が有名である。

C 藤原不比等は，律令制の整備(カ)に力をいれるとともに，娘の宮子や光明子を皇太子や天皇と結婚させて，天皇と密接な関係を結んだ。やがて，不比等の子である武智麻呂・房前・宇合・麻呂(キ)の4人が政界で活躍した。さらに，4人は左大臣の長屋王を自殺に追い込み，光明子を聖武天皇(ク)の皇后にして，政権を握った。

設 問

8 下線部(カ)に関連して述べた文として**正しいもの**を，次の①～④のうちから一つ選べ。

① 律令は，近江律令から存在している。

② 不比等は大宝律令の編纂に従事していた。

③ 大宝令は，『令義解』として現在まで伝わっている。

④ 養老令は，養老2年(718)の成立後，施行された。

9 下線部(キ)に関連する8世紀から10世紀初頭までの事件に関して述べた，次の(1)〜(4)について，古いものから年代順に**正しく配列したもの**を，下の①〜④のうちから一つ選べ。

(1) 孝謙太上天皇と道鏡の政治力が強くなると，武智麻呂の子の恵美押勝が反乱を起こした。

(2) 宇合の子の広嗣が，吉備真備と玄昉の排除を求めて九州で兵をあげた。

(3) 藤原時平が，菅原道真を政界から追放した。

(4) 藤原良房は，承和の変で北家の優位を確立した。

① (1)—(2)—(3)—(4)

② (1)—(2)—(4)—(3)

③ (2)—(1)—(3)—(4)

④ (2)—(1)—(4)—(3)

10 下線部(ク)について述べた文として**正しいもの**を，次の①〜④のうちから一つ選べ。

① 聖武天皇の遺品は，正倉院宝庫にのこされている。

② 聖武天皇は，恭仁京・難波宮・近江大津宮に遷都した。

③ 聖武天皇の時に，三世一身の法と墾田永年私財法が実施された。

④ 聖武天皇は，淳仁天皇に譲位した。

解説 弥生～平安時代の政治・文化

Aで弥生時代から奈良時代の遺跡・遺物，Bで天武・持統朝の政治・文化，Cで奈良時代前半の政治を概観し，関連する事項について問われた。1は，教科書の注や図版の解説までの精読を必要とし，やや細かい知識が問われたが，それ以外は基本的な出題であり，高得点をねらいたい。

A

1 答：② やや難

島根県の**荒神谷遺跡**は銅剣・銅鐸・銅矛が出土したことで知られており，最初の空欄aに入る選択肢を選ぶのは難しい。しかし**加茂岩倉遺跡**で，一カ所で出土した数としては最多である39点の銅鐸が出土したことを知っていれば，2つ目の空欄aに入る選択肢として②の銅鐸を選べるだろう。その中に，同じ鋳型を使用してつくられた同笵(どうはん)銅鐸が含まれていたこともおさえておこう。

荒神谷遺跡と加茂岩倉遺跡は3kmほどしか離れていないが，さらに近辺にある神原神社古墳からは①の三角縁神獣鏡が出土している。③の銅剣は，荒神谷遺跡で358本出土したが，加茂岩倉遺跡からは出土していない。④の銅戈は，両遺跡とも出土していない。

2 答：④ 標準

沖ノ島は2017年，「神宿る島」宗像・沖ノ島と関連遺産群の一つとして世界文化遺産に登録された。福岡県宗像市の孤島で，海上交通の神，宗像神を祀るために献納されたとみられる貴重な祭祀遺物が多数出土し，「海の正倉院」とも呼ばれる。

3 答：① 標準

①―○ 古墳時代中期には，濠をめぐらした最大規模の古墳が現在の大阪府でつくられ，大王の権力がこの時期に大阪平野を拠点にして強まったことを示している。**百舌鳥古墳群**に属する**大仙陵（大山）古墳**（墳丘全長486m），**古市古墳群**に属する**誉田御廟山古墳**（墳丘全長425m）はともに大阪府に位置し，全国第1位・第2位の規模を誇る前方後円墳である。

4 答：④ 標準

④―× 日本海側に**出羽国**が建国されたのは712年（8世紀前半）である。

①・②―○ **多賀城**は陸奥国の国府と鎮守府がおかれ，古代東北の政治・軍事の拠点となった。築地・材木塀で囲まれ，中には政庁・役所群・倉庫群・兵士の住居群などがあった。

③―○ **渟足柵・磐舟柵**は7世紀半ば，孝徳朝に設置され，日本海側の蝦夷征討・

開拓の最前線基地となった。

B

5 答：③ 標準

③―× 大海人皇子は美濃をはじめとする東国の地方豪族の協力を得て戦いに勝利した。

①―○ 中大兄皇子（天智天皇）と大海人皇子は，舒明天皇と皇極天皇（斉明天皇）の子として生まれた兄弟である。

②―○ 大海人皇子は天智天皇の晩年，吉野宮に引退したが，天智天皇の死の翌年に吉野で挙兵した（壬申の乱）。

④―○ 672年の壬申の乱で勝利した大海人皇子は大和の飛鳥浄御原宮に移り，翌年即位して天武天皇となった。

6 答：④ 標準

④―○ 藤原宮は周囲に条坊制の京部分をもち，持統・文武・元明の三代の天皇の時代（694〜710年）に都とされた。大宝律令は文武朝の701年に実施された。

①―× 藤原宮は，藤原京の北部中央ではなく，京の中心におかれた。710年の遷都により都となった平城京では，唐の都長安にならって北部の中央に宮をおいた。

②―× 仏教興隆が国家的に推進されるなかでつくられた大官大寺・薬師寺は，当時，藤原京内におかれていた。

③―× **八色の姓**が制定されたのは天武天皇の時代であり，王宮は飛鳥浄御原宮である。藤原京への遷都は持統天皇の時代（694年）である。

7 答：③ 標準

③―× **薬師寺吉祥天像**は，天平文化の代表作である。

①―○ 白鳳文化は，7世紀には新羅を経由した唐の文化，8世紀には遣唐使が直接もたらした唐の文化の影響を受けている。

②―○ 仏教興隆が国家的に推進されるなか，地方の豪族層も仏教を受け入れ，地方寺院がさかんに建立された。

④―○ **興福寺仏頭**は，もと山田寺の薬師三尊像の本尊の頭部と推定される。白鳳の精神である清新さや明朗性をあらわす彫刻と評されている。

C

8　答：②　標準

②ー○　文武朝の701年，**刑部親王**や**藤原不比等**らによって**大宝律令**が完成し，その後718年に藤原不比等らによって**養老律令**がつくられた。

①ー×　近江令は律を伴わず，令の完成を疑う説もある。

③ー×　**『令義解』**は養老令の官撰注釈書であり，養老令の大部分を引用している。

④ー×　養老令は757年，藤原仲麻呂によって施行された。

9　答：④　標準

(1)**恵美押勝の乱**は764年（淳仁天皇，政権有力者は**藤原仲麻呂（恵美押勝）**）。(2)**藤原広嗣の乱**は740年（聖武天皇，政権有力者は**橘諸兄**）。(3)**昌泰の変**は901年（醍醐天皇，政権有力者は**藤原時平**）。(4)**承和の変**は842年（仁明天皇，政権有力者は**藤原良房**）。(2)→(1)→(4)→(3)の順となり，正解は④となる。

10　答：①　標準

①ー○　聖武太上天皇の死後，遺品を光明皇太后が東大寺の盧舎那仏に寄進したことで，**正倉院宝庫**にはすぐれた作品が多数収納されている。

②ー×　聖武天皇は，**恭仁京・難波宮・紫香楽宮**に遷都した。

③ー×　元正天皇のとき（723年）に**三世一身法**が実施され，聖武天皇のとき（743年）に**墾田永年私財法**が実施された。

④ー×　聖武天皇は娘の**孝謙天皇**に譲位した。

解　答

A	1ー②	2ー④	3ー①	4ー④
B	5ー③	6ー④	7ー③	
C	8ー②	9ー④	10ー①	

2 2018年度 農学部〔1〕

次の1と2の文章を読み，以下の設問に答えよ。

1 中国では，後漢および西晋の滅亡後，長期にわたって全国を統一する王朝があらわれず，分裂状態が続いていたが，589年に隋がついに中国を統一して強大な国家を形成した。

一方，日本では，崇峻天皇の死後，女帝の［ (1) ］天皇が即位し，甥の厩戸皇子(ア)が天皇を助けて政治をとった。厩戸皇子は，大きな権力をもつ蘇我馬子(イ)と協調して，政治の改革につとめた。603年には冠位十二階(ウ)の制を定め，功績に応じて冠位を個人に与えた。翌604年，厩戸皇子は，仏教や儒教，その他中国の思想をとりいれて憲法十七条をつくり，朝廷に仕える豪族に対し，官吏として守るべき道を示した。

また，厩戸皇子と蘇我馬子は，国家意識の高まりのなかで『天皇記』『国記』などの歴史書を編纂させた。天皇の地位を高めつつ，中央集権の政治体制の形成を推進しようとしていたのである。

外交では，遣隋使を派遣した。『隋書』には600年に使者を派遣したことがみえるが，『日本書紀』では607年に小野妹子を遣隋使として派遣したとある(エ)。朝廷は，留学生の高向玄理や，学問僧の旻・南淵請安らを，遣隋使とともに隋に派遣し，中国の政治・制度や学問・宗教などを学ばせた。

問1 空欄(1)に入る適切な天皇の名称を解答用紙裏面の解答欄に漢字で記入せよ。

問2 下線部(ア)に関連して，法隆寺式の伽藍配置を表した図としてもっとも適切なものを下記から一つ選んで，その記号を解答欄にマークせよ。

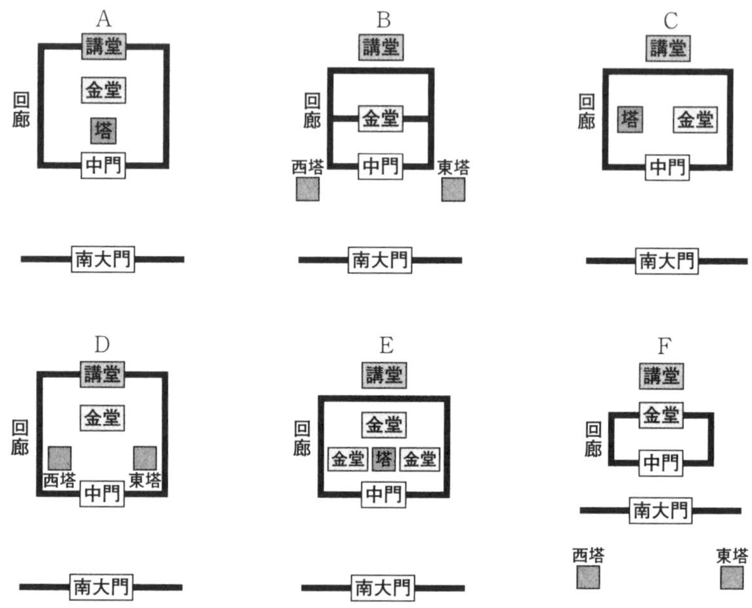

問 3 下線部(イ)に関連して，蘇我馬子の墓と伝えられている古墳を下記から一つ選んで，その記号を解答欄にマークせよ。

A 石舞台古墳　B 稲荷山古墳　C 岩戸山古墳

D 大仙陵古墳　E 高松塚古墳

問 4 下線部(ウ)に関連して，儒教の徳目をあらわす「徳」「仁」など6種を大小にわけて12階としたが，その冠位として適切でないものを一つ選んで，その記号を解答欄にマークせよ。

A 大義　B 小礼　C 大智

D 小孝　E 大信

問 5 下線部(エ)に関連して，遣隋使の派遣に関する『隋書』倭国伝または『日本書紀』の記述として適切でないものを一つ選んで，その記号を解答欄にマークせよ。なお，史料は書きあらためたところもある。

A　大業三年，その王多利思比孤，使を遣して朝貢す。

B　帝，之を覧て悦ばず，鴻臚卿に謂ひて曰く，「蛮夷の書，無礼なる有らば，復た以て聞する勿れ」と。

C　十六年夏四月，小野臣妹子，大唐より至る。唐国，妹子臣を号けて蘇因高と曰ふ。即ち大唐の使人裴世清，下客十二人，妹子臣に従ひて，筑紫に至る。

D　爰に天皇，唐の帝を聘ふ。その辞に曰く，「東の天皇，敬みて西の皇帝に白す。……」と。

E　景初二年六月，倭の女王，大夫難升米等を遣し郡に詣り，天子に詣りて朝献せんことを求む。太守劉夏，吏を遣し，将て送りて京都に詣らしむ。

2　光仁天皇の律令制再編政策を受けついだ(オ)桓武天皇は，強い政治力で律令体制をたてなおす政策をおしすすめるとともに，都づくりと蝦夷支配を重点政策とした。784（延暦３）年，［(2)］から山背国の［(3)］に都を移した。これにともない［(4)］を廃止し，その建物を［(3)］の中心部に移築した。しかし，造宮の中心人物であった藤原種継の暗殺や，早良親王が皇太子の地位を追われ死亡するなど，政治的不安が募り，794（延暦13）年，さらに山背国葛野郡に都を移した。これにともない，山背国は山城国と改められ，新都は平安京と名付けられた。新都に［(2)］の諸寺院が移ることは禁止され，新たに(カ)東寺・西寺が建立された。

桓武天皇によって再建された律令制は，嵯峨天皇のころから日本の実情にそって大きく修正されていった。(キ)嵯峨天皇は，薬子の変にさいして，機密がもれるのを防ぐために蔵人頭をおいた。また，京都の治安を維持するために検非違使もおいた。これまで律令を補足・修正した格や，施行細則である式が多数出されてきていたので，これらを整理して，弘仁格式・貞観格式・延喜格式が次々と編纂された。833（天長10）年には，養老令の解釈を公式に統一するため，清原夏野・小野篁らによって［(5)］がつくられた。

問 6 空欄(2)から空欄(4)に入る適切な用語の組み合わせとしてもっとも適切なものを下記から一つ選んで，その記号を解答欄にマークせよ。

A (2) 平城京 (3) 長岡京 (4) 難波宮

B (2) 平城京 (3) 長岡京 (4) 紫香楽宮

C (2) 藤原京 (3) 平城京 (4) 恭仁京

D (2) 藤原京 (3) 平城京 (4) 難波宮

E (2) 長岡京 (3) 藤原京 (4) 紫香楽宮

F (2) 長岡京 (3) 藤原京 (4) 恭仁京

問 7 空欄(5)に入る適切な用語を解答用紙裏面の解答欄に漢字で記入せよ。

問 8 下線部(オ)に関連して，桓武天皇の政策について記述した文章として適切でないものを一つ選んで，その記号を解答欄にマークせよ。

A 雑徭を半減したり，6年ごとの班田を12年ごとに改めて励行をはかったりして，農民の経営を安定させようとつとめた。

B 国司交替の事務ひきつぎをきびしく監督する勘解由使を新たに設けた。

C 辺境以外の公民からの徴兵制や軍団を廃止し，郡司の子弟で弓馬にたくみな者を健児とする新しい軍事制度を採用した。

D 坂上田村麻呂を征夷大将軍とする軍は，蝦夷の首長阿弖流為を屈服させ，胆沢城をきずいて，鎮守府を多賀城から胆沢城に移した。

E 藤原緒嗣が大事業の継続を主張したのに対し，菅野真道は「天下の民が苦しむのは軍事と造作である」と批判したが，桓武天皇は前者の意見を採用した。

問 9 下線部(カ)に関連して，東寺は嵯峨天皇から空海に勅賜されて真言宗の大本山となったが，別の名称を下記から一つ選んで，その記号を解答欄にマークせよ。

A 延暦寺 B 教王護国寺 C 金剛峯寺

D 室生寺 E 綜芸種智院

問10 下線部(キ)に関連して，蔵人頭や検非違使は，令外官（令の規定にない官職）であるが，令外官でない組み合わせのものを一つ選んで，その記号を解答欄にマークせよ。

A 征夷大将軍・鎮守府将軍

B 押領使・追捕使

C 摂政・関白

D 大納言・少納言

E 中納言・参議

解説 飛鳥～平安初期の政治・外交・文化

推古天皇の時代の政治・外交・文化，平安初期の政治・文化をテーマに出題された。設問自体は教科書に沿った基本的なものであるが，問2の伽藍配置は図説などで確認が必要であり，問6の遷都に関する問題ではやや細かい内容が問われた。

1

問1 答：推古 易

崇峻天皇の死後に即位し，厩戸皇子が政治を支えた女帝は**推古天皇**である。欽明天皇の皇女で母は蘇我稲目の娘であり，**蘇我馬子**に推されて即位した。

問2 答：C 標準

法隆寺式は塔と金堂が横に並ぶＣである。Ａは**四天王寺式**，Ｂは**東大寺式**，Ｄは**薬師寺式**，Ｅは**飛鳥寺式**，Ｆは**大安寺式**である。飛鳥文化の時期（飛鳥寺式，四天王寺式，法隆寺式）は仏舎利（釈迦の遺骨）を納める塔が重視された。しかし白鳳文化の時期（薬師寺式）には本尊が重視されるようになっており，本尊をまつる金堂が伽藍の中心となる。天平文化の時期（東大寺式，大安寺式）になると，塔は外側へ移動し，仏教の学問的性格が強まるなかで講堂の重要度も高まった。

問3 答：A 標準

石舞台古墳は奈良県高市郡明日香村にある方墳（または上円下方墳）である。巨石で築かれた横穴式石室が露出している。蘇我馬子の墓といわれる。

問4 答：D 標準

冠位十二階とは，「徳」「仁」「礼」「信」「義」「智」の６種を大小にわけて12階としている。よって，Ｄの「小孝」は冠位としては当てはまらない。

問5 答：E 標準

E－× 「景初二年」「倭の女王」などから**「魏志」倭人伝**（『三国志』の一つである『魏書』の東夷伝倭人の条）の記述だと判断できる。

A－○ 『隋書』倭国伝の記述である。607年に倭の王多利思比孤が使者を派遣して朝貢してきた，という内容である。

B－○ 『隋書』倭国伝の記述である。隋の煬帝が不機嫌になり，外国からの朝貢や交易を扱う役所の長官に「蛮人の国書に無礼きわまるものがある。二度と奏上するな」と言った，という内容である。

C－○ 『日本書紀』の記述である。608年４月に小野妹子が隋から帰国し，隋の使節裴世清と従者十二人とが，妹子に従って筑紫に到着した，という内容である。

D－○ 『日本書紀』の記述である。天皇が隋の皇帝に挨拶の言葉を送り，「東の天皇が，謹んで西の皇帝に申し上げます……」と書いた，という内容である。

2

問6 答：A やや難

空欄(3)は「784年」「山背国」から長岡京だと判断できる。その前の都は空欄(2)の平城京であるが，空欄(4)の難波宮がやや難しいだろう。桓武天皇によって難波宮にあった大極殿などの建物が長岡京に移築された。大量の物資は淀川を使って船で運んだと考えられている。

問7 答：令義解 標準

空欄(5)の前にある「養老令の解釈を公式に統一」「清原夏野」をヒントに，『令義解』を導き出そう。

名称	内 容	編者
令義解	養老令の注釈書（官撰）	清原夏野ら
令集解	養老令の諸注釈の集成（私撰）	惟宗直本

問8 答：E 標準

E－× 藤原緒嗣と菅野真道の意見が逆である。藤原緒嗣は人民の負担軽減のため，平安京造営と蝦夷征討の二大事業の停止を主張し，菅野真道は緒嗣の意見を批判して，二大事業の継続を主張した。この2人の議論は徳政相論と呼ばれる。

問9 答：B 易

796年，羅城門の東西に平安京鎮護の官寺として東寺と西寺が建てられたが，東寺は823年に嵯峨天皇から空海に下賜された。東寺は教王護国寺とも呼ばれ，真言密教の根本道場となった。

問10 答：D 標準

大納言・少納言ともに，太政官の職員として令で規定されている。

●令外官

時代	天皇	官職
飛鳥	文武	中納言（705）
奈良	元正	按察使（719）
	聖武	鎮守（府）将軍（729頃） 参議（731）
	光仁	内大臣（777）
平安	桓武	征夷大将軍（794） 勘解由使（797頃）
	嵯峨	蔵人頭（810） 検非違使（816頃）
	清和	摂政（866）
	陽成	押領使（878）
	光孝	関白（884）
	朱雀	追捕使（932）

解　答

1　問1　推古　問2　C　問3　A　問4　D　問5　E

2　問6　A　問7　令義解　問8　E　問9　B　問10　D

3

2016年度 全学部統一入試〔1〕

次の文章を読み，設問に答えよ。

わが国で本格的に水田稲作が始まったのは，縄文時代晩期とされている。九州北部の［ 1 ］遺跡などに始まった水田稲作は，やがて日本全土に広がり，弥生時代前期には青森県にまで拡大した。(ア)弥生時代には農法や農具などの様々な発達も見られた。

稲作は，人々の精神文化にも大きな影響をあたえることとなった。弥生時代の［ 2 ］は，おもに祭祀の道具として用いられたものであるが，そこには竪杵と臼を使った米の脱穀の様子が描かれているものもある。また，宮中儀礼の新嘗祭や祈年祭なども，もとは収穫への感謝や豊作への祈願を目的とした祭祀である。能楽の源流の一つとなった古代・中世の芸能，田楽も，その名のとおり農村の農耕儀礼にルーツをもっている。

奈良時代に発令された墾田永年私財法は，(イ)初期荘園の成立を促し，各地で貴族や寺社による開拓が進められた。やがて10～11世紀には国衙から臨時雑役などを免除されて一定の地域を開発する［ 3 ］が現れ，彼らが地域社会の開発を主導した。

鎌倉時代には，畿内・近国では［ 4 ］も普及しはじめ，徐々に日本各地に広まっていった。また，米の品種改良も進み，早稲・晩稲に加え，中稲も作られるようになった。すでに一部の地域では(ウ)水車も用いられるようになり，深耕を可能にする牛馬耕の普及も見られた。鎌倉・室町時代には，(エ)様々な肥料が開発され，これも生産力の向上に寄与した。

室町時代になると，これに加え日本各地で(オ)商品作物の栽培が進み，地域の特性に応じた多様な作物が作られるようになっていった。また，それらは地域ごとに加工され商品として流通することで，人々の生活を豊かにしていった。江戸時代になると，様々な農業技術を集成した農書も著述されるようになる。

問 1 空欄 1 に当てはまる語句として**正しいもの**を，次のA〜Dのうちから一つ選べ。

A 板 付　B 垂 柳　C 登 呂　D 唐古・鍵

問 2 空欄 2 に当てはまる語句として**正しいもの**を，次のA〜Dのうちから一つ選べ。

A 銅 鏡　B 埴 輪　C 銅 鐸　D 高 杯

問 3 空欄 3 に当てはまる語句として**正しいもの**を，次のA〜Dのうちから一つ選べ。

A 検田使　B 追捕使　C 本 所　D 開発領主

問 4 空欄 4 に当てはまる語句として**正しいもの**を，次のA〜Dのうちから一つ選べ。

A 二期作　B 二毛作　C 三期作　D 三毛作

問 5 下線部(ア)に関する説明として**誤っているもの**を，次のA〜Dのうちから一つ選べ。

A それまで稲は実ると根元から刈り取られていたが，弥生時代後期になると，穂先だけを刈り取るようになった。

B それまでは石包丁や磨製石斧が使われていたが，弥生時代後期になると，鉄鎌や鉄斧も普及するようになった。

C 弥生時代には灌漑・排水用の水路を備えた本格的な水田も現れていた。

D 弥生時代には籾を水田に直接蒔く直播ではなく，すでに田植えも始まっていた。

問 6 下線部(イ)に関する説明として**正しいもの**を，次のA〜Dのうちから一つ選べ。

A 墾田永年私財法には，位階に応じて墾田の面積の制限があった。

B 初期荘園には，原則的に律令国家から不輸・不入の権が認められた。

C 代表的な初期荘園には，唐招提寺領である越前国道守荘や糞置荘がある。

D 8〜9 世紀に生まれた初期荘園の多くは，10 世紀に寄進地系荘園として存続していく。

問 7 下線部(ウ)の当時の用途として**正しいもの**を，次のA〜Dのうちから一つ選べ。

A 米の脱穀　　B 麦の製粉

C 用水の汲み上げ　　D 害鳥獣の除去

問 8 下線部(エ)の中世の肥料の説明として**正しいもの**を，次のA〜Dのうちから一つ選べ。

A 刈敷は牛馬糞や人糞を腐らせて肥料としたもので，1960 年代頃まで使われた。

B 草木灰とは，草木を焼いた灰を肥料として用いたものである。

C 下肥とは，草葉を地中に埋めて腐らせたものである。

D 灯油の原料である荏胡麻は，その搾りかすが油粕として肥料にも使われた。

問 9 下線部(オ)に関して，室町時代の商品作物として**正しいもの**を，次のA〜Dのうちから一つ選べ。

A 菜 種　　B 煙 草　　C 甘 藷　　D 楮

解説 原始〜中世の農耕

縄文時代晩期〜弥生時代の稲作文化，荘園制度の展開，中世における農業の発展など，原始〜中世の社会経済史・文化史について出題されている。全体的に教科書本文レベルの知識で正答可能であり，確実に得点しておきたい。

問1 答：A 標準

水田耕作が縄文時代晩期にはじまったことを示す遺跡としては，佐賀県の**菜畑遺跡**と福岡県の**板付遺跡**が知られている。よって，ここではAの「板付」を選ぶ。

Bの**垂柳遺跡**は青森県にあり，東北地方における弥生時代中期の水田耕作の存在を示している。Cの**登呂遺跡**は静岡県にあり，弥生時代後期の集落跡・水田跡が発見された。Dの**唐古・鍵遺跡**は奈良県にあり，弥生土器と木製農具が出土し，日本最大級の環濠集落の存在も確認された。

問2 答：C 易

弥生時代の祭祀の道具と考えられ，「竪杵と臼を使った米の脱穀の様子が描かれているものもある」のは**銅鐸**である。絵のある銅鐸は，これまでに発見された銅鐸全体数のうち11％弱しかないが，動物，水田の生き物，農具など，様々なものが描かれている。

問3 答：D 易

10〜11世紀にかけて，地域社会の開発を主導したのは**開発領主**である。在地領主として山林原野を開発し，開発地の経営だけでなく周辺の地域，農民にも影響を及ぼすようになった。

問4 答：B 易

鎌倉時代には，畿内とその周辺に，同じ耕地を年2回（表作・裏作）耕作する**二毛作**が普及しはじめた。表作を米，裏作を麦とするのが一般的だった。二毛作は地力を消耗するため，肥料が必要になった。室町時代になると，二毛作は関東でも一般化し，畿内などでは米・麦・そばの**三毛作**も行われた。

問5 答：A 標準

A－× それまでは熟した稲の穂先を選別して石包丁で摘み取っていた（穂首刈り）が，鉄器が普及した弥生時代後期には鉄鎌で稲を根元から刈り取るようになった。

問6 答：A 標準

A－○ 墾田永年私財法は，一位500町，二位400町，初位（そい）・庶民10町など位階により墾田の面積に限度を設けた。

B－× 初期荘園は原則的に輸租田であり，不輸・不入の権は認められなかった。

C－× 越前国道守荘や糞置荘は唐招提寺領ではなく，東大寺領の初期荘園である。

D－× 「寄進地系荘園として存続」ではなく，初期荘園の多くは10世紀にはほとんど衰退していった。

●開墾制限

位・身分	制限
一品，一位	500町
二品，二位	400町
三品・四品，三位	300町
四位	200町
五位	100町
六位・七位・八位	50町
初位，庶民	10町
郡司（大領・少領）	30町
郡司（主政・主帳）	10町

寺　院	制限
東大寺	4000町
元興寺	2000町
大安寺・興福寺・国分寺など	1000町
法隆寺・新薬師寺	500町
国分尼寺	400町

問7 答：C 標準

水車は用水を汲み上げる灌漑用具として使用された。足踏みなど人力で揚水するものと，自然の流れの中で水車を自転させ，横につけた樋に水を移し灌漑するものがある。

問8 答：B 標準

B－○ 草木を焼いて灰にしたものを**草木灰**と呼び，刈敷とともに，鎌倉時代から肥料として広く用いられるようになった。大量の草木が必要になり，草刈場の確保が農業経営上重要になった。

A－× **刈敷**は春先に山野の青草や木の若芽を刈り取って田畑に敷きこみ，腐敗させ肥料としたものである。

C－× **下肥**は人糞尿を腐熟させたものである。

D－× **油粕**は菜種や綿実から油をしぼった粕で，近世に肥料として普及した。

問9 答：D 標準

室町時代には商品作物の栽培と加工品生産がめざましく発展し，**楮**を原料とする和紙では美濃紙（美濃）・杉原紙（播磨）・鳥の子紙（越前）が名産として知られた。

Aの菜種，Bの煙草，Cの甘藷は，いずれも近世に普及した商品作物である。

解　答

問1 A	問2 C	問3 D	問4 B	問5 A	問6 A
問7 C	問8 B	問9 D			

4 2017年度 商学部〔1〕

以下の文章は，前近代の日本と中国との交渉について記したものである。文章内におけるａ～ｅの【　　】に入る最も適切な語句を①～⑤の中から選び，マークしなさい。また，［ 1 ］～［ 5 ］の中に入る最も適切な語句を記しなさい。

618年に建国された唐は東アジアにひろがる広大な領土をもち，高い文明を誇った。日本はこれに学び，また多くの文物を輸入するため，630年に最初の遣唐使を派遣した。遣唐使の任命は合計10数回におよんだが，なかでも717年の遣唐使船で唐に渡ったａ【① 吉備真備　② 高向玄理　③ 犬上御田鍬　④ 井真成　⑤ 藤原清河】(693？～775)や玄昉は，帰国後，その経験をもとに橘諸兄の政権を補佐した。また，帰国は果たせなかったものの，彼らと同じ遣唐使船で入唐した［ 1 ］(698？～770？)は，唐の玄宗皇帝に仕え，李白や王維とも交際があったことで知られる。彼の歌「天の原ふりさけみれば春日なる　三笠の山にいでし月かも」は，その望郷の思いを歌ったものとして，ことに著名である。そのほか804年の遣唐使船には，のちに天台宗・真言宗を開創する最澄と空海も同乗している。このとき同じ船で入唐した者のなかには，こののち842年の承和の変で失脚し，伊豆に流罪とされるｂ【① 伴健岑　② 橘逸勢　③ 伴善男　④ 橘広相　⑤ 源信】(？～842)もいた。このように奈良時代から平安前期の日本の政治・文化に大きな影響をあたえた遣唐使だったが，やがて唐の国力が減退するにしたがい，航海の危険や経済的な負担などから，遣唐使に任命されることを忌避する者も現れるようになる。838年，遣唐副使に任じられた小野篁は大使藤原常嗣と良船をめぐって争い，乗船を拒否し，隠岐に流罪に処されている。こうしたことを背景に，894年，遣唐大使に任命された菅原道真は，宇多天皇に遣唐使の停廃を建議するにいたる。

しかし，遣唐使は廃れたものの，その後も民間の商人らによって大陸の文物は輸入され続け，それらは「唐物」と呼ばれて珍重された。この頃，唐物と呼ばれた輸入品には，陶磁器・絹織物・香料・薬品・典籍などがある。907年に唐が滅亡した後，中国は五代十国の混乱を経て，宋(北宋)によって再統一された。10世紀末の奝然や11世紀の成尋らも，宋の商船を利用して大陸に渡り，仏教を修めている。1019年には，沿海州地方に住んでいた女真族の船50艘あまりが，突如，対馬・壱岐を攻め，博多湾を襲った。しかし，大宰権帥の［ 2 ］(979～1044)が九州の武士を統率し，これを斥けた。この事件を刀伊の入寇というが，これは対外的な紛争ということだけではなく，地方武士の実力を人々に印象づける事件ともなった。この女真族の一部族がのちに建国した国が，金である。12世紀，宋は北方の金に圧迫されて南宋となるが，日本とは以前にも増して交易を行うこととなる。

平清盛が政治の実権を握ると，福原の外港として［ 3 ］を整備し，宋船の来航を奨励した。このときの日宋貿易の重要な輸入品の一つに，銅銭があった。958年を最後に通貨の自鋳を諦めた日本は，以後，中国の銅銭を積極的に輸入し，これを国内通貨として使用していくことになる。とくに北宋で発行された c【① 皇宋通宝　② 開元通宝　③ 永楽通宝　④ 洪武通宝　⑤ 乾元大宝】などの宋銭は，室町時代になっても広く使われ続けた。その後，宋を滅ぼした元は二度にわたって日本に襲来するが，それ以後も民間レベルの交易は継続した。韓国の新安沖で発見された沈没船も，1323年に元から日本へ帰る途中に沈没した交易船であったことが確認されている。1325年には北条高時も d【① 天龍寺　② 円覚寺　③ 建長寺　④ 東福寺　⑤ 南禅寺】の再建費用を得るために貿易船を派遣している。

14世紀，東シナ海では倭寇とよばれる海賊が暴れまわっており，中国・朝鮮の王朝はこの鎮圧に苦慮した。1368年に建国された明は，大宰府にいた南朝の e【① 九州探題　② 鎮西奉行　③ 征西将軍　④ 鎮西探題　⑤ 羽州探題】懐良親王に倭寇の鎮圧を求めたが，けっきょく実効性はなかった。これに対し，室町幕府3代将軍足利義満は1371年，九州に［ 4 ］(1326～？)を送り込むことで，倭寇の取締りや九州の南朝勢力の掃討をほぼ実現していた。そのため義満は，この実績をもとに1401年に明と国交を結び，1404年に日明貿易を開始する。なお，このとき義満の命をうけて九州統治にあたっていた［ 4 ］は，和歌・連歌などの文学的才能もあり，『難太平記』の著者としても知られている。その後，4代将軍［ 5 ］(1386～1428)の時代，1411年に貿易は一旦中断するものの，6代将軍の時代，1432年に復活している。15世紀後半，幕府の衰退により，貿易の実権は有力大名の細川氏や大内氏の手に渡るが，その後も日明貿易は16世紀中頃まで続けられている。

解説 古代・中世の日中関係

古代・中世の日本と中国との関係に関する歴史的知識を問う。リード文は教科書に準じたもので，問われている知識も基本〜標準レベルである。cはやや難だが，消去法で正解できる。日本と大陸の関係は過去にも出題があった。

a 答：① 易

「**玄昉**」とともに唐に渡り，帰国後「**橘諸兄**の政権を補佐した」とあることから**吉備真備**とわかる。717年に留学生として唐に渡り，751年には遣唐副使に任命され，その翌年に再度渡唐したことをおさえておきたい。聖武天皇に重用されて皇太子阿倍内親王（孝謙天皇）の東宮学士（皇太子の家庭教師）となり，孝謙太上天皇が称徳天皇として重祚すると右大臣にまで昇進した。

b 答：② 標準

承和の変の首謀者として流罪に処せられたのは**橘逸勢**と**伴健岑**であるが，「804年の遣唐使船」で「最澄と空海」とともに入唐し，承和の変後は「伊豆に流罪とされる」とあることから，正解は橘逸勢となる。伴健岑は隠岐に流された。なお，唐で詩文や書を学んだ橘逸勢は，空海と嵯峨天皇とともに三筆としても知られる。

c 答：① やや難

①の皇宋通宝は北宋時代に大量に鋳造され，日本で発掘された渡来銭の中でも最も数が多い。しかし，日本史の教科書では宋銭の名称まで記されていないので，消去法を用いて正解にたどりつきたい。②の**開元通宝**は唐の銅銭で，和同開珎の模範とされた貨幣である。③の**永楽通宝**と④の**洪武通宝**は明銭で，勘合貿易により大量に日本に入ってきた。⑤の**乾元大宝**は村上天皇の治世の958年に鋳造された本朝（皇朝）十二銭の最後のものである。

d 答：③ 標準

建長寺は，執権北条時頼の発願により南宋から来朝していた蘭溪道隆を開山とする臨済宗の寺院で，その「再建費用を得るために」，1325年北条高時が**建長寺船**を派遣した。これが足利尊氏により派遣された**天龍寺船**など，社寺の造営費用を調達するための貿易船（寺社造営料唐船）の先駆けとなった。

e 答：③ 標準

懐良親王は後醍醐天皇により征西将軍に任じられて九州に渡り，肥後の菊池氏の支援を得て，1361年に大宰府を奪った。明の洪武帝（朱元璋）は懐良親王に「倭寇の鎮圧を求めた」。

1 答：阿倍仲麻呂 標準

玄昉らとともに入唐し，「唐の玄宗皇帝に仕え，李白や王維とも交際があった」

という部分もヒントになるが，「『天の原……』は，その望郷の思いを歌ったもの」とあるのが決め手となる。正解は**阿倍仲麻呂**。なお，阿倍仲麻呂と同様に帰国できなかった遣唐使に藤原清河がいる。

●主な遣唐使・関係者一覧

舒明	①	630	**犬上御田鍬**
孝徳	②	653	吉士長丹
	③	654	高向玄理（唐で客死）
斉明	④	659	坂合部石布
天智	⑤	665	守大石
	⑥	667	伊吉博徳（いきのはかとこ）
	⑦	669	河内鯨
文武	⑧	702	**粟田真人**（あわたのまひと），**山上憶良**
元正	⑨	717	**玄昉**，**吉備真備**，**阿倍仲麻呂**，**井真成**（せいしんせい）
聖武	⑩	733	栄叡，普照
		(735)	玄昉・吉備真備帰国
	⑪	(746)	石上乙麻呂（中止）
孝謙	⑫	752	**藤原清河**，**吉備真備**
		(754)	**鑑真**ら入京
淳仁	⑬	759	高元度
	⑭	(761)	仲石伴（中止）
	⑮	(762)	中臣鷹主（中止）
光仁	⑯	777	小野石根
	⑰	779	布勢清直
桓武	⑱	804	**橘逸勢**，**最澄**，**空海**
仁明	⑲	838	小野篁（渡航拒否），**円仁**→『入唐求法巡礼行記』
宇多	⑳	(894)	**菅原道真**（中止）

2　答：藤原隆家　標準

「刀伊の入寇」を斥けた「大宰権帥」で**藤原隆家**とわかる。藤原隆家は関白藤原道隆の子で，道長と争った伊周を兄にもち，一条天皇の皇后定子を姉にもつこともおさえておきたい。

3　答：大輪田泊　標準

「福原の外港」とあることから**大輪田泊**とわかる。大輪田泊は行基が築造した五泊の一つと伝えられており，そこに**平清盛**は防波堤として経ヶ島を築くなどの整備をはかった。なお，中世以後は兵庫津などと称した。

4　答：今川貞世〔今川了俊〕　標準

「九州の南朝勢力の掃討」「義満の命をうけて九州統治にあたっていた」をヒントに九州探題であった**今川貞世**とわかるが，「『**難太平記**』の著者」とあるのが決め手になる。なお，今川貞世は出家して了俊と名乗った。

5　答：**足利義持**　標準

4代将軍**足利義持**は，**足利義満**が始めた朝貢形式を批判して，日明貿易を中断した。その後，6代将軍**足利義教**は貿易の利益に注目して国交を再開した。

解　答

a－①　b－②　c－①　d－③　e－③

1　阿倍仲麻呂　2　藤原隆家　3　大輪田泊

4　今川貞世〔今川了俊〕　5　足利義持

5

2020年度 法学部〔1〕

次のA・B・Cの各文章を読んで，それぞれの設問に答えなさい。答えは，解答欄に記入しなさい。

A

奈良時代には，律令国家の建設に伴って全国の富が中央に集中するようになり，また遣唐使などによって唐の進んだ文化がもたらされ，さらに唐を通じてインドやペルシアなどの文化も摂取され，平城京を中心とする国際色豊かな貴族文化が栄えた。これを聖武天皇の時代の年号をとって天平文化と呼んでいる。

奈良時代には，貴族たちの国家意識の高揚を反映して，天皇が日本を支配する由来を歴史的に説明するために国史の編纂が国家事業として行われるようになった。この事業は，天武天皇の時代に始められ，712(和銅5)年に(a)『古事記』が，720(養老4)年には『日本書紀』が完成した。『古事記』は推古天皇まで，『日本書紀』は持統天皇までの歴史を記しているが，『日本書紀』以後は，『続日本紀』，『日本後紀』，『続日本後紀』，『日本文徳天皇実録』，『日本三代実録』が編纂され，『日本書紀』とあわせて六国史という。

713(和銅6)年には諸国の伝承・地理・産物などを記録することが命じられ，地誌である『 (イ) 』が編纂された。漢詩文も当時の貴族や官人の教養として重んじられ，751(天平勝宝3)年には現存最古の漢詩集『懐風藻』が編集され，大友皇子・大津皇子・長屋王ら(b)7世紀後半以来の漢詩を収めている。7世紀後半に発達した和歌は，奈良時代にもさかんにつくられ，天皇から民衆にいたるまで多くの人々によって詠まれた。『万葉集』は，奈良時代後期までの歌(c)約4500首を収録した歌集で，そのなかには東歌や防人歌など地方の農民の素朴な歌も多数採録されている。

問(1) 下線部(a)に関連して，『古事記』の序文には，撰録の経過について，「旧辞の誤忤(たが)へるを惜しみ，先紀の謬錯(まじわ)れるを正さむとし，和銅四年九月十八日に，臣安万侶に詔して，［　(ア)　］が所誦る勅語の旧辞を撰び録して献上らしむといへり。謹みて詔旨の随に，子細に採り摭ひぬ。」と書かれている。空欄(ア)に該当する人名を記しなさい。

問(2)　空欄(イ)については５か国のものが現存しているが，空欄(イ)に該当する語句と空欄(イ)がほぼ完全に残っている国名を記しなさい。

問(3)　下線部(b)に関連して，奈良末期に自分の邸宅を寺とし，そこに外典（仏教以外の書物）をも所蔵する日本最初の私設図書館である芸亭を設けた人物は誰か，その人名を記しなさい。

問(4)　下線部(c)に関連して，万葉集の時代は通常四期に分けられるが，次のＡ・Ｂ・Ｃの中から淳仁天皇時代にいたる第四期の歌人の歌を選んで，その記号と歌人（人名）を記しなさい。

Ａ　春の野に霞たなびきうら悲し
　　この夕かげにうぐひす鳴くも

Ｂ　田子の浦ゆうち出でて見ればま白にぞ
　　富士の高嶺に雪は降りける

Ｃ　石ばしる垂水の上のさ蕨の
　　萌え出づる春になりにけるかも

Ｂ

二度に及ぶ蒙古襲来(d)は，御家人たちに大きな犠牲を払わせたにもかかわらず，幕府は，十分な恩賞を用意することができなかったため，御家人たちの信頼を失う結果となった。また御家人たちの多くは，鎌倉時代になってもひきつづき分割相続を繰り返し，それによって所領の細分化という問題を招いたうえ，流通経済の発展に伴い貨幣経済に巻き込まれ，経済的な窮乏が深刻になっていった。そのような窮乏する御家人を救済するための対策としてとられたのが1297（永仁５）年の永仁の徳政令であった。その第１条と第２条は，次のように定めていた。

（第１条）

一 越訴(e)を停止すべき事

右，越訴の道，年を逐って加増す。棄て置くの輩多く濫訴に疲れ，得理の仁猶安堵しがたし。諸人の侘傺（たてい），職（もと）として此れに由る。自今以後これを停止すべし。…

（第２条）

一 質券売買地の事

右，所領を以て或いは質券に入れ流し，或いは売買せしむるの条，御家人等侘傺の基なり。向後に於いては，停止に従ふべし。以前沽却の分に至りては，本主領掌せしむべし(f)。但し，或いは御下文・下知状を成し給ひ，或いは知行廿箇年を過ぐるは，公私の領を論ぜず，今更相違有るべからず。若し制符に背き，濫妨を致すの輩有らば，罪科に処せらるべし。

次に非御家人・凡下の輩の質券買得地の事。年紀を過ぐると雖も，売主知行せしむべし。

しかし，その後金融業者たちは，御家人に金を貸すことを拒むようになり，かえって金融の道が閉ざされる結果となった。

問(5) 下線部(d)に関連して，『蒙古襲来絵巻』には，肥後の御家人竹崎季長が文永の役で博多に上陸した元軍を迎え撃ち，奮戦している様子が描かれているが，日本軍は，元軍の［(ウ)］戦法と［(エ)］と呼ばれる火薬を利用した新兵器に悩まされた。空欄(ウ)（漢字２字）と空欄(エ)（ひらがな４字）に該当する語句をそれぞれ記号順に記しなさい。

問(6) 永仁の徳政令の第１条の下線部(e)の「越訴」とは何か，10字以内で説明しなさい（句読点は含まない）。

問(7) 下線部(f)に関連して，永仁の徳政令の第２条によれば，所領の質入れや売買は禁止されることとなったが，それまでに売却してしまった分については，原則として「本主」が領有するものとされていた。「本主」とは何か，10字以内で説明しなさい(句読点は含まない)。

C

南北朝の動乱を経て室町時代になると，古くからの有力農民であった名主層に加え，新しく成長してきた小農民を構成員とする自立的で自治的な惣(惣村)が形成された。惣村は，農業の共同作業や<u>宮座と呼ばれる祭祀集団による神社の祭礼などを通じて村民の結合を強くし</u>(g)，村民の会合である寄合の決定に従って，おとな(長・乙名)・年寄・沙汰人などと呼ばれる村の指導者によって運営された。また，村民は，近江などの経済的先進地帯にみられるように自ら守るべき規約である惣掟を定めたり，村内の秩序を維持するために自ら警察権や裁判権を行使する(これを　(カ)　という)こともあった。さらに，惣村は，<u>農業生産に必要な村共用の山野地の確保</u>(h)や灌漑用水の管理も行うようになり，また荘園領主への年貢納入を惣村がひとまとめにして請け負う地下請も広がっていった。

問(8)　下線部(g)に関連して，宮座では，神社の祭礼を行ったほか，豊作の祈願をしたり，神仏に誓約する　(オ)　を書いたり，　(オ)　を焼いて神前でその灰を混ぜた水を飲み交わしたり(これを一味神水という)して，結束を誓い合った。空欄(オ)に該当する語句を記しなさい。

問(9)　空欄(カ)に該当する語句を記しなさい。

問(10)　下線部(h)に関連して，『今堀日吉神社文書』には今堀惣村掟(近江国今堀惣の村掟)が含まれているが，1489(延徳元)年の村掟は，その第9条で「惣森にて青木は葉かきたる物は，村人は村を落すべし。村人にて無物は地下をはらうべし。」と定めている。条文中の「惣森」のような山野地を何と呼ぶか，その名称を記しなさい。

解説 古代・中世の文化・社会

天平文化，蒙古襲来，惣村を題材とした3つの短文を通じ，古代・中世の文化・社会を問う問題である。10字以内での説明を求める出題が2問あった。問(4)が難問，問(8)がやや難問であるが，それ以外は標準的な問題であるため，しっかりと得点したい。

A

問(1) 答：稗田阿礼 標準

『古事記』の序文には，『帝紀』『旧辞』の誤りを正して**稗田阿礼**に誦(よ)み習わせ，天皇の命で太安万侶が筆録したとある。

問(2) 答：語句―風土記 国名―出雲（出雲国も可） 標準

713年の詔により諸国の伝承・地理・産物などを記録することが命じられ，諸国で編纂された地誌は『**風土記**』である。現存するものは出雲・常陸・播磨・豊後・肥前の5カ国の風土記で，その中でほぼ完全に残っているものは**出雲**の風土記である。

問(3) 答：石上宅嗣 標準

奈良時代末期に自分の邸宅を寺とし，そこに仏教以外の書物をも所蔵する日本最初の私設図書館である芸亭を設けたのは**石上宅嗣**である。芸亭は好学の士に広く公開された。ちなみに芸とは本の虫よけのために使用された香りの強い草である。

問(4) 答：記号―A 人名―大伴家持 難

舒明天皇即位から壬申の乱までの第1期の歌人としては大海人皇子・有間皇子・額田王，壬申の乱平定後から平城京遷都までの第2期の歌人としては持統天皇・柿本人麻呂，8世紀前半の第3期の歌人としては山上憶良・山部赤人・大伴旅人，8世紀中頃の第4期の歌人としては大伴家持らが名高い。Bは第3期の山部赤人，Cは第2期の志貴皇子の歌である。

B

問(5) 答：(ウ)集団 (エ)てつはう 標準

『**蒙古襲来絵巻**』は肥後の御家人**竹崎季長**が文永の役と弘安の役で戦功をあげ，地頭職をうけた経緯を描いている。わずかな手勢とともに突撃する竹崎季長に対して，元軍が集団戦法で反撃する場面が最もよく知られている。その場面では，突進する竹崎季長と弓を射る元軍との間に，炸裂する「てつはう」が見える。

問(6) 答：再び訴訟をおこすこと（10字以内） 標準

「越訴」とは，本来，正しい手続きを経ずに訴えることをさすが，ここでは，一度与えられた判決に不服があるとして，再び訴えること。永仁の徳政令では，原判決で敗訴した者も勝訴した者もともに困窮の原因になるとして，越訴を禁止している。

問(7) 答：土地の持主だった売主（10字以内） 標準

「本主」とは，「本来の持主」と現代語訳される。ここでいう本来の持主とは，土地を売った元の所有者のことであり，永仁の徳政令では，「本主」のことを「売主」とも表している。幕府は，窮乏し所領を手放した御家人の救済をはかろうとした。

C

問(8) 答：起請文 やや難

起請文とは，神仏に誓約する形式の文書のことである。違反した場合には，神罰・仏罰を受けるという意味が込められた。

問(9) 答：地下検断（自検断も可） 標準

村内の秩序を維持するために自ら警察権や裁判権を行使することを**地下検断**，または自検断という。警察権や裁判権を検断権といい，守護の権限であったが，地下検断（自検断）とは守護やその使者を村内に入れないことを意味する。

問(10) 答：入会地 標準

「惣森」とは，惣として所有する森のことである。惣村では，農業生産に必要な山野などの共同利用地である**入会地**の確保や灌漑用水の管理などが行われた。

●中世の惣村

惣村形成の背景	結合の中核と手段
• **入会地**・灌漑用水の共同管理の必要 • 荘園領主や国人の非法への抵抗 • 戦乱・略奪に対する自衛	**寄合** …惣村の意志決定機関。指導者の**おとな（長・乙名）・沙汰人**などは**地侍**や有力名主などから選出 **宮座** …鎮守社の祭祀組織 **一味神水**（いちみしんすい） …神水を飲み交わし，誓約を行う **起請文**（きしょうもん） …神仏に誓約する形式の文書
自治の方法	**要求・抵抗の方法**
惣掟（村法・地下掟・村掟） …村落における自治規約 **地下検断**（自検断） …警察権・裁判権を惣村の構成員が自ら行使 **地下請**（百姓請・惣請） …惣村が荘園領主から荘園管理・年貢徴収を請け負う	**愁訴**（しゅうそ） …百姓申状などで領主に年貢の減免などを嘆願する **強訴**（ごうそ） …領主に対して年貢の減免，代官交代などを集団で求める **逃散**（ちょうさん） …要求が通らない場合に耕作を放棄して集団で他領や山林に逃げ込む **土一揆**（つちいっき） …一致団結した集団が年貢の減免や徳政を要求して蜂起

解　答

A　問(1)　稗田阿礼　　問(2)　語句－風土記　国名－出雲（出雲国も可）
　問(3)　石上宅嗣　　問(4)　記号－A　人名－大伴家持
B　問(5)　(ウ)集団　(エ)てつはう
　問(6)　再び訴訟をおこすこと（10字以内）
　問(7)　土地の持主だった売主（10字以内）
C　問(8)　起請文　　問(9)　地下検断（自検断も可）　　問(10)　入会地

6

2020年度 国際日本学部〔1〕

次の文章は，主に日本の古代・中世の文化や芸術について述べたものである。これを読んで，下記の設問に対するもっとも適切な答えを1つ記入しなさい。設問1，3，5，6，9については記述解答欄に書き，設問2，4，7，8，10についてはマーク解答欄にマークしなさい。

9世紀後半から10世紀には，貴族社会を中心に国風文化が生まれた。和歌や，(ア)かな物語が盛んになるほか，(イ)貴族による日記や随筆も多く著された。こういった文学の隆盛は貴族たちが天皇の後宮に入れた娘たちにつきそわせた，優れた才能をもつ女性たちに負うところが大きい。その後，説話集も盛んに編まれるようになり，インド・中国・日本の3国にわたる古今の仏教・世俗説話を収録した［ A ］のほか，仏教の予言思想に基づき地獄や病や輪廻の苦しみを描いた絵巻物もつくられた。また，天台宗の僧である［ B ］による『往生要集』や，臨済宗の僧である［ C ］による『沙石集』も著されるなど，仏教の影響力が強い時代を迎えた。室町時代に入ると，禅宗の影響を強く受けた武家文化と公家の伝統文化が融合し，その芸術性が(ウ)生活様式や(エ)生活文化，(オ)建築や(カ)絵画にも取り込まれた。さらに，商工業の発展にともない，町衆や農民が文化の担い手となり，(キ)民衆芸能や(ク)庶民文芸も成立した。

1. 下線部(ア)の一つである『伊勢物語』の主人公とされる人物の氏名を，**漢字4文字**で書きなさい。

2. 下線部(イ)の一つであり，当時の貴族社会に生きる女性の苦悩を描いた，藤原道綱の母による作品を，下記の①～④の中から選びなさい。

① 『十六夜日記』 ② 『蜻蛉日記』 ③ 『更級日記』 ④ 『御堂関白記』

3. 空欄Aに入る名称を，**漢字5文字**で書きなさい。

4. 空欄Bと空欄Cに入る語句として**正しい組み合わせ**を，下記の①～④の中から選びなさい。

① B：法然 C：無住　② B：法然 C：唯円
③ B：源信 C：唯円　④ B：源信 C：無住

5. 下線部(ウ)について，室町後期に成立した武家住宅で，畳を全面に敷き詰めた特徴をもち，のちの和風住宅のもととなった建築様式の名称を，**漢字3文字で**書きなさい。

6. 下線部(エ)について，茶と禅の精神の統一を主張し，茶室で心の静けさを求める簡素・閑寂な風趣をもつ茶の湯の名称を，**漢字2文字で**書きなさい。

7. 下線部(オ)について，鎌倉時代から室町時代にかけてみられた建築様式の名称として**あてはまらないもの**を，下記の①～④の中から選びなさい。

① 今様　② 折衷様　③ 禅宗様　④ 新和様

8. 下線部(カ)に関連して，この時期に禅機画として描かれた水墨画である『瓢鮎図』の作者として**あてはまるもの**を，下記の①～④の中から選びなさい。

① 雪村　② 雪舟　③ 如拙　④ 周文

9. 下線部(キ)に関連して，将軍義満の保護のもと，観阿弥・世阿弥父子は芸術性の高い猿楽能を完成させたが，世阿弥が父の芸談に基づき，能の真髄を述べた書名を，**漢字4文字で**書きなさい。

10. 下線部(ク)に関連して，仏教思想の影響が強く，挿絵や話し言葉とともに描かれた庶民的な短編物語を御伽草子と総称するが，これに**あてはまらないもの**を，下記の①～④の中から選びなさい。

① 『十二類絵巻』　② 『文正草子』　③ 『犬筑波集』　④ 『福富草紙』

解説　古代・中世の文学・建築・芸能・絵画

国風文化期～戦国時代の文化について，文学を中心に建築・芸能・絵画に関して出題された。全体的に基本～標準レベルであり，全問正解を目指したい。

1　答：在原業平　標準

10世紀前半に成立した最初の歌物語である『**伊勢物語**』は，**在原業平**をモデルとしている。六歌仙の一人である在原業平は歌の才能に恵まれ，『古今和歌集』以下の勅撰和歌集に多くの歌がおさめられている。

2　答：②　標準

藤原道綱の母による作品は『**蜻蛉日記**』である。夫兼家との不和や道綱への愛などを描いた日記文学である。なお，①の『**十六夜日記**』は鎌倉時代に**阿仏尼**が著した紀行文，③の『**更級日記**』は国風文化期に**菅原孝標の女**が著した日記，④の『**御堂関白記**』は国風文化期に**藤原道長**が漢文で著した日記である。

●主な日記・紀行文

時代	作品	作者
平安時代	土佐日記	紀貫之
	蜻蛉日記	藤原道綱の母
	和泉式部日記	和泉式部
	紫式部日記	紫式部
	更級日記	菅原孝標の女
	御堂関白記	藤原道長
	小右記	藤原実資
	権記	藤原行成
鎌倉時代	玉葉	九条兼実
	東関紀行	作者不明
	海道記	作者不明
	十六夜日記	阿仏尼

3　答：今昔物語集　標準

「インド・中国・日本の3国にわたる古今の仏教・世俗説話を収録した」説話集は，『**今昔物語集**』である。院政期（12世紀前半）に成立した。各話が「今は昔」ではじまり，当時の庶民の生活が広く記されている。

4　答：④　標準

B．『**往生要集**』を著した天台宗の僧は**源信**である。C．仏教説話集『**沙石集**』

を著した臨済宗の僧は**無住**である。源信は国風文化期（985年），無住は鎌倉後期（1283年）にそれぞれの書を著しており，活躍した時代が異なる点にも注意したい。なお，法然は浄土宗の開祖で，その教義をまとめた『選択本願念仏集』などの著書がある。唯円は鎌倉中期の浄土真宗の僧であり，師僧の親鸞が語った教えをまとめた『歎異抄』の作者である。

5 答：書院造 易

室町後期に成立した武家住宅で，畳を全面に敷き詰めた特徴をもち，のちの和風住宅のもととなった建築様式は**書院造**である。代表的遺構として**慈照寺東求堂同仁斎**がある。

6 答：侘茶 標準

茶と禅の精神の統一を主張し，茶室で心の静けさを求める簡素・閑寂な風趣をもつ茶の湯を**侘茶**という。**村田珠光**にはじまり，**武野紹鷗**が簡素化した後，**千利休**が大成した。

7 答：① 易

①の**今様**は，平安末期当時の「当世風」の歌謡のことであり不適。②～④は中世の建築様式の名称である。②の**折衷様**は，**和様**（平安時代以来の日本の建築様式）をもとに，**大仏様**（重源が東大寺の再建にあたり取り入れた中国南方の建築様式）や，禅宗様の手法を取り入れた建築様式である。③の**禅宗様**は，禅宗寺院に用いられる宋系の建築様式，④の新和様は，和様に一部大仏様を取り入れたものである。

8 答：③ 易

③の**如拙**は，室町時代前期（北山文化期）の相国寺画僧で，水墨画『**瓢鮎図**』を描いた。④の**周文**は，如拙から水墨画を学んだ相国寺画僧で，代表作に『寒山拾得図』がある。また，②の**雪舟**は，周文に学んだ東山文化期の相国寺画僧で，のちに明に渡り帰国後に日本的水墨画を確立した。『四季山水図巻』『天橋立図』などの代表作がある。①の雪村は，戦国時代（16世紀）の水墨画家で雪舟の画法を学び，奥州にあって『呂洞賓図』『竹林七賢図屏風』など自由な作品を残した。

9 答：風姿花伝 標準

世阿弥が父**観阿弥**の芸談にもとづき，能の真髄を述べた書は『**風姿花伝**』である。習道論，演出論，能作論，幽玄論などが整理されている。なお，『花伝書』とも称されるが，設問では「漢字4文字」と指定されているため，『風姿花伝』が正答。

10 答：③ 標準

『**犬筑波集**』は，戦国時代（16世紀前半）に成立した俳諧連歌集で，撰者は**宗鑑**。

解　答

1 在原業平　2－②　3 今昔物語集　4－④　5 書院造
6 侘茶　7－①　8－③　9 風姿花伝　10－③

7

2022年度 文学部〔2〕

中世の守護に関する次の史料A～Eを読み，下の設問に答えよ。解答はマーク解答欄に記入せよ。なお，史料は読み下し文にするなど，書き改めたところがある。

A 一，不入の地の事，代々の判形を戴し，各露顕の在所の事ハ沙汰に及ばず。新儀の不入，自今以後これを停止す。（中略）只今ハをしなべて，自分の力量を以て，国の法度(ア)を申付け，静謐する事なれば，守護の手，入る間敷事，かつてあるべからず。（後略）

（『中世法制史料集』）

B 一，寺社本所領の事 観応三・七・廿四御沙汰

諸国擾乱(イ)に依り，寺社の荒廃，本所の牢籠，近年倍増せり。（中略）次に近江・美濃・尾張三ヶ国の本所領半分の事，兵粮料所として，当年一作，軍勢に預け置くべきの由，守護人等に相触れおわんぬ。半分に於いては，宜しく［ a ］に分かち渡すべし。（後略）

（『中世法制史料集』）

C 同じく守護人非法の条々 同日

一，大犯三箇条付けたり，苅田狼藉・使節遵行の外，所務以下に相綺ひ，地頭御家人の煩ひを成す事。

（中略）

一，請所(ウ)と号し，名字を他人に仮り，本所寺社領を知行せしむる事。（後略）

（『中世法制史料集』）

D 一，諸国守護人奉行の事

右，右大将家の御時(エ)定め置かるる所は，［ b ］・謀叛・殺害人付けたり，夜討・強盗・山賊・海賊 等の事なり。而るに近年，代官を郡郷に分ち補し，公事を庄保に充て課せ，国司(オ)に非ずして国務を妨げ，［ c ］に非ずして地利を貪る。所行の企て甚だ以て無道なり。（後略）

（『中世法制史料集』）

E 問云ク，諸国同事ト申ナカラ，当国ハ殊ニ［ d ］蜂起ノ聞ヘ候。何ノ比ヨリ張行候ケルヤラム。

答云，(中略)正安・乾元ノ比(カ)ヨリ，目ニ余リ耳ニ満テ聞ヘ候シ。(中略)異類異形ナルアリサマ，人倫ニ異ナリ，(中略)ツカサヤハケタル太刀ヲハキ，竹ナカエサイハウ杖ハカリニテ，鎧腹巻等ヲ着マテノ兵具更ニ無シ。カカル類十人二十人，或ハ城ニ籠リ，寄手ニ加ハリ，或ハ引入・返リ忠ヲ旨トシテ(キ)，更ニ約諾ヲ本トセス，博打・博エキヲ好テ，忍ヒ小盗ヲ業トス。武方ノ沙汰，守護ノ制禁ニモカカハラス，日ヲ逐テ倍増ス。(後略)

(『峯相記』)

設　問

1　空欄ａ・ｄに当てはまる語の組み合わせとして**正しいもの**を，次の①～⑥のうちから一つ選べ。

①　ａ―国人　　ｄ―土民
②　ａ―本所　　ｄ―土民
③　ａ―地下　　ｄ―土民
④　ａ―国人　　ｄ―悪党
⑤　ａ―本所　　ｄ―悪党
⑥　ａ―地下　　ｄ―悪党

2　空欄ｂ・ｃに当てはまる語の組み合わせとして**正しいもの**を，次の①～⑥のうちから一つ選べ。

①　ｂ―大番催促　ｃ―借上
②　ｂ―大番催促　ｃ―地頭
③　ｂ―大番催促　ｃ―領家
④　ｂ―新恩給与　ｃ―借上
⑤　ｂ―新恩給与　ｃ―地頭
⑥　ｂ―新恩給与　ｃ―領家

3　下線部(ア)に関連して，分国法の説明として**誤っているもの**を，次の①～④のうちから一つ選べ。

①　国人らが結んだ一揆の規約を吸収した法を含むことがある。
②　御成敗式目などの幕府法や守護法を継承した法もみられる。
③　家臣相互の実力による紛争解決を奨励する法があらわれた。
④　商人たちに城下町での自由な商取引を認める法も出された。

4　史料Bの下線部(イ)に含まれる兵乱として**正しいもの**を，次の①～④のうちから一つ選べ。
①　将軍尊氏と政務を分担した弟の足利直義は，執事の高氏らと抗争した。
②　美濃・尾張等の守護を兼ねる土岐一族の分裂により土岐康行が敗れた。
③　六分の一衆といわれた山名一族の内紛に乗じて山名氏清が滅ぼされた。
④　堺で挙兵した有力守護の大内義弘が幕府軍の攻撃により討ち取られた。

5　下線部(ウ)に関連して，荘園・公領の支配や年貢納入についての説明として**正しいもの**を，次の①～④のうちから一つ選べ。
①　地頭請の契約は，下地中分により地頭分となった土地で結ばれた。
②　毎年一定の年貢の納入を請け負う代官には，禅僧も任命された。
③　諸国に散在する御料所の経営は，在京する守護たちに委ねられた。
④　領主へ納める年貢を百姓が個人で請け負う百姓請もあらわれた。

6　下線部(エ)の時期における公武関係についての説明として**正しいもの**を，次の①～④のうちから一つ選べ。
①　平氏滅亡を経て，後白河院は源義経に源頼朝追討の命令をくだした。
②　右近衛大将となった源頼朝は，国ごとに守護の任命権を認められた。
③　朝廷は源頼朝を征夷大将軍に任命し，奥州藤原氏の征討を許可した。
④　後白河院の死後，朝廷は源頼朝に東海道・東山道の支配権を与えた。

7　下線部(オ)に関連して，中世の国司についての説明として**誤っているもの**を，次の①〜④のうちから一つ選べ。

①　国司により派遣された目代は，国衙で在庁官人を指揮した。

②　院近臣である院司には，国司やその歴任者が含まれていた。

③　関東知行国では国司が任命されず，守護が国衙を支配した。

④　建武の新政においては，国ごとに国司と守護が併置された。

8　下線部(カ)に関連して，鎌倉時代後半の思想や学問についての説明として**誤っているもの**を，次の①〜④のうちから一つ選べ。

①　鎌倉の外港六浦に北条実時が金沢文庫を設け，和漢の書物が収集された。

②　宋学が伝えられ，その大義名分論が後醍醐天皇らの倒幕運動に影響を与えた。

③　有職故実の研究に取り組んだ一条兼良は，多くの研究書や注釈書を著した。

④　鎌倉仏教の影響を受けた神道理論(伊勢神道)が度会家行により形成された。

9　下線部(キ)に関して，このような行動をとる反幕府勢力を結集して倒幕の兵を挙げた人物として**正しいもの**を，次の①〜⑤のうちから一つ選べ。

①　北畠顕家　　②　竹崎季長　　③　新田義貞

④　楠木正成　　⑤　北条時行

10　史料**A**・**B**・**C**・**D**を古いものから年代順に並べかえた場合，**正しいもの**を，次の①〜⑥のうちから一つ選べ。

①　**C**→**B**→**D**→**A**

②　**C**→**D**→**A**→**B**

③　**C**→**D**→**B**→**A**

④　**D**→**B**→**C**→**A**

⑤　**D**→**C**→**A**→**B**

⑥　**D**→**C**→**B**→**A**

解説 中世の守護

中世の守護に関する5つの史料をもとに，関連事項が問われた。1・2のように史料対策の有無が問われる問題が複数出題された。10がやや難問であったが，その他は標準的な内容であり，高得点が可能である。

1 答：⑤ 標準

史料Bは南北朝時代に出された観応の半済令である。近江・美濃・尾張の3国の荘園の半分については，兵粮米を徴発する所領として，一年に限り守護の軍勢に預け置くとし，残りの半分は荘園領主である**本所**に渡すこととした。

史料Eは南北朝時代の播磨国の事情を記している。「異類異形ナルアリサマ」「武方ノ沙汰，守護ノ制禁ニモカカハラス」，出典の『峯相記』などから，鎌倉時代末期～南北朝時代にあらわれた悪党に関する記述とわかる。

2 答：② 標準

史料Dは「諸国守護人奉行の事」「右大将家（＝源頼朝）の御時定め置かるる所は」などから，御成敗式目である。この第3条ではのちに大犯三カ条とよばれる守護の本来の職務を明らかにしており，それは**大番催促**，謀叛人・殺害人の逮捕である。しかし，近年は守護が代官を郡・郷に任命し，夫役や雑税を荘園・公領に賦課し，国司でないのに国務を妨げ，**地頭**でないのに土地からの収益をむさぼっているとし，そのような守護による荘園・公領の侵略を禁じている。

3 答：③ 標準

③ー× 戦国大名の分国法には，家臣どうしが勝手に兵を動かす私戦については両者ともに処罰すると定めたものもある。そのような方法は**喧嘩両成敗**とよばれ，中世の自力救済の否定がめざされている。史料Aは『今川仮名目録』であり，今川氏の力量で分国支配の法を命じ，それで国内の平和が保たれているので，守護（＝今川氏）の手が入ってはならないという主張は決して許されないと述べ，実力で領国を統治する自信を表明している。

4 答：① 標準

①ー○ 1350～52年にわたって足利尊氏・高師直と足利直義を中心とする勢力の抗争が続いた（**観応の擾乱**）。史料Bは観応の半済令であり，同じ観応年間に出されたものなので，①が正解。②～④は足利義満の時代の兵乱で，南北朝の合体（1392年）前後の出来事である。

②ー× 美濃・尾張・伊勢の守護であった土岐頼康の没後，3代将軍足利義満は頼康の養嗣子となっていた土岐康行の弟に尾張の守護職を与え，康行を挑発した。足利義満が土岐康行討伐を指示すると，1390年に康行は美濃で挙兵して敗れた

（**土岐康行の乱**）。

③―× 11カ国の守護を兼ね，六分の一衆（六分の一殿）といわれた山名氏清を3代将軍足利義満が挑発し，1391年に氏清が挙兵した。氏清は幕府軍に敗れ，山名家の領国は3カ国に削減された（**明徳の乱**）。

④―× 6カ国の守護を兼ね，朝鮮貿易で富を蓄えていたことから足利義満の反感をかっていた大内義弘は，1399年に堺で挙兵したが敗死した（**応永の乱**）。

5 答：② 標準

②―○ 毎年一定の年貢の納入を請け負う代官には，五山の禅僧，守護の被官（家臣）となった国人，京都の土倉などが任命された。

①―× **地頭請**は荘園領主が地頭に荘園の支配を任せる代わりに，地頭が荘園領主への年貢納入を請け負うものである。**下地中分**は荘園領主と地頭が荘園の下地（土地）を折半して，互いの領分に干渉しないと定めたものであり，地頭請とは異なるものである。

③―× 御料所の経営は守護ではなく，将軍に仕える**奉公衆**が担った。

④―× **百姓請**（**地下請**）は領主への年貢納入を村単位で請け負うもので，「百姓が個人」で請け負うものではない。

6 答：① 標準

①―○ 平氏滅亡後の1185年，後白河院は源義経に源頼朝追討の院宣を出した。しかし，源頼朝の圧力を受けた後白河院はこの院宣を撤回し，源義経追討の院宣発給と国地頭の設置を受け入れた。翌年，国地頭は廃止され，その権限が縮小されて守護に改められた。

②―× 源頼朝が守護の任命権を朝廷に認められたのは1185年，右近衛大将に就任したのは1190年であり，時期が異なる。

③―× 源頼朝の奥州藤原氏征討は1189年，征夷大将軍就任は1192年であり，時期が異なる。

④―× 「東海道・東山道の支配権」を源頼朝に認めた寿永二年十月宣旨は，1183年に後白河院から頼朝に与えられたものなので，「後白河院の死後」は誤り。

7 答：③ 標準

③―× **関東知行国**（**関東御分国**）は鎌倉殿の知行国であり，知行国に国司が任命されていることを念頭に置けば，「国司が任命されず」は誤りとわかる。

8 答：③ 標準

③―× **一条兼良**は東山文化期の人物であり，鎌倉時代の人物ではない。

9 答：④ 標準

史料Ｅは悪党の蜂起を伝えている。悪党とは，幕府や荘園領主が支配に反抗する者に対して使用した言葉であり，流通経済の発展とともに成長した名主や商人も含まれていた。**楠木正成**は河内で兵を挙げて反幕府勢力の結集をはかり，畿内近国の悪党・武士らのなかでこれに呼応する者が出た。

10 答：⑥ やや難

史料Dは御成敗式目であり，鎌倉時代の史料。史料Cは南北朝時代のもので，守護の従来からの権限である大犯三カ条に加えて，刈田狼藉の取り締まりや使節遵行の権限が加えられたことを示している。史料Bは南北朝時代の戦乱が長引き，国人の荘園侵略が激化するなかで，1352年に近江・美濃・尾張3国に出された観応の半済令である。史料Aは今川氏の分国法『今川仮名目録』であり，戦国時代の史料。よって，D→C→B→Aとなる。

●守護の権限の拡大

	鎌倉期	南北朝期	室町期
軍事警察	**大犯三カ条**（京都大番役の催促，謀叛人・殺害人の逮捕の権限）		
	1232〜 夜討・強盗などの逮捕の権限		
	1310〜 **刈田狼藉の取締権**		
司法		1346〜 **使節遵行権**（裁判判決の執行）	
所領給与		1352〜 **半済**（年貢半分）の給与権 没収地の預置権	
課税		一国検注権（賦課台帳の作成） 段銭などの徴収権	
請負		14世紀末〜	**守護請**

解　答

1—⑤　2—②　3—③　4—①　5—②　6—①　7—③
8—③　9—④　10—⑥

第2章　近　世

8

2015年度 農学部〔3〕

次の1～3の文章を読み，以下の設問に答えよ。

1 豊臣秀吉(ア)は，はじめキリスト教の布教を認めていたが，1587(天正15)年，九州平定におもむき，キリシタン大名の［ (1) ］が長崎をイエズス会の教会に寄付していることを知って，まず大名らのキリスト教入信を許可制にし，その直後，バテレン(宣教師)追放令を出して，宣教師の国外追放を命じた。だが秀吉は一方で，1588(天正16)年に海賊取締令を出して倭寇などの海賊行為を禁止し，海上支配を強化するとともに，京都・堺・長崎・博多の豪商らに南方との貿易を奨励した(イ)ので，貿易活動と一体化して布教がおこなわれていたキリスト教の取締りは不徹底に終わった。

問1 空欄(1)に入る適切な人物名を解答用紙裏面の解答欄に漢字で記入せよ。

問2 下線部(ア)に関連して，安土桃山時代の文化について記述した文章として適切でないものを一つ選んで，その記号を解答欄にマークせよ。

A この時代の城は，軍事施設としての機能と城主の居館・政庁としての機能とを合わせ持つものであった。

B 障壁画の中心となった狩野派では，狩野永徳が水墨画と大和絵とを融合させて，新しい装飾画を大成した。

C 朝鮮侵略の際に朝鮮から活字印刷術が伝えられて，数種類の書籍が出版された。

D 書院造に草庵風の茶室をとり入れた数寄屋造が工夫され，京都の桂離宮の書院はその代表である。

E 欄間彫刻がさかんになり，蒔絵をほどこした家具調度品や建物の飾り金具などにも装飾性の強い作品がつくられた。

問 3 下線部(イ)に関連して，その後，江戸時代に入り，幕府がとった貿易政策に関する事項①〜⑤について，古いものから年代順に正しく配列したものを下記から一つ選び，その記号を解答欄にマークせよ。

① ポルトガル船の来航禁止　　② スペイン船の来航禁止

③ オランダ人に通商許可　　④ イギリス人に通商許可

⑤ 長崎に出島をきずく

〔選択肢〕

A ②④⑤①③　　B ④②⑤①③　　C ③②④①⑤

D ③④②⑤①　　E ④⑤②③①

2 江戸幕府(ウ)は大坂の役直後の1615(元和元)年に，大名の居城を一つに限り(一国一城令)，さらに武家諸法度を制定して大名をきびしく統制した。徳川家康の死後，2代将軍徳川秀忠は，1617(元和3)年に大名・公家・寺社(エ)に領知の確認文書を発給し，全国の土地領有者としての地位を明示した。また1619(元和5)年 (2) を武家諸法度違反で改易するなど，法度を遵守させるとともに，長く功績のあった外様大名をも処分できる将軍の力量を示した。秀忠は1623(元和9)年には，将軍職を徳川家光にゆずり，大御所として幕府権力の基礎固めをおこなった。

1632(寛永9)年(オ)，秀忠の死後，3代将軍家光も肥後の外様大名加藤氏を処分し，九州も将軍権力が広くおよぶ地とした。さらに1634(寛永11)年，将軍の代がわりにあたり，30万余りの軍勢をひきいて上洛した。

問 4 空欄(2)に入る人物は，賤ケ岳の戦い以来，諸戦役で武功を挙げ，関ヶ原の戦いでは東軍に属し，安芸・備後を領有したが，この人物名を解答用紙裏面の解答欄に漢字で記入せよ。

問 5 下線部(ウ)に関連して，当時の江戸幕府と藩の機構について記述した文章として適切でないものを一つ選んで，その記号を解答欄にマークせよ。

A 江戸・京都・大坂・長崎・堺などの重要都市を直轄にして，商工業や貿易を統制し，貨幣の鋳造権も握った。

B 幕府領では，関東・飛驒・美濃などには城代が，その他には代官が派遣され，町奉行が統轄した。

C 佐渡・伊豆・但馬生野・石見大森など主要鉱山からの収入が幕府の財政を支えた。

D 地方組織では，京都所司代が重要で，朝廷の統制や西国大名の監視などをおこなった。

E 幕府の軍事力は旗本・御家人のほかに，諸大名の負担する軍役で構成され，圧倒的な力を保持していた。

問 6 下線部(エ)に関連して，江戸幕府における寺院や神社への統制について記述した文章としてもっとも適切なものを一つ選んで，その記号を解答欄にマークせよ。

A 宗派を越えて仏教寺院の僧侶全体を共通に統制するため寺請制度を設けた。

B 紫衣着用の勅許を無効とする幕府に抗議した大徳寺の沢庵らは，流罪に処せられた。

C 一揆をおこした臨済宗に対しては，拠点の本願寺を東本願寺と西本願寺に分け，それぞれを本山として力を弱めさせた。

D 神社・神職に対して本末制度を設け，公家の吉田家を本所として統制させた。

E 寺院が檀家であることを証明する諸宗寺院法度を制定し，仏教への転宗を強制した。

問 7 下線部(オ)に関連して，寛永期の文化について記述した文章として適切でないものを一つ選んで，その記号を解答欄にマークせよ。

A　松尾芭蕉は幽玄閑寂の蕉風俳諧を確立し，『奥の細道』などの紀行文を著した。

B　京都相国寺の禅僧であった藤原惺窩は，還俗して朱子学などの啓蒙につとめた。

C　林羅山は家康に用いられ，羅山の子孫(林家)は代々儒者として幕府につかえた。

D　日光東照宮をはじめ霊廟建築が流行し，神社建築には権現造が広く用いられた。

E　本阿弥光悦は多才な文化人として知られ，陶芸でも楽焼の茶碗に秀作を残した。

3　近世の前期に，江戸幕府は銀山の開発を直接こころみたが，そのなかで採掘・排水・精錬などの技術が進歩し，17 世紀初めに，日本は当時の世界でも有数の金銀産出国になった。鉱山で使われた鉄製のたがね・のみ・槌などの道具や掘削・測量・排水などの技術は，治水や溜池用水路の開削技術に転用された。その結果，河川敷や海岸部の大規模な耕地化が可能となり，幕府や諸藩も新田開発を積極的におこなったため，17 世紀から 18 世紀のはじめにかけて，(カ)全国の耕地は飛躍的に広がった。また，(キ)農業技術の進歩もめざましかった。

一方，発展する都市人口の消費にこたえるために，(ク)漁業や林業などのさまざまな産業が発展した。

問 8　下線部(カ)に関連して，江戸時代初期から 18 世紀初期にかけての田畑面積の変化を示したものとして，もっとも適切なものを一つ選んで，その記号を解答欄にマークせよ。

A　98 万町歩→189 万町歩　　B　121 万町歩→235 万町歩

C　164 万町歩→297 万町歩　　D　215 万町歩→438 万町歩

E　271 万町歩→553 万町歩

問 9　下線部(キ)に関連して，当時の農業技術に関する記述として適切でないものを一つ選んで，その記号を解答欄にマークせよ。

A 農業に牛や馬，大型の農具を大規模に利用することはあまり発達しなかった。

B 綿などの商品作物生産が発達したところでは，干鰯・〆粕・油粕などが金肥として普及した。

C 深耕用の備中鍬，脱穀用の千歯扱，選別用の唐箕や千石簁，灌漑用の踏車などの農具が考案された。

D 17 世紀中ころには『広益国産考』が，同世紀末には最初の体系的農書として『農業全書』が著された。

E 肥料はおもに村内外の山野からとる草である刈敷によったが，都市周辺部では下肥が用いられた。

問10 下線部(ク)に関連して，その当時の農業以外の諸産業について記述した文章として**適切でないもの**を一つ選んで，その記号を解答欄にマークせよ。

A 百姓の零細な農村家内工業は工場制手工業として組織化され，それが手工業をになった。

B 林業は，建築資材の大量需要によって急速に発展し，江戸中期には蝦夷地にまで産地が広がった。

C 漁業は網漁を中心とする漁法の改良と，沿岸部の漁場の開発によって重要な産業としての地位を確立した。

D 製塩業では高度な土木技術を要する入浜塩田が発達し，瀬戸内海の沿岸部をはじめとして各地で塩の生産がおこなわれた。

E 鉱山業では 17 世紀後半になると，銅の生産量が増加し，長崎貿易における最大の輸出品となった。

解説　織豊政権～江戸時代の政治・社会

豊臣政権から江戸時代前期の政治・社会をテーマに出題されている。正文・誤文の選択問題が半分以上を占めており，しっかりと教科書の内容を把握していないと解けない問題もあった。問3の年代順配列問題では，長崎の出島が築かれた年代が問われており注意が必要である。

1

問1　答：**大村純忠**　標準

イエズス会の教会に長崎を寄進したキリシタン大名は**大村純忠**で，1580年のことである。1582年には大友義鎮（宗麟）・有馬晴信とともに**天正遣欧使節**を派遣している。

問2　答：D　標準

D－×　京都の**桂離宮**の書院は安土桃山時代の文化ではなく，江戸時代はじめの寛永期の文化を代表するものである。

A－○　中世の城は軍事施設としての機能を重視した**山城**が多かったが，近世に入ると，城主の居館・政庁としての機能を合わせ持つ**平山城**・**平城**が多くなった。

B－○　**狩野永徳**は大和絵を母体にしつつ新たな画風を大成し，安土城・大坂城などの**障壁画**を描いた。『**唐獅子図屏風**』のほか，京都内外の人々の生活を描いた風俗画の傑作『**洛中洛外図屏風**』などの有名な作品がある。

C－○　**後陽成天皇**の勅命で刊行された**慶長勅版**には，朝鮮伝来の木製活字印刷術が用いられている。

E－○　**欄間**とは，戸・障子・襖の上部の横木と天井との間にはめこまれた格子や彫りをほどこした板のことである。平安時代後期から寺社建築などで多く用いられていたが，桃山文化の時期には装飾性の強い作品がつくられるようになった。

問3　答：D　やや難

③オランダ人に通商許可（1609年）→④イギリス人に通商許可（1613年）→②スペイン船の来航禁止（1624年）→⑤長崎に出島をきずく（1634年）→①ポルトガル船の来航禁止（1639年）の順である。

⑤がやや細かい知識である。幕府は1634年にポルトガル人を居住させるために扇形の島を造成し，ポルトガル船の来航禁止（1639年）後，1641年に平戸のオランダ商館がこの出島に移された。

2

問4 答：福島正則 標準

関ヶ原の戦いでは東軍に属し，安芸・備後を領有し，1619年に武家諸法度違反で改易となった人物は福島正則である。広島城の無断修築をとがめられて改易となっている。

問5 答：B 標準

B－× 幕府領では，関東・飛驒・美濃などには**郡代**が，その他には代官が派遣され，**勘定奉行**が統轄した。

問6 答：B 標準

B－○ 1627年，**後水尾天皇**が大徳寺・妙心寺などの僧への紫衣着用を許可したが，幕府が無効とした（**紫衣事件**）。1629年，抗議した大徳寺の**沢庵**は流罪となり，後水尾天皇は**明正天皇**に譲位した。

A－× 仏教寺院の僧侶全体を共通に統制することを目的として定められたのは寺請制度ではなく，**諸宗寺院法度**である。

C－× 拠点の本願寺が東本願寺と西本願寺に分けられたのは臨済宗ではなく，**浄土真宗（一向宗）**である。

D－× **本末制度**は神社・神職ではなく，寺院を統制するために設けられたものである。神社・神職に対しては，**諸社禰宜神主法度**が制定された。

E－× 寺院が檀家であることを証明するために設けられたのは諸宗寺院法度ではなく，**寺請制度**である。

問7 答：A 標準

A－× 松尾芭蕉が『奥の細道』などの紀行文を著したのは寛永期ではなく，元禄期である。

3

問8 答：C 標準

田畑面積は江戸時代初期（慶長年間）の**164万町歩**から18世紀初期（享保年間）には**297万町歩**に増えた。治水・灌漑技術の向上，幕府・諸藩の新田開発への積極的な姿勢，17世紀末からの町人請負新田の広がりなどの要因だけでなく，小規模ながら新田開発につとめた百姓の行動も大きかった。

問9 答：D 標準

D－× **大蔵永常**が『**広益国産考**』『農具便利論』を著したのは19世紀のことである。農書については17世紀前半に『清良記』が著され，17世紀末に**宮崎安貞**が最初の体系的農書である『**農業全書**』を著した。

問10 答：A 標準

A―× 18世紀に入ると，農村部での個々の家内工業（農村家内工業）を問屋制家内工業へと組織する動きが現れた。工場制手工業（マニュファクチュア）が現れるのは19世紀に入ってからである（17世紀から摂津の伊丹・池田・灘などでみられた酒造業を除く）。

●マニュファクチュアの開始

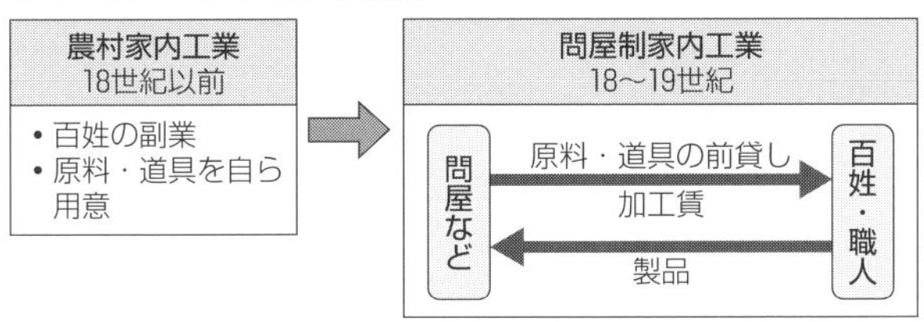

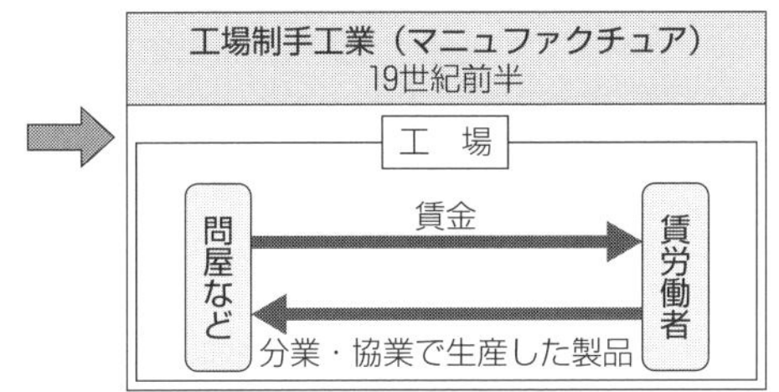

解 答

1	問1	大村純忠	問2	D	問3	D		
2	問4	福島正則	問5	B	問6	B	問7	A
3	問8	C	問9	D	問10	A		

9

2017年度 法学部〔2〕

次の(A)・(B)・(C)・(D)の各文を読み，各問題について，語群からもっとも適当と思われる語を選んで，その記号を解答欄(解答用紙裏面)にマークしなさい。

(A)

豊臣秀吉は，織田信長の政策を踏襲してキリスト教を積極的に保護したため，信者の数は数十万人となり，キリシタン大名も10氏を超えた。しかし，秀吉は，しだいにキリスト教に対して弾圧政策をとるようになり，まず大名らのキリスト教入信を許可制とし，(a)あるキリシタン大名に棄教を求めたところ拒否されたため，その領地を没収するなどした。次いで，1587(天正15)年6月19日には，(b)バテレン追放令を発して宣教師の国外追放を命じた。もっとも，秀吉は，1588(天正16)年7月，海賊取締令を発して倭寇などの海賊行為を禁止して海上の平和を確保するとともに，京都・堺・長崎・博多の豪商らによる東アジア諸国への渡航を保護するなど，南方貿易を推奨したため，キリスト教の取締りは不徹底なものとなり，キリスト教は各地に広がりをみせた。ところが，(c)1596(慶長元)年9月，サン=フェリペ号が土佐に漂着したことから，スペインが領土拡張に宣教師を利用しているという話が伝わると，秀吉は，同年11月，スペイン系のフランシスコ会を中心とする宣教師・修道士ら26名を捕えて処刑した。この事件の背景には，フランシスコ会とイエズス会の対立があったようだが，日本の支配者層にキリスト教に対する警戒心を植え付けることとなった。

問(1) 下線部(a)の，棄教を求められたキリシタン大名と没収された領地の組み合わせで正しいものはどれか，選びなさい。

〔語 群〕

A 大村純忠・肥前大村　B 高山図書・摂津高槻
C 大友義鎮・豊後府内　D 高山右近・播磨明石

E 有馬晴信・肥前有馬　　F 内藤如安・丹波八木

問(2) 下線部(b)のバテレン追放令の説明として誤っているものはどれか，選びなさい。

〔語　群〕

A バテレンとはポルトガル語のパードレの音訳で，外国人宣教師のことである。

B 宣教師は20日以内に帰国せよと命じている。

C 宣教師が神社仏閣を破壊していることが理由に挙げられている。

D 『松浦家文書』では，全5条で構成されている。

E ポルトガル船とスペイン船による貿易を禁じた。

F 貿易の不振を恐れて，しばらくの間，励行されなかった。

問(3) 下線部(c)の説明として正しいものはどれか，選びなさい。

〔語　群〕

A サン＝フェリペ号はポルトガル船であった。

B 処刑は平戸で執行された。

C この事件が日本でのキリシタン殉教史の始まりとされている。

D 殉教者は外国人のみであった。

E 26名は火炙りの刑に処された。

F サン＝フェリペ号を臨検した増田長盛は，船荷などを没収することなく，急いで秀吉に情報を報告した。

(B)

秀吉は，1587(天正15)年の九州出兵中，対馬の宗家を通じて，朝鮮に服属と明への先導を要求した。朝鮮がこれを拒否すると，秀吉は出兵を決意し，1592(文禄元)年，肥前の名護屋に本陣を構えて，唐入進発を諸将に命じた。これが文禄の役である。［ (ア) ］らが率いた全9軍15万余の将兵は釜山から漢城に侵攻し，一部はさらに北上して辺境の会寧まで達したが，李舜臣が率いた朝鮮水軍の活躍，義民軍の抵抗，明からの援軍などにより，補給路を断たれて戦局は停頓した。結局，秀吉が明に示した諸要求(d)は認められることなく，「汝を封じて日本国王となす」という屈辱的な回答しか得られなかった。これに憤慨した秀吉は，1597(慶長２)年，再び14万余の大軍を出動させた。これが慶長の役である。朝鮮兵と明軍の激しい抵抗のため，戦場は朝鮮南部に限られた。1598(慶長３)年８月，秀吉が伏見城で死去したため，撤兵した。

問(4) 空欄(ア)に該当しない人名を選びなさい。

〔語 群〕

A 小早川秀秋	B 小西行長	C 福島正則
D 藤堂高虎	E 加藤清正	F 黒田長政

問(5) 下線部(d)の，明に対する秀吉の要求に関する説明として正しいものはどれか，選びなさい。

〔語 群〕

A 朝鮮の王女を日本の后妃とするよう求めた。

B 朱印船貿易の復活を求めた。

C 朝鮮８道のうち南４道の割譲を求めた。

D 明との和平交渉にあたったのは，加藤清正であった。

E 豊臣秀次を明の摂政とするよう求めた。

F 朝鮮兵の鼻を切って差出すよう求めた。

問(6) 秀吉による朝鮮出兵に関する記述として，誤っているものはどれか，選びなさい。

〔語 群〕

A 朝鮮出兵の失敗は豊臣政権の崩壊につながった。

B 朝鮮から活字印刷術が伝来した。

C 多くの陶工が日本へ連行され，有田焼・薩摩焼・高取焼などが始まった。

D 朝鮮では，壬辰・丁酉の倭乱と呼ばれている。

E 朝鮮出兵の結果，日本は明に入貢することとなった。

F 慶長の役は，文禄の役に動員した武将への恩賞地として，朝鮮の領土を獲得することが目的であった。

(C)

江戸幕府は，1633(寛永 10)年，朱印状のほかに ［(イ)］ 奉書を携えた奉書船以外の海外渡航を禁止し，1635(寛永 12)年には，日本人の海外渡航を全面的に禁止したうえで，既に渡航していた在外日本人の帰国をも禁止した。その後，島原の乱の影響から，キリスト教に対する幕府の警戒心はさらに深まり，1639(寛永 16)年，ポルトガル船の来航を禁じ，1641(寛永 18)年，平戸のオランダ商館を長崎の出島に移し，長崎奉行の厳しい監視下に置いた。他方において，幕府は中国(明)との正式な国交回復を交渉したが，実現しなかったため，中国船との私貿易を長崎に限定して統制下に置いた。こうして，日本は，いわゆる<u>鎖国</u>(e)状態に入った。

問(7) 空欄(イ)に該当する語句を選びなさい。

〔語 群〕

A 若年寄	B 大老	C 寺社奉行
D 老中	E 長崎奉行	F 大目付

問(8) 下線部(e)の「鎖国」という言葉は，ドイツ人医師が著した『日本誌』を，出島のオランダ通詞であった志筑忠雄が邦訳し『鎖国論』と題したのに始まると言われているが，この『日本誌』の著者は誰か，選びなさい。

〔語　群〕

A　ヤン＝ヨーステン　　B　ウィリアム＝アダムズ

C　ルイス＝フロイス　　D　フランシスコ＝ザビエル

E　グイド＝フルベッキ　　F　エンゲルベルト＝ケンペル

(D)

徳川家康は朝鮮との講和を実現し，1609(慶長 14)年，対馬藩主宗氏と朝鮮との間で締結された己酉約条により，釜山に和館が設置され，宗氏が対朝鮮貿易を独占する特権が認められた。1607(慶長 12)年から 1811(文化 8)年まで，朝鮮から使節が都合 12 回来日した。最初の 3 回は回答兼刷還使(f)と呼ばれ，日本に対する警戒心が強かったが，第 4 回目以降は通信使と改められ，信(よしみ)を通じることが使節の目的とされるようになった。1711(正徳元)年，家宣の将軍宣下を慶賀する第 8 回目の使節が来訪したとき，新井白石は，それまで朝鮮からの国書には将軍に対して日本の［(ウ)］と書かれてきたのを，［(エ)］と改めさせた。［(ウ)］が［(エ)］より低い意味を持つことを嫌ったからであった。

問(9)　下線部(f)の説明として誤っているものを選びなさい。

〔語　群〕

A　日本からの国書に回答することが名目とされた。

B　日本からの国書は，宗氏の家老が作成した偽国書であった。

C　文禄・慶長の役で日本へ連行された朝鮮人捕虜を返還させることが目的とされた。

D　日本からの捕虜の返還は行われなかった。

E　朝鮮使節一行は国家の賓客として丁重にもてなされた。

F　その経費は，沿道の大名などの負担と地域住民の国役負担で賄われた。

問⑽　空欄(ウ)・(エ)に該当する語句の組み合わせとして正しいものを選びなさい。

〔語　群〕

A　大君・国王　　B　国王・大王　　C　大王・大君

D　大君・大王　　E　国王・大君　　F　大王・国王

解説 豊臣政権・江戸幕府の禁教と外交

4つの文章を通じ，豊臣政権と江戸幕府初期〜中期の禁教と外交を問う出題である。問(4)・問(5)・問(9)は詳細な知識が要求される難問であった。

(A)

問(1) 答：D 標準

Dの**高山右近**は1563年に10歳でキリスト教の洗礼を受け，その後，摂津国高槻城主となり，1585年には播磨国明石郡に新たな領地を与えられた。しかし，1587年，豊臣秀吉の棄教命令に従わず領地没収となった。江戸幕府の禁教令により，1614年にはマニラに追放された。

A〜Fのキリシタン大名と領地の組み合わせはすべて正しい。Aの**大村純忠**，Cの**大友義鎮**，Eの**有馬晴信**は天正遣欧使節（1582〜90年）を派遣したことでも知られる，キリシタン大名の代表例。Bの高山図書は高山右近の父。Fの内藤如安は難解。キリシタン国外追放により，1614年に高山右近とともにマニラへ追放されている。

問(2) 答：E 標準

E—× バテレン追放令（『松浦文書』）第四条「黒船の儀ハ商売の事に候間，各別に候の条，年月を経，諸事売買いたすべき事」とあるように，ポルトガル船・スペイン船による貿易を禁止してはいない。

問(3) 答：C やや難

C—〇 豊臣政権が発したバテレン追放令ではキリスト教の布教を禁止したが，一般人のキリスト教信仰までは禁止せず，キリスト教徒の迫害はなかった。1596年の**サン=フェリペ号事件**は，直接的な迫害事件である**26聖人殉教**のきっかけとなった。

A—× サン=フェリペ号はスペイン船である。

B—× 26聖人殉教は長崎で起こっている。

D—× 殉教者は日本人の方が多かった。

E—× 26名は十字架に磔の上，槍で突かれて処刑された。火炙りにされたのは江戸幕府による1622年の元和大殉教。

F—× 豊臣秀吉により派遣された増田長盛が船荷を没収している。

(B)

問(4) 答：A 難

Ａか D で迷うのではないか。築城の名手としても知られる D の藤堂高虎は水軍を率いて朝鮮に渡った。小早川家からは小早川隆景が朝鮮半島へ出兵しているが，Ａの小早川秀秋は，肥前名護屋に出陣したのみ。なお，秀秋が小早川家の養子になったのは文禄の役後のことである。

問(5) 答：C 難

C－○ 明に対する豊臣秀吉の要求は，①明の皇女を日本の天皇の后妃とすること，②日明の勘合貿易再開，③日明の双方の大臣による誓紙交換，④朝鮮 8 道のうち南 4 道の日本への割譲，他の 4 道の朝鮮への引き渡し，⑤朝鮮王子と大臣を人質として来日させること，⑥捕虜にした朝鮮王子 2 人の朝鮮への引き渡し，⑦朝鮮の重臣が今後日本へ背かない誓紙を提出，という 7 つであった。なお，明との和平交渉にあたったのは加藤清正ではなく，小西行長である。

問(6) 答：E 標準

E－× 朝鮮侵略の後，江戸幕府が成立しても，明とは国交を回復できていない。

(C)

問(7) 答：D 標準

将軍の許可を得て老中が発行した海外渡航許可証（**老中奉書**）をうけて貿易に従事した船を**奉書船**という。1633（寛永 10）年，奉書船以外の海外渡航と 5 年以上の海外居住者の帰国が禁止された。

問(8) 答：F 標準

ケンペルは 1690～92 年の間日本に滞在したドイツ人医師・博物学者。帰国後日本での見聞をまとめた『**日本誌**』を著す。『日本誌』の一部を「鎖国論」として訳した**志筑忠雄**は，オランダ通詞として語学と天文学研究につとめ，天文・物理学書『**暦象新書**』を著したことで知られる。

(D)

問(9) 答：D 難

D－× 下線部「回答兼刷還使」であるが，回答とは日本が先に出した国書に対し朝鮮国王が答えるという意味，また刷還とは文禄・慶長の役で日本に連行された朝鮮人捕虜を返還するという意味があった。つまり，日本側の国書による謝罪を求め，日本に連れ去られた捕虜を朝鮮へ連れ帰ることを目的とした使節であった。

3回の回答兼刷還使の派遣を通じて捕虜の返還が実現した。しかし，江戸幕府が国書を送った形跡はなく，対馬藩が国書を偽造して関係を修復しようとしたことが明らかになっている。

●朝鮮からの使節

年代	使節の名称	派遣の目的など
1607	**回答兼刷還使**	国書への回答，捕虜を朝鮮へ連れ帰る
1617	回答兼刷還使	国書への回答，大坂平定祝賀，捕虜を朝鮮へ連れ帰る
1624	回答兼刷還使	国書への回答，家光将軍襲職祝賀，捕虜を朝鮮へ連れ帰る
1636	**通信使**	泰平祝賀 日本宛国書に「**日本国大君**」を用いる
1643	通信使	家綱誕生祝賀，日光山致祭
1655	通信使	家綱将軍襲職祝賀，日光山致祭
1682	通信使	綱吉将軍襲職祝賀
1711	通信使	家宣将軍襲職祝賀 朝鮮使節の待遇簡素化，日本宛国書に「**日本国王**」と記させる
1719	通信使	吉宗将軍襲職祝賀 日本宛国書の記載を「**日本国大君**」に戻す
1748	通信使	家重将軍襲職祝賀
1764	通信使	家治将軍襲職祝賀
1811	通信使	家斉将軍襲職祝賀 易地聘礼（国書交換を対馬に変更）

問⑽ 答：A 標準

新井白石は，「大君」は朝鮮では王子の嫡子を指す言葉であり国王より低い意味となると指摘し，室町将軍は「日本国王」を国書に用いており，徳川将軍についても「日本国王」号を用いるべきと主張した。その後，祖法尊重の方針をとる8代将軍徳川吉宗がもとの「大君」に戻している。

解 答

Ⓐ 問⑴ D 問⑵ E 問⑶ C
Ⓑ 問⑷ A 問⑸ C 問⑹ E
Ⓒ 問⑺ D 問⑻ F
Ⓓ 問⑼ D 問⑽ A

10

2018年度 文学部〔3〕

近世の政治・社会に関する次の史料**A**・**B**を読み，下の設問に答えよ。解答は記述解答欄に記入せよ。なお，史料の表記は原文を一部改変した。

A

一，天子諸芸能の事，第一御［ a ］也。……

一，摂家為（た）りと雖も，其器用無きは，三公摂関に任ぜらるべからず。況んや其外をや。

一，武家の官位は，公家当官の外為（た）るべき事。

一，［ b ］，漢朝の年号の内，吉例を以て相定むべし。……

一，(ア)<u>紫衣の寺，住持職，先規希有の事也。近年猥りに勅許の事，且は﨟次（ろうじ）を乱し，且は官寺を汚し，甚だ然るべからず。</u>……

（「御当家令条」）

設　問

1　空欄a・bにあてはまる語を漢字で記せ。

2　史料**A**の法令の名称を漢字で記せ。

3　史料**A**の法令を起草した人物の名を漢字で記せ。

4　下線部(ア)に関わって，1627（寛永4）年に紫衣事件が発生したが，そこで幕府に抗議した大徳寺の住持は誰か。その人物の名を漢字で記せ。

B

一，大名小名，在［ c ］交替，相定ル所也。毎歳夏四月中［ d ］致スベシ。従者ノ員数近来甚ダ多シ，且ハ国郡ノ費，且ハ人民ノ労也。向後其ノ相応ヲ以テ，之(これ)ヲ減少スベシ。……

一，私ノ関所，新法ノ津留，制禁ノ事。

一，五百石以上ノ［ e ］停止ノ事。

（「御触書寛保集成」）

設 問

5 空欄c・d・eにあてはまる語を漢字で記せ。

6 史料**B**の法令に違反すると，改易などの処分を受けることがあった。改易とはどのような処分か。簡潔に記せ。

7 史料**B**に関連して，このころ確立した，身分制度を基礎とし，将軍と大名が全国の土地と人民を支配する江戸時代の社会体制を何というか。漢字で記せ。

解説 江戸時代の政治・社会

「禁中並公家諸法度」「武家諸法度寛永令」の史料2点を用いて，江戸時代の政治・社会に関する出題がなされた。史料自体は頻出史料であり，史料対策に時間をかけたかどうかで差がついたと思われる。

A

1 答：a－学問 b－改元 標準

史料Aは十七カ条からなる**禁中並公家諸法度**の一部を掲載したものである。空欄aがあるのは第一条であり，空欄bがあるのは第八条である。空欄aには「学問」が入り，第一条では「天皇のなすべきことは第一に学問である」と定めている。空欄bには「改元」が入り，第八条では「改元については中国の年号のうちからめでたいものを選んで定めること」としている。

2 答：禁中並公家諸法度 易

禁中並公家諸法度は教科書にも掲載されている基本史料であり，内容をおさえておきたい。この法度で幕府は，天皇・朝廷を学問・芸能に専念させる一方，年号制定，公家の秩序・衣服・太政大臣以下の任命，僧侶の官位授与などを規定した。

3 答：金地院崇伝〔以心崇伝〕 標準

禁中並公家諸法度を起草したのは**金地院崇伝**である。徳川家康は武家諸法度の制定と並行して天皇・朝廷に関する法度の制定をすすめ，2代将軍徳川秀忠のときに**武家諸法度元和令**と禁中並公家諸法度として発布されたが，その両方を金地院崇伝が起草している。崇伝は臨済宗の僧侶で，徳川家康の側近として活躍し，その権勢から黒衣の宰相の異名をとった。

4 答：沢庵宗彭〔沢庵〕 標準

禁中並公家諸法度が出された後も朝廷は幕府の許可なく紫衣着用の勅許を続行したため，幕府は1627年に紫衣勅許の無効を宣言した。大徳寺の**沢庵宗彭**らは抗議書を提出し，さらに抗議のため江戸へ下向したことにより，出羽国に配流となる処罰を受けた。この**紫衣事件**は**後水尾天皇**から**明正天皇**への譲位に大きな影響を与えたと考えられている。

B

5 答：c—江戸　d—参勤　e—船　標準

空欄ｃの直後の「交替」，その後の「毎歳夏四月」などから，参勤交代の記述とわかれば，史料Ｂが参勤交代を最初に規定した**武家諸法度寛永令**であると判断できるだろう。そこから，空欄ｅの文章が大船建造の禁止であることも導ける。しかし，それだけでは空欄に入る語句を確実に解答することは難しく，ｃに「江戸」ではなく「参勤」を入れてしまうかもしれない。ｃの直前の「在」とは大名の領地のこと。つまり，国元と江戸に交替して居住することを定めている。

史料Ｂの武家諸法度寛永令も史料Ａの禁中並公家諸法度と同様に，教科書に掲載されている史料である。このような基本史料は空所補充問題として出題されることがある。そのため，明治大学の日本史で高得点をとるためには，教科書に掲載されているような基本史料は，史料集なども用いてしっかり学習しておくことが必要である。

6 答：将軍が大名の所領を没収し，その家を断絶させる処分。　標準

改易とは武家の当主ならびに嫡子に罪があったときになされる処分である。処分の内容は，主人との間の主従関係を断ち切り，家臣としての身分やそれに付随する禄を剝奪して，家を断絶させる，というものであった。

「簡潔に」との指示があるので，20字程度でまとめたい。史料Ｂの武家諸法度が将軍と大名の主従関係を前提としているものであるから，論述の際は，「将軍」と「大名」の２語を使って説明するとよいだろう。

●改易大名数

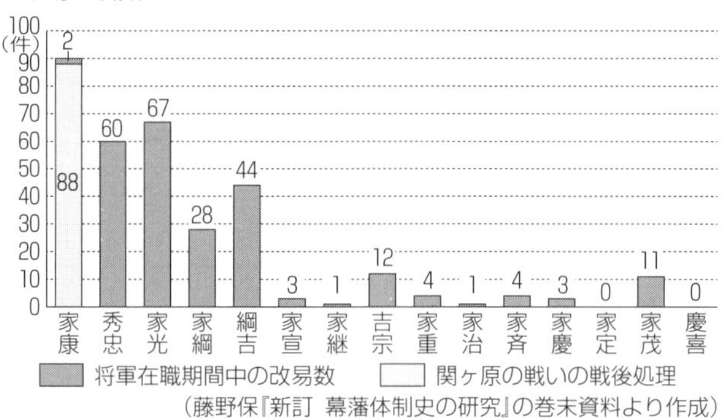

（藤野保『新訂 幕藩体制史の研究』の巻末資料より作成）

7 答：幕藩体制　易

将軍と大名の主従関係をもとに，全国支配政権である幕府と，その支配下にありながら土地・人民を支配する藩を統治機関とした支配体制を**幕藩体制**という。

解 答

A 1 a－学問 b－改元 2 禁中並公家諸法度
3 金地院崇伝〔以心崇伝〕 4 沢庵宗彭〔沢庵〕
B 5 c－江戸 d－参勤 e－船
6 将軍が大名の所領を没収し，その家を断絶させる処分。
7 幕藩体制

11

2018年度 全学部統一入試〔2〕

近世の幕府と朝廷について述べた次の文章を読み，設問に答えよ。

関白に任じられた豊臣秀吉(ア)は [1] 天皇の聚楽第行幸時に諸大名に忠誠を誓わせるなど，天皇の権威を巧みに利用し，統一国家をつくりあげていった。江戸幕府は，天皇自身が権力をふるい他の大名に利用されるおそれから，朝廷を統制するための法度やしくみ(イ)をつくり，京都所司代(ウ)らに厳重な監視を命じた。これらにより天皇は自らの進退すらも幕府の承認を得なければならなくなった。江戸時代に天皇の政治的地位は，日本の歴史上もっとも低下したのである。

しかし形式に過ぎないとはいえ，官位を媒介として君臣関係にある天皇の存在が徳川将軍家に尊重されることにかわりはなかった。徳川綱吉の治政(エ)では，文治主義の考えから朝幕協調の関係が築かれ， [2] もまた， [3] と皇女との婚約をとりまとめ，閑院宮家を創設するなど，天皇家との結びつきを強めた。朝幕協調の関係は元禄期の文化(オ)に影響し，公家から指導を受けた武士の間で和歌が流行するなどした。

ところが，18世紀後半以降に国内外の危機(カ)を迎えると，天皇を王者として尊ぶ尊王論が民間で広まり，朝廷は閑院宮家出身の光格天皇の実父に尊号を宣下する問題で [4] と対立したため，幕府との協調関係は崩壊した。

18世紀末から幕藩体制は動揺しはじめ(キ)，天皇・朝廷は幕府にとってかわる権威として持ち上げられるようになった。19世紀に入ると水戸学の学者は国体論や尊王攘夷論をとなえ，幕末の思想や運動に大きな影響を与えた。

問1 空欄1～4にそれぞれあてはまる人物名を記したものとして**正しいもの**を，次のA～Dのうちから一つ選べ。

A 1－後水尾　2－新井白石　3－徳川家宣　4－田沼意次
B 1－後陽成　2－新井白石　3－徳川家継　4－松平定信
C 1－後陽成　2－間部詮房　3－徳川家宣　4－田沼意次
D 1－後水尾　2－間部詮房　3－徳川家継　4－松平定信

問 2　下線部(ア)の人物に関する説明として**誤っているもの**を，次のＡ～Ｄのうちから一つ選べ。

Ａ　1583(天正 11)年，石山本願寺の旧地に，難攻不落の名城といわれる大坂城を築城した。

Ｂ　政権の経済的基盤として，佐渡・石見大森・但馬生野など，主要な鉱山を支配下においた。

Ｃ　キリスト教を「邪法」として高山右近ら 300 人余りをマニラとマカオに追放し，取締りを徹底した。

Ｄ　太閤検地を施行し，町・段・畝・歩の統一した土地面積表示で，村ごとの石高を定めた。

問 3　下線部(イ)に関連する説明として**正しいもの**を，次のＡ～Ｄのうちから一つ選べ。

Ａ　武家伝奏とは，朝幕間の事務連絡にあたった武家のことであり，２名が選ばれた。

Ｂ　「禁中並公家諸法度」では，朝廷の権能である官位制度をも規制した。

Ｃ　禁裏御料は最低限に抑えられ，江戸時代の間に一切増加されなかった。

Ｄ　「公家衆法度」は，「禁中並公家諸法度」のあとに発令された。

問 4　下線部(ウ)は江戸幕府の職制上，どの支配下にあるか。次のＡ～Ｄのうちから一つ選べ。

Ａ　若年寄　　　Ｂ　寺社奉行　　　Ｃ　将軍直属　　　Ｄ　老中

問 5　下線部(エ)の説明として**誤っているもの**を，次のＡ～Ｄのうちから一つ選べ。

Ａ　湯島聖堂を建て，林鳳岡(信篤)を大学頭に任じた。

Ｂ　服忌令を発令し，近親者に死者があった時の服喪や忌引の日数を定めた。

Ｃ　武家諸法度第１条「文武弓馬の道」を，「文武忠孝を励し，礼儀を正すべき事」に改めた。

D 財政再建のため貨幣を改鋳し，金の含有率を慶長小判と同率にした。

問 6 下線部(オ)の説明として**誤っているもの**を，次のA～Dのうちから一つ選べ。

A 九州・四国地方で陶磁器生産が始められ，酒井田柿右衛門は上絵付の技法で赤絵の磁器を完成させた。

B 本草学や農学・医学などの実用的な学問が発達し，天文・暦学では渋川春海が貞享暦をつくった。

C 美術作品では，京都の尾形光琳が俵屋宗達の装飾的な画法を取り入れた琳派をおこした。

D 南学の系統から出た山崎闇斎は，神道を儒教流に解釈した垂加神道を説いた。

問 7 下線部(カ)に関連する出来事の順番として**正しいもの**を，次のA～Dのうちから一つ選べ。

A 天明の打ちこわし→国後島のアイヌによる蜂起→ロシア使節ラクスマンの根室来航→ロシア使節レザノフの長崎来航

B 国後島のアイヌによる蜂起→ロシア使節ラクスマンの根室来航→天明の打ちこわし→ロシア使節レザノフの長崎来航

C 天明の打ちこわし→ロシア使節ラクスマンの根室来航→国後島のアイヌによる蜂起→ロシア使節レザノフの長崎来航

D 国後島のアイヌによる蜂起→天明の打ちこわし→ロシア使節レザノフの長崎来航→ロシア使節ラクスマンの根室来航

問 8 下線部(キ)の現実に対応しようとした経世家がこの時代に活躍した。次のA～Dのうち，**経世家の著作物ではないもの**を，一つ選べ。

A 『経済要録』　　B 『稽古談』

C 『弘道館記述義』　　D 『西域物語』

解説 近世の朝幕関係

近世の朝幕関係をリード文として，豊臣政権や江戸幕府の制度などの内政，江戸時代後期の諸外国の日本接近に関する外交，江戸時代の文化について出題された。問3は正誤判断のポイントがやや細かいが，多くの設問は基本知識で対応できる。

問1 答：B 標準

1 空欄には「後陽成」が入る。1588年，豊臣秀吉は**聚楽第**に**後陽成天皇**を招いた。後陽成天皇は1586年に秀吉に豊臣姓を与え，太政大臣としている。

2・3 空欄2には「新井白石」，空欄3には「徳川家継」が入る。6代将軍**徳川家宣**のもとで側用人の**間部詮房**や侍講の**新井白石**らが行った政治は**正徳の治**と称され，新井白石の進言による**閑院宮家**の創設，朝鮮通信使の待遇簡素化などが行われた。家宣が将軍となってから3年余りで没したため，幼少の**徳川家継**が7代将軍となった。家継のもとでも側用人間部詮房が実権を握り，新井白石の献策により**正徳金銀**の鋳造，**海舶互市新例**による長崎貿易の制限などが行われた。家継は霊元上皇の皇女八十宮と婚約したが，将軍となってから3年で没した。

4 空欄には「松平定信」が入る。1789年から1793年にかけて，光格天皇が実父の閑院宮典仁親王に太上天皇の尊号を贈ろうと再三幕府に同意を求めたが，幕府の老中**松平定信**の反対にあって実現しなかった（**尊号一件**）。この尊号一件により朝幕間の協調関係が崩れ，さらにこの件をめぐり将軍徳川家斉と対立したこともあって松平定信は1793年に老中職を退いた。

問2 答：C 標準

C－× 禁教令を発布して，高山右近などキリスト教信者をマニラやマカオに追放したのは徳川幕府である。豊臣秀吉は**バテレン追放令**を発してキリスト教を「邪法」とし，宣教師を追放したが，高山右近は改宗を拒否したことで領地没収になっている。

問3 答：B やや難

B－○ 「禁中並公家諸法度」では，天皇・朝廷を学問・芸能に専念させる一方，公家の太政大臣以下の任命を規制し，武家への官位授与については幕府の許可を得ることとした。

A－× **武家伝奏**とは，朝幕間の事務連絡にあたる公家のことである。2名選出され，京都所司代などと連携して，朝廷や他の公家に対して大きな影響力を持っていた。

C－× **禁裏御料**は徳川家康により約1万石が設定され，徳川秀忠，徳川綱吉によりそれぞれ1万石ずつ加増され，合計約3万石となった。

D－× 公家の職務などを規定した「公家衆法度」が1613年に制定され，1615年に「禁中並公家諸法度」が制定された。

問4 答：C 標準

江戸幕府の職制には，将軍直属で譜代大名が就任する役職と，その支配下で直参が就任する役職がある。京都所司代は，Aの若年寄，Bの寺社奉行，Dの老中とともに，将軍直属で譜代大名が就任する役職である。

問5 答：D 標準

D－× 徳川綱吉の時代，勘定吟味役の**荻原重秀**が貨幣改鋳を建議したことにより，幕府は慶長小判より金の含有率を減らした**元禄小判**を大量に発行し，その差益（出目）を財政補塡にあてた。

問6 答：A 標準

A－× **酒井田柿右衛門**が有田で**赤絵**の磁器を完成させたのは寛永期の頃である。

問7 答：A やや難

天明の打ちこわし（1787年)→国後島のアイヌによる蜂起（1789年)→ロシア使節ラクスマンの根室来航（1792年)→ロシア使節レザノフの長崎来航（1804年）の順である。

流 れ 18世紀後半の国内外の危機

天明の打ちこわし後に寛政の改革が実施され，国後島のアイヌ蜂起によりアイヌとロシアの連携の可能性が認識された。その後，ロシア使節ラクスマンが根室へ来航して松平定信が対応し，レザノフがラクスマンに与えられた入港許可書（信牌）を持って長崎へ来航した。

問8 答：C 標準

Cの『弘道館記述義』は**藤田東湖**による尊王攘夷思想に関わる著作物である。Aの『経済要録』が**佐藤信淵**，Bの『稽古談』が**海保青陵**，Dの『西域物語』が**本多利明**の著作物で，いずれも基本的事項であるため，『弘道館記述義』を知らなくても消去法で判断できる。

●経世論と後期水戸学

経世論	**海保青陵** （1755～1817）	商品経済の発展を肯定し，藩営専売制の採用など重商主義を説いた。主著は『**稽古談**』。
	本多利明 （1743～1820）	開国による外国貿易の促進や蝦夷地の開発を主張。主著は『**西域物語**』『**経世秘策**』。
	佐藤信淵 （1769～1850）	産業の国営化（生産物の国家専売）や貿易振興を主張した。主著は『**経済要録**』『農政本論』。
後期水戸学	藤田幽谷 （1774～1826）	彰考館総裁として，『大日本史』編纂に尽力。
	藤田東湖 （1806～55）	藤田幽谷の子。水戸藩主**徳川斉昭**に重用され，尊王攘夷論を展開した。主著は『弘道館記述義』。
	会沢安（正志斎） （1782～1863）	藤田幽谷に師事し，彰考館総裁として，徳川斉昭の藩政改革にあたる。尊王攘夷論を唱えた。主著は『**新論**』。

解 答

問1 B　問2 C　問3 B　問4 C　問5 D　問6 A
問7 A　問8 C

12

2014年度 国際日本学部〔3〕

次の史料は近世の社会について述べたものである。これを読んで，以下の設問に対するもっとも適切な答えを選び，マーク解答欄にマークしなさい。

【史料Ⅰ】

百姓町人大勢徒党して，強訴濫放(1)することは，昔は治平の世には，をさをさうけ給はり及ばぬこと也。近世になりても，先年はいと稀なる事なりしに，近年は年々所々にこれ有て，めづらしからぬ事になれり。(中略)いづれも困窮にせまりて，せん方なきよりおこるとはいへども，詮ずる所上を恐れざるより起れり，(中略)抑此事の起るを考ふるに，いづれも下の非はなくして，皆上の非なるより起れり。今の世百姓町人の心も，あしくなりとはいへ共，よくよく堪がたきに至らざれば，此事はおこる物にあらず。(中略)然るに近年此事の所々に多きは(2)，他国の例を聞て，いよいよ百姓の心も動き，又役人の取はからひもいよいよ非なること多く，困窮も甚だしきが故に，一致しやすきなるべし。(中略)近年たやすく一致し固まりて，此事の起りやすきは，畢竟これ人為にはあらず。上たる人深く遠慮をめぐらさるべきこと也。然りとていかほど起らぬやうのかねての防ぎ工夫をなす共，末を防ぐばかりにては，止がたかるべし。とかくその因て起る本を直さずばあるべからず。その本を直すといふは，非理のはからひをやめて，民をいたはる是なり。たとひいかほど困窮はしても，上のはからひだによろしければ，此事は起る物にあらず。(中略)さて又近来此騒動多きにつきて，其時の上よりのあしらひも，やゝきびしく成て，もし手ごはければ，飛道具などをも用ふる事になれり。これによりて下よりのかまへも，又先年とは事長じて，或は竹槍などをもち，飛道具などをも持出て，惣体のふるまひ次第に増長する様子也。

1．この史料Ⅰについて，その概要と著者名の正しい組み合わせを，下記の①～④の中から選びなさい。

［概要］

A：紀伊藩主徳川治貞に奉上されたもの。社会状況に対して為政者がとるべき方策を，古道の精神に即して説いている政治論である。百姓一揆など，現実の社会問題に触れているため，著者の生前には公表されなかった。

B：薩摩藩の重臣猪飼氏に奉上されたもの。「百姓は国家の根本，農業は政事の基源」という理念のもと，農政の沿革，農民の心得，商人による田産収奪の禁止などを内容とする。

［著者名］

ア：佐藤信淵

イ：本居宣長

① A－ア　② A－イ　③ B－ア　④ B－イ

2. 下線部⑴に関して，近世の農民の反抗運動について述べた以下の文章A～Dについて，その正誤の組み合わせとして正しいものを，下記の①～④の中から選びなさい。

A：地域の村役人・村人が連帯して，大名や幕府に強訴する惣百姓一揆は，18世紀末から起こるようになった。

B：村役人らの富農層の不正を追及し，領主に訴えるなどした，村落内部での村政改革運動である村方騒動は，18世紀後半には沈静化した。

C：村役人らが村人を代表して，領主の苛政を将軍に直訴する代表越訴型一揆は，佐倉惣五郎や磔茂左衛門などの義民伝説を生んだ。

D：在郷商人の指導により，1000を超える村の百姓が連帯して，領主や特権商人の流通独占に反対するなどした国訴は，1823年の摂津・河内のものが最初とされている。

① A：正，B：誤，C：正，D：正

② A：誤，B：正，C：誤，D：正

③ A：正，B：正，C：誤，D：誤

④ A：誤，B：誤，C：正，D：正

3. 下線部⑵に関して，史料Ⅰが著された頃，百姓一揆が頻発していた背景の一つとして，この頃起こった飢饉がある。これについて述べられたものとして正しいものを，下記の①～④の中から選びなさい。

① 長雨とうんかの害による飢饉で，西日本一帯に被害が出て，米価が高騰，江戸の打ちこわしが起こった。

② 浅間山の噴火，冷害，水害などによる全国的な大飢饉で，東北地方の被害ははなはだしく，仙台藩だけで30万人の死者が出たと言われる。

③ 西日本の干ばつ，東日本の洪水・冷害などによる全国的な飢饉で，その後の幕藩領主層による農政の転換に大きな影響を与えたと言われる。

④ 洪水，冷害などによる全国的な飢饉で，特に奥羽地方の被害が著しく，百姓一揆が激増し，幕府は御救小屋を江戸市中に21か所設けた。

4. 史料Ⅰが著された年に始まった一連の改革の中で，儒学の一学派が正学とされ，それ以外の学派は，異学として湯島聖堂の学問所での教授が禁じられることになった。この時，学問所の儒官となり，寛政の三博士と呼ばれた人物の名として誤っているものを，下記の①～④の中から選びなさい。

① 林述斎　② 岡田寒泉　③ 柴野栗山　④ 尾藤二洲

5. 史料Ⅰが著された年に始まった一連の改革の説明として正しいものを，下記の①～④の中から選びなさい。

① 印旛沼の干拓工事に取り組んだが，利根川の洪水で失敗した。

② 旧里帰農令を出して，江戸に流入した没落農民の帰村・帰農を奨励した。

③ 年貢の徴収法として，検見法を改め，定免法を広く取り入れ，幕府の収入を安定させた。

④ 農民の零細化を防ぐために，分地制限令を出して，耕地の分割相続を制限した。

6. 江戸時代の，農業の発達，農村の変容について述べた以下の文章のうち，誤っているものを，下記の①～④の中から選びなさい。

① 新田開発が積極的に進められ，田畑の面積は江戸時代初めに164万町歩だったものが，18世紀初めには297万町歩にまで広がった。九州を中心に行われたたたら製鉄によって作られた玉鋼が全国に普及し，多様な農具に加工

されて，農業技術の進歩に貢献した。

② 村は，名主，組頭，百姓代からなる村方三役を中心とした本百姓によって運営された。幕府，諸藩，旗本は，こうした自治に依存して，年貢・諸役の割当・収納を行った。この仕組みを村請制と呼ぶ。

③ 18世紀後半になると，質に取った田畑を集めて地主に成長した有力百姓が，その田畑を小作人に貸して小作料を取り，農村地域において商品作物や流通・金融の中心として，地域社会を運営していくようになった。これらの有力百姓を豪農と呼ぶ。

④ 都市の問屋は豪農と連携し，農村部の商品生産や流通を主導するようになり，原料，器具，資金を百姓に前貸しし，生産物を買い上げる問屋制家内工業が，絹織物業や，綿織物業などにおいて盛んになっていった。

7. 農産物の全国的な流通が盛んになっていく条件として，交通網の発達は不可欠であった。江戸時代の交通網の発達について述べた以下の文章Ａ～Ｃについて，その正誤の組み合わせとして正しいものを，下記の①～④の中から選びなさい。

Ａ：東海道，中山道，山陽道，甲州道中，奥州道中の五街道は，重要な幹線道路として幕府の直轄下に置かれ，17世紀半ばから道中奉行によって管理された。

Ｂ：五街道や脇街道などの主要な街道には宿駅が多く置かれ，流通の要所となった。宿駅には，本陣，旅籠，問屋場などが設けられた。

Ｃ：大坂・江戸間では菱垣廻船，樽廻船が運航するようになり，17世紀後半には江戸の商人だった角倉了以によって東廻り海運・西廻り海運が整備された。

① Ａ：正，Ｂ：誤，Ｃ：正

② Ａ：誤，Ｂ：誤，Ｃ：誤

③ Ａ：正，Ｂ：正，Ｃ：誤

④ Ａ：誤，Ｂ：正，Ｃ：誤

8. 農業技術を解説し，広く読まれた農書は，農業技術の向上を通じて，農村の生産力の上昇に大きな役割を果たした。19世紀に『農具便利論』や『広益国産考』など，多くの農書を著した農学者の名前を，下記の①〜④の中から選びなさい。

① 田中丘隅　② 宮崎安貞　③ 二宮尊徳　④ 大蔵永常

9. 農村の生産力が上がると，商品作物の栽培が盛んになった。商品作物のうち，民間必需として幕府や諸藩に重視されたのが，四木三草と呼ばれた作物である。このうち「三草」の組み合わせとして正しいものを，下記の①〜④の中から選びなさい。

① 桑，茶，麻　② 漆，綿，茶
③ 麻，藍，紅花　④ 楮，漆，桑

10. 史料Ⅰが著される時期まで，江戸時代を通じて，総じて農業技術は発達し，農村の生産力は上がったが，その結果，農村は全国的な貨幣経済に組み入れられ，村内では豪農などの有力百姓と，貧農の間の格差が広がり，多くの人々が村を離れ，仕事を求めて都市に流入するなど，社会の構造が大きく変容することにもつながった。これに限らず，この史料が著された頃には，社会の様々な局面で，徳川幕府の体制が揺らぎ始めていた。そうした状況の中での学問・思想について述べた文として誤っているものを，下記の①〜④の中から選びなさい。

① 『海国兵談』でロシアの南下を警告し海防論を説いた林子平が，人心を惑わせたとして『海国兵談』の版木は没収，本人も禁固刑となるなど弾圧されたが，同じ年，ロシアの使節ラクスマンが，大黒屋光太夫を伴い根室に来航，通商を求めた。

② 天文方では，高橋至時が西洋暦法を取り入れた寛政暦を作り，高橋に学んだ伊能忠敬が全国の沿岸を測量し，『大日本沿海輿地全図』を作成した。

③ 水戸学においては，『大日本史』の編集に当たった藤田幽谷，幽谷に学んだ会沢正志斎，幽谷の子藤田東湖らによって，朱子学の大義名分論に基づいて天皇を幕府より上位とみなす尊王論が展開され，攘夷思想とも結びつき，倒

幕運動の思想的基盤となった。

④ 八戸の医師だった山片蟠桃は，自然の世界の根本法則を追究し，これに反するものとして封建社会を厳しく批判し，万人が農耕に従事すべしとする『自然真営道』を著したが，当時は公刊されなかった。

解説 江戸時代の農村社会

本居宣長の『秘本玉くしげ』の一部を史料引用し，それに関連して農民運動や当時の社会背景・幕政・文化・交通など江戸時代後期の諸相が広く問われた。文章量の多さに圧倒されず，慎重に選択肢を検討したい。

1 答：② やや難

史料Ⅰは，**本居宣長**が1787年に紀伊藩主徳川治貞に献上した**『秘本玉くしげ』**である。史料が「百姓一揆など，現実の社会問題に触れ」ている点，それに関して「為政者がとるべき方策」を示していることを読み取り，Aを選びたい。

Bは**『農政本論』**の説明であり，その著者はアの**佐藤信淵**だから，Bとアに関連する選択肢を消去すると，A－イの組み合わせが残る。

2 答：④ やや難

A－× 「18世紀末から」が誤り。**惣百姓一揆**は17世紀末から起こるようになった。

B－× 「沈静化した」が誤り。**村方騒動**は18世紀後半に頻発した。

3 答：② 標準

②－○ 4の設問文から，史料Ⅰは寛政の改革が始まった年に著されたことがわかる。したがって，史料Ⅰが著された頃起こった飢饉とは**天明の飢饉**で，「浅間山の噴火」を含む②が正解である。

①－× 「うんかの害」「西日本一帯に被害」から**享保の飢饉**とわかる。

③－× 「その後の幕藩領主層による農政の転換に大きな影響を与えた」から**寛永の飢饉**とわかる。

④－× 「百姓一揆が激増し」幕府による「御救小屋」が設置されたことから**天保の飢饉**とわかる。

●江戸時代の飢饉

寛永の飢饉 (1641～42)	干ばつ，長雨，冷害などによる江戸時代最初の大飢饉。幕府や諸藩の農政に大きな影響を与えた。
享保の飢饉 (1732)	天候不順，ウンカなどの大量発生により西日本で大凶作となった。 1733年に江戸で最初の打ちこわしが起こった。
天明の飢饉 (1782～87)	冷害，洪水，浅間山大噴火（1783年）などにより東北・関東を中心に全国的な飢饉。百姓一揆・打ちこわしが続発。
天保の飢饉 (1833～39)	洪水，暴風雨，冷害などによる全国的な飢饉。百姓一揆・打ちこわしが続発。

4　答：①　標準

学問所の儒官として朱子学を講じ，**寛政の三博士**と呼ばれたのは，**柴野栗山**・**尾藤二洲**・**岡田寒泉**（岡田にかわって後に**古賀精里**）である。なお，林述斎は，1793年に林家を継ぎ大学頭として寛政の改革での教学行政を担い，1797年には幕府直轄の昌平坂学問所を創設した。

5　答：②　標準

②ー○　老中松平定信を中心に行われた寛政の改革の施策の一つとして公布された**旧里帰農令**では，江戸の流浪民の希望者に帰郷旅費，食料などを支給して帰村をすすめた。

①ー×　**印旛沼の干拓**工事が利根川の洪水で失敗したのは田沼政治の時代である。

③ー×　年貢の徴収法として，**検見法**を改め，**定免法**を広く取り入れたのは享保の改革の施策である。

④ー×　**分地制限令**は1673年以降度々出され，享保の改革でも出された（1722年）。

6　答：①　標準

①ー×　「九州を中心に行われた」が誤り。**たたら製鉄**とは足踏み式の送風装置のある炉を使用して，砂鉄と木炭を交互に入れて燃焼させる製鉄方法で，中国地方を中心に行われた。原料としては出雲の砂鉄が知られ，良質のものは刀剣用の**玉鋼**となった。

7　答：④　標準

Aー×　「山陽道」が誤り。五街道は**東海道**，**中山道**，**日光道中**，**甲州道中**，**奥州道中**の総称である。

Cー×　「角倉了以」が誤り。17世紀後半に東廻り海運・西廻り海運を整備したのは**河村瑞賢**である。なお，菱垣廻船は17世紀前半，樽廻船は18世紀前半に運航を開始した。

8　答：④　標準

『農具便利論』や**『広益国産考』**など多くの農書を著した農学者は**大蔵永常**。大蔵永常は諸国をめぐって見聞を広め，三河田原藩・浜松藩の農政にも参画している。

①の**田中丘隅**は**『民間省要』**を8代将軍徳川吉宗に献上した。②の**宮崎安貞**は体系的農学書**『農業全書』**を著した。③の**二宮尊徳**は関東各地の村々で**報徳仕法**と呼ばれる農村復興運動を進めた。

9　答：③　標準

四木とは**漆**・**茶**・**楮**・**桑**，三草とは**麻**・**藍**・**紅花**のことである。領主の栽培奨励により各地で特産化し，阿波の藍，出羽の紅花は有名である。

10　答：④　標準

④ー×　「山片蟠桃」が誤り。封建社会を厳しく批判し，万人が農耕に従事すべしとする**『自然真営道』**を著した八戸の医師は**安藤昌益**である。

解 答

1 —② 2 —④ 3 —② 4 —① 5 —② 6 —① 7 —④
8 —④ 9 —③ 10—④

13

2015 年度 政治経済学部〔3〕

次の文章を読み，以下の設問に答えなさい。

江戸時代の幕府の財政収入は，御領(幕府直轄地)(ア)からの年貢のほか，主要鉱山(イ)からの収入，重要都市の商工業や貿易からの収入などから成り立っていた。

しかし，鉱山の採掘量の減少や年貢収入の停滞に伴い，家綱の代には非常用の備蓄金銀を使うほどの赤字となる。そこで，五代将軍の綱吉は御領の農政を見直すとともに，勘定吟味役の荻原重秀の上申を取り上げて，貨幣の改鋳(ウ)や長崎貿易の拡大を行うことで財政再建をはかった。これらの政策により商人の力は高まり(エ)，上方を中心とした元禄文化が花開いた。

家宣・家継期には新井白石を中心として，正徳の治(オ)と呼ばれる政治が行われた。家継が 8 歳で死去すると，紀伊藩主であった吉宗が将軍となる。吉宗は将軍，大御所として幕政改革に取り組んだ。いわゆる享保の改革(カ)である。吉宗の諸政策により，御領の石高増など幕府財政に改善が見られた。

十代将軍家治の時代になると側用人から老中となった田沼意次が大きな権勢を誇った(キ)。貿易や商業を重視し，新田開発や蝦夷地探索が進められたが，天明の飢饉や田沼意知の暗殺を契機にその勢力は急速に衰えた。

家治の後に将軍となった家斉は，歴代将軍で最長となる約 50 年間在職し，その後も大御所として君臨した。家斉の政治は前期と後期で大きく異なっている。前期の代表的施策が老中首座の松平定信が主導した寛政の改革(ク)である。飢饉対策や米価調節などに奏功したが，倹約令や物価引き下げなどの統制の厳しさは商業や町人文化の不振を招いた。松平定信の失脚後も松平信明ら寛政の遺老によってその政策の多くはうけつがれた。

しかし，松平信明の死後，水野忠成が老中になると政策の方針は一変した。家斉治世後期の代表的政策である文政改鋳を財源とする拡張財政や奢侈の黙認は商品生産を刺激し(ケ)，都市を中心に化政文化と呼ばれる町人文化が花開いた。その一方，物価の高騰は武士の困窮や農村の荒廃を招いたとされる。

天保期に入ると凶作が続き，天保の改革の失敗，欧米列強のアジア進出とも相まって時代は幕末・開港期(コ)へと向かっていった。

問 1 下線部(ア)に関連し，江戸中期(17 世紀末)の御領，旗本知行地，全国総石高(御領・旗本知行地を含む)の組み合わせとして最も適切なものはどれか。A～Eから一つ選び，解答欄にマークしなさい。

	御領	旗本知行地	全国総石高
A	800 万石	500 万石	3000 万石
B	400 万石	300 万石	3000 万石
C	200 万石	500 万石	4000 万石
D	800 万石	500 万石	2000 万石
E	400 万石	300 万石	2000 万石

問 2 下線部(イ)について，地名と産出鉱物の組み合わせとして誤っているものはどれか。A～Eから一つ選び，解答欄にマークしなさい。

A 相川 — 金

B 生野 — 銀

C 足尾 — 銅

D 釜石 — 鉄

E 大森 — 硫黄

問 3 下線部(ウ)に関連し，江戸時代の貨幣に関する説明として誤っているものはどれか。A～Eから一つ選び，解答欄にマークしなさい。

A 徳川家康は，1600(慶長 5)年頃から慶長金銀を鋳造させ，貨幣制度を整備した。

B 荻原重秀の主導の下，慶長小判よりも品位を下げた元禄小判を鋳造した。

C 新井白石の主導の下，慶長小判とほぼ品位が等しい正徳小判を鋳造した。

D 徳川吉宗は大岡忠相の上申により，享保小判より高品位の元文小判を鋳造させた。

E 17 世紀後半から，各藩では藩札を発行し，城下町を中心とする領内で流通させた。

問 4 下線部(エ)に関連して，江戸時代の商人に関する以下の記述として誤っているものはどれか。A～Eから一つ選び，解答欄にマークしなさい。

A 江戸商人の三井家は酒造と大名貸によって財をなし，明治以降財閥に成長した。

B 住友家は銅山開発と銅精錬などによって財をなし，明治以降財閥に成長した。

C 江戸十組問屋は菱垣廻船問屋と提携し，物流に大きな影響力をもった。

D 札差は蔵米を担保にした貸し付けを行い，旗本・御家人の財政を左右した。

E 大坂では蔵元・掛屋とよばれる商人が蔵物の販売と管理・送金を行い財をなした。

問 5 下線部(オ)の政策・政治体制に関する記述として正しいものはどれか。A～Eから一つ選び，解答欄にマークしなさい。

A 新井白石とともに側用人の柳沢吉保が大きな権勢を誇った。

B 閑院宮家を創設して幕府と天皇家との結びつきを強めた。

C 田畑永代売買禁止令と分地制限令を出し，百姓の生活の安定をはかった。

D 儒学の普及のために，湯島聖堂をたて，林信篤を大学頭に任じた。

E 株仲間の設立をすすめ，運上・冥加による財政の再建をはかった。

問 6 下線部(カ)に関する説明のうち，誤っているものはどれか。A～Eから一つ選び，解答欄にマークしなさい。

A 裁判や刑の基準を定め，連座制を緩和した成文法である御定書百箇条を制定した。

B 現物の米を使わない空米取引（米の先物取引）を公認した。

C 問屋商人に株仲間の結成を願い出させ，独占的な営業を認めた。

D 大名火消に加えて，定火消の制度を創設し，江戸における火災への備えを高めた。

E 質流れ禁令を出したが，後に撤回し，質流れ地の売買が黙認されるようになった。

問 7 下線部(キ)の時期には，吉宗の実学奨励策から発展した蘭学はますますさかんになった。これに関連して，江戸中期の蘭学者に関する以下の記述のうち，誤っているものはどれか。A～Eから一つ選び，解答欄にマークしなさい。

A 奥医師の桂川甫周は大黒屋光太夫の供述を基に『北槎聞略』を編述した。

B 『蘭学階梯』の著者である大槻玄沢は江戸に芝蘭堂という蘭学塾を開いた。

C 稲村三伯は緒方洪庵の協力を得て初の蘭日辞書『ハルマ和解』を著した。

D オランダ通詞の志筑忠雄は天文・物理学書として『暦象新書』を訳出した。

E 高橋至時は西洋暦法を取り入れて，寛政暦を作成した。

問 8 下線部(ク)で行われた政策として，正しいものをA～Eから一つ選び，解答欄にマークしなさい。

A 人返しの法を発し，天明の飢饉で荒廃した農村の再建をはかった。

B 幕府財政の安定のため上知令を出して御領の増加をもくろんだが頓挫した。

C 綱紀粛正を目的として，為永春水や柳亭種彦らを処罰した。

D 無宿人の増加に対応するため，関東取締出役を設置して取り締まりに当たらせた。

E 豪商を勘定所御用達として登用し，米価調節や町会所の運営に協力させた。

問 9 下線部(ケ)に関連して，江戸期の市場の場所と取引品目の組み合わせのうち，正しいものをA～Eから一つ選び，解答欄にマークしなさい。

A 神田 — 青物市

B 雑喉場 — 織物市

C 天満 — 蔵物市

D 摂津天王寺 — 馬市

E 日本橋 — 納屋物市

問10 下線部(コ)に関連し，幕末・開港期の経済状況・事件に関する記述のうち，誤っているものはどれか。A～Eから一つ選び，解答欄にマークしなさい。

A 日米修好通商条約に基づき，神奈川・長崎・新潟・兵庫の開港と江戸・大坂の開市が決定した。幕府は次いでオランダ・ロシア・イギリス・フランスとも類似の条約を結んだ。

B 主要輸出品である生糸の生産は拡大しマニュファクチュア化がすすんだが，生糸価格高騰は絹織物業を，輸入綿織物は綿作，綿糸・綿織物業を不振に追い込んだ。

C 幕府は物流の統制のために，五品江戸廻送令を出して主要品目を産地から江戸に送るように命じたが，在郷商人などの反対のため，実効性は薄かった。

D 日本国内の貨幣制度では海外に比べ金・銀ともに大幅に安かったため，外国商人による買い占めが発生し，巨額の金・銀が海外に流出することになった。

E 開港に伴う経済的混乱に対応するため，幕府は万延改鋳を行うが，これによって物価の騰貴に拍車がかかり，庶民の不満と幕府外交への批判を高める結果となった。

解説 江戸時代の経済と改革

江戸幕府の財政政策を問う問題で，御領，旗本知行地，全国総石高の正しい組み合わせを選ぶ問1がやや難である。その他は標準的な問題である。

問1 答：B やや難

御領（幕府直轄地，幕領）は400万石，旗本知行地は300万石である。江戸時代中期（17世紀末）の全国総石高は，少なくとも2500万石を超えていたとされており，享保年間（18世紀前半）には約3000万石に到達していたと考えられている。よって，選択肢の中で最も近い数字は3000万石である。

問2 答：E 標準

Eの**大森**（石見国）は**銀山**で，2007年に世界遺産に登録された。

問3 答：D 標準

D－× **享保小判**は，三代目後藤庄三郎の時期の慶長小判と同等の品位（金の含有率86.8％）だったが，改鋳された**元文小判**の品位は金の含有率が65.7％で，享保小判より低品位である。8代将軍徳川吉宗は，米価を上昇させることを目的に享保小判より質を落とした元文小判を発行した。

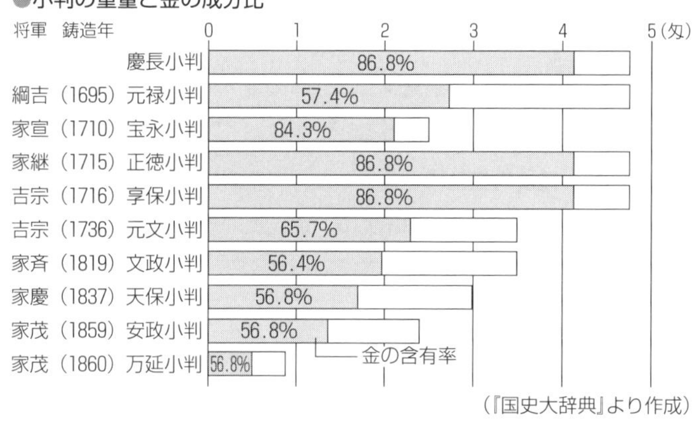

（『国史大辞典』より作成）

問4 答：A 標準

A－× 三井家は伊勢松坂出身の**三井高利**が江戸で**越後屋呉服店**と両替商で財をなした。なお，酒造と大名貸によって財をなしたのは大坂の**鴻池家**である。

問5 答：B 標準

B－○ 皇太子以外の皇子の多くが出家する習慣となっていたことから，**新井白石**が6代将軍徳川家宣に宮家の創設を提案し，**閑院宮家**が創設された。これにより，伏見宮・有栖川宮・桂宮の三家だけだった宮家が四家となった。

A－× 新井白石とともに正徳の治を進めた側用人は，柳沢吉保ではなく**間部詮房**。

C－× **田畑永代売買禁止令**が出されたのは1643年，**分地制限令**が出されたのは1673年で，ともに正徳の治が進められた18世紀前半よりも前のことである。

D－× **湯島聖堂**をたて，**林信篤**を大学頭に任じたのは5代将軍徳川綱吉で，元禄期のことである。

E－× 株仲間を奨励し，運上・冥加による財政再建をはかったのは18世紀後半の老中**田沼意次**である。

問6 答：D 標準

D－× 享保の改革で新設されたのは，定火消ではなく**町火消**の制度である。定火消は旗本によるもので，明暦の大火の翌1658年に創設された。

問7 答：C 標準

C－× **稲村三伯**が『**ハルマ和解**』を著したのは1796年だが，緒方洪庵は1810年生まれである。『ハルマ和解』に協力したのは宇田川玄随らである。

問8 答：E 標準

E－○ 寛政の改革では，江戸の有力両替商を中心に豪商を勘定所御用達に登用し，その資金と経験を活用して米価の調節にあたらせた。寛政の改革では幕府が商業資本に対して主体性を確立し，流通や物価の統制を行おうとした。

A－× **人返しの法**は天保の改革で出された。寛政の改革の際の農村復興策は**旧里帰農令**の発布である。

B－× **上知令**は天保の改革で出された。

C－× **為永春水**や**柳亭種彦**が処罰されたのは天保の改革のときである。寛政の改革で処罰されたのは**山東京伝**や**恋川春町**である。

D－× **関東取締出役**は1805年，徳川家斉の**大御所時代**に設けられた。

問9 答：A 標準

Aの神田青物市が正解。Bの雑喉場は魚市，Cの天満は青物市，Dの摂津天王寺は牛市，Eの日本橋は魚市である。

問10 答：D 標準

D－×・E－○ Dの「金・銀ともに大幅に安かったため」が誤り。金銀の交換比率が外国の1：15に対し日本では1：5と差があったため，大量の金貨が流出した。そのため幕府は，金貨の質を大幅に落とした万延小判を発行して対応したが，物価のさらなる騰貴を招き庶民の不満は高まった。

解 答

問1 B	問2 E	問3 D	問4 A	問5 B	問6 D
問7 C	問8 E	問9 A	問10 D		

14

2021年度 経営学部〔1〕

以下の史料を読み，問いに答えなさい。

【史料A】

士農工商は天下の治(をさま)る相(たすけ)となる。四民かけては助け無かるべし。四民を治め玉(たま)ふは君の職なり。君を相(たすく)るは四民の職分なり。(中略)商工は市井(しせい)の臣なり。臣として君を相(たすく)るは臣の道なり。商人の賣買(ばいばい)するは天下の相(たすけ)なり。細工人に作料を給(たまは)るは工の禄(ろく)なり。農人に作間(さくあい)を下さるゝ(る)ことは是(これ)も士の禄(ろく)に同じ。天下萬民(ばんみん)産業なくして何を以(もっ)て立つべきや。商人の買利(ばいり)も天下御免(おんゆる)しの禄(ろく)なり。夫(それ)を汝(なんじ) 獨(ひとり) 賣(ばい)買(ばい)の利ばかりを欲心(よくしん)にて道なしと云(い)ひ，商人を悪(にく)んで断絶(だんぜつ)せんとす。何以(もっ)て商人計(ばか)りを賤(いやし)め嫌ふことぞや。(『都鄙問答』より)(一部読みやすいようにふりがなを付し，新字体に改めた。)

問 1 史料Aの主張に当てはまる記述をA～Dの中から1つ選び，その記号をマークしなさい。

A 士農工商の制度こそが社会の秩序維持に不可欠であり，これを崩してはならない。

B 細工人や農民は，武士と同じ収入(俸禄)をもらうことが望ましい。

C 商人が利益を得るのは，他の職業が収入を得るのと同じであり，いやしい事ではない。

D 商人が市場で売買することは君主からの命令で，家臣として行っていることである。

問 2 史料Aの著者は，1685年に丹波国の村で生まれ，若い頃は京都の商家で丁稚や手代として奉公生活を送り，その後儒学や禅道を学んだ。1729年，この著者は「心学」と呼ばれる教化活動に乗り出し，私塾の形で人々に講演を行った。この教えをまとめて，1739年に史料Aの主著を公刊するに至った。この著者の氏名を，漢字(楷書)で丁寧に解答欄に書きなさい。

問 3　史料Aの著者による「心学」の教えは，商行為の正当性と正直・孝行・倹約などの日常道徳を説くものであったが，武士の側でも商行為の正当性を説く者が現れた。当てはまる人物をA～Dの中から1人選び，その記号をマークしなさい。

A　戸田茂睡　　B　平田篤胤　　C　宇田川玄随　　D　海保青陵

問 4　史料Aの著者は京の堀川を活動の拠点とした。京の堀川には，別の学者が私塾を開設していた。その開設者をA～Dの中から1つ選び，その記号をマークしなさい。

A　広瀬淡窓　　B　荻生徂徠　　C　伊藤仁斎　　D　熊沢蕃山

問 5　心学の普及について正しい説明文をA～Dの中から1つ選び，その記号をマークしなさい。

A　中沢道二は，松平定信の設置した石川島の人足寄場で講師を務めた。

B　手島堵庵は，心学を分かりやすく説いた『出定後語』や『玄語』を公刊した。

C　会津の「日新館」や水戸の「弘道館」は心学講舎として有名である。

D　越後湯沢の藩士・鈴木牧之は，1825年に「湯沢堂」を開設して藩主に講義を行った。

問 6　史料Aの著者は1744年に没したが，この著者が生きた時期には，どのような出来事があったか。当てはまるものをA～Dの中から1つ選び，その記号をマークしなさい。

A　中山みきが天理教を開いた。

B　田沼意次が老中に就いた。

C　徳川吉宗が享保の改革を始めた。

D　田畑永代売買禁止令が出された。

問 7　心学の生まれた時代背景として，17世紀から18世紀にかけての商業・金融の発展が挙げられる。この時期の商業・金融について，誤った説明文をA～Dの中から1つ選び，その記号をマークしなさい。

A 幕府は金・銀・銅の三貨を統一通貨として発行し，三貨はすべて秤量貨幣であった。

B 小売商人の中には店舗を持つ者もいたが，多くは店舗を持たず行商を行う振売・棒手振であった。

C 幕府は17世紀後半には，商品の供給や品質管理のために仲間の結成を認めるようになった。

D 西日本では銀貨が，東日本では金貨が主に使われ，両替商が重要な役割を果たした。

問 8 商業・金融が発展する前提として，交通体系の整備が必要であり，街道・宿駅，飛脚制度などが相次いで整備された。街道のうち，碓氷の関所を通る街道をA～Dの中から1つ選び，その記号をマークしなさい。

A 中山道　　B 甲州道中　　C 奥州道中　　D 北国街道

問 9 江戸時代は陸上交通だけでなく海上交通も盛んで，年貢の米や商品などが運ばれた。菱垣廻船や樽廻船の航路を，A～Dの中から1つ選び，その記号をマークしなさい。

A 大坂 — 下関 — 松江 — 秋田

B 秋田 — 宮古 — 仙台 — 銚子

C 大坂 — 福山 — 下関 — 対馬

D 江戸 — 下田 — 鳥羽 — 大坂

【史料B】

一，書生の交りは，貴賤貧富を論ぜす，同輩と為すべき事。

但し，大人小子の辨は，之有るべく候。座席等は，新旧長幼，学術の浅深を以て面々推譲致さるべく候。

一，寄宿の書生，私の他出一切無用為るべき事。

但し，拠る無きの要用，或は其の宿先より断り之有る節は，格別と為すべく候。

一，寄宿の書生，講筵の謝儀は，十五歳より差し出さるべき事。

但し，小児迄も講筵列座は勿論の義に候。（『宝暦八年定』より）

問10 史料Bは学舎・学寮における規則を定めた「定書（さだめがき）」と呼ばれるもので，1758（宝暦８）年，懐徳堂の学主が，寄宿していた学生に対して掲示したとされている。この懐徳堂の創設のために出資した大坂の豪商（「五同志」と呼ばれる）として当てはまる人物を，Ａ～Ｄの中から１人選び，その記号をマークしなさい。

Ａ 山片蟠桃　　Ｂ 土橋友直　　Ｃ 鈴木春信　　Ｄ 富永芳春

問11 懐徳堂に関連して，正しい説明文をＡ～Ｄの中から１つ選び，その記号をマークしなさい。

Ａ 緒方洪庵の適塾は，懐徳堂や含翠堂に先駆けて創設され，モデルとして参考にされた。

Ｂ 懐徳堂は五代将軍綱吉から公認されて官許学問所となり，奉行が学主に迎えられた。

Ｃ 懐徳堂が輩出した学者の中には荻生徂徠や伊能忠敬，広瀬淡窓，大槻玄沢らがいる。

Ｄ 町人が寄付金を出して懐徳堂の建築費・運営費を賄い，有力町人を中心に運営された。

問12 領民の教育のために郷学を設ける藩もあったが，郷学として当てはまるものをＡ～Ｄの中から１つ選び，その記号をマークしなさい。

Ａ 閑谷学校　　Ｂ 興譲館　　Ｃ 明倫堂　　Ｄ 明倫館

問13 上杉治憲（鷹山）は，上杉綱憲が設置した学問所を再建して興譲館を創設した。上杉治憲が奨励した特産品をＡ～Ｄの中から１つ選び，その記号をマークしなさい。

Ａ 櫨（はぜ）　　Ｂ 米沢織　　Ｃ 能代春慶塗　　Ｄ 砂糖

問14 史料Bが掲示された1758（宝暦８）年に，ある事件が起きた。その事件の説明として正しいものを，Ａ～Ｄの中から１つ選び，その記号をマークしなさい。

Ａ 田沼意次の息子・田沼意知が，佐野政言から切りつけられて死亡した。

B アメリカ船モリソン号が相模の浦賀と薩摩の山川で撃退された。

C 光格天皇が父親に上皇の称号を贈ろうと幕府に打診したが，実現しなかった。

D 竹内式部が，公家たちに尊王論を説いたため，追放刑に処せられた。

問15 私塾の一つに，玉木文之進が開設した松下村塾があり，吉田松陰がこの塾で短期間教え，幕末に多くの志士を輩出したことで知られている。松下村塾出身ではない人物をA～Dの中から１つ選び，その記号をマークしなさい。

A 大久保利通　　B 高杉晋作　　C 山縣有朋　　D 伊藤博文

解説 心学の普及，郷学と私塾

『都鄙問答』『宝暦八年定』という2つの史料を読んで，心学の普及，郷学と私塾などの設問に答えることが求められた。問10は懐徳堂の創設のために出資した「五同志」と呼ばれる大坂の豪商に当てはまる人物を選択させるもので，難問である。

A

問1　答：C　標準

C－○　**『都鄙問答』**の著者である**石田梅岩**は，否定的な評価を与えられていた商業の社会的意義を積極的に肯定し，いやしいとされた町人も他の身分同様，一定の社会的役割を担う人間であることを強調して，町人の劣等感の克服につとめた。

A－×　石田梅岩は士農工商の立場を階級の上下ではなく社会的職分の相違と考えているが，その制度が社会の秩序維持に不可欠とは述べていない。

B－×　石田梅岩は身分制を前提として，それぞれの役割に応じた俸禄が認められるべきだと考えてはいるが，細工人や農民が武士と同じ俸禄であるべきとは述べていない。

D－×　商人が市場で売買することにより得られる利益は天下に認められた俸禄であり，商いをもって天下に貢献し，君主の補佐となすことを述べている。

問2　答：石田梅岩　標準

『都鄙問答』の著者は石田梅岩である。金銭利益の追求を肯定し，仏教・神道・儒教を利用しながら正直と倹約をすすめる商人の道をやさしく説いた。その教化活動は**心学**（石門心学）と呼ばれる。

問3　答：D　標準

『稽古談』を著した**海保青陵**は，武士窮乏の原因を商品経済の発展に求めるが，商品経済そのものは肯定し，藩による専売を説いた。

問4　答：C　標準

伊藤仁斎は孔子・孟子の原典にさかのぼって古義（古代の聖人の精神）を明らかにすべきことを説き，私塾の**古義堂**を営んだ。そのことにちなんで伊藤仁斎の学派は**古義学派**と呼ばれるが，古義堂が京都堀川にあったことから**堀川学派**とも呼ばれる。

問5　答：A　標準

A－○　石田梅岩の弟子であった手島堵庵に入門した**中沢道二**は，松平定信の要請で，江戸石川島の人足寄場で平易な事例を交えて人の道（心学道話）を説いた。

B－×　**『出定後語』**を著したのは**富永仲基**。『玄語』を著したのは三浦梅園。**手島**

堵庵は,『男子女子前訓』で心学道話を子どもに説いた。

C－× 会津の「日新館」や水戸の「弘道館」は心学講舎ではなく藩校である。

D－× **鈴木牧之**は越後塩沢の商人・文人である。『**北越雪譜**』を著して雪国の自然・生活を紹介した。

●藩・民間の教育機関

藩	藩校(藩学)	藩士教育,儒学中心,兵学なども教える
	郷学	藩士・庶民教育
民間	私塾	漢学塾,国学塾,洋学塾など
	寺子屋	庶民教育,読み・書き・そろばん中心
	心学講舎	心学の塾

問6 答:C 標準

C－○ 徳川吉宗が享保の改革を始めたのは1716年である。

A－× 中山みきが天理教を開いたのは1838年である。

B－× 田沼意次が老中に就いたのは1772年である。

D－× 田畑永代売買禁止令が出されたのは1643年である。

問7 答:A 標準

A－× 幕府が発行したのは金・銀・銭の三貨である。また,丁銀・豆板銀などの銀貨は**秤量貨幣**であったが,小判・一分金などの金貨や寛永通宝といった銭貨は**計数貨幣**であった。

問8 答:A 標準

江戸と草津を結び,五街道の一つであった中山道には,碓氷と木曽福島に関所が置かれた。

問9 答:D 標準

主に上方から江戸への商品輸送に使用され,菱垣廻船や樽廻船が運航した海運ルートである南海路は,大坂を出て紀伊半島沿岸を通り,志摩鳥羽より伊豆下田を経由して江戸に至るというものであった。

B

問10 答:D 難

富永芳春は富永仲基の父であり,**懐徳堂**の創設のために出資した「五同志」と呼ばれる大坂の豪商の一人であった。

Aの**山片蟠桃**は懐徳堂に学び,『**夢の代**』を著した。懐徳堂創設のときにはまだ生まれていない。Bの土橋友直は同志と出資して摂津平野に含翠堂を設立した。C

の**鈴木春信**は浮世絵師であり，**錦絵**の創始者である。

問11 答：D 標準

D－○ 懐徳堂は大坂の町人の出資で設立され，その後は官許学問所となったが，運営の財政面は有力町人がまかない続けた。

A－× **適塾**は1838年設立の蘭学塾である。含翠堂は1717年，懐徳堂は1724年の設立であり，ともに蘭学塾ではない。

B－× 懐徳堂は8代将軍徳川吉宗から公認されて官許学問所となった。

C－× 懐徳堂が輩出した学者としては富永仲基，山片蟠桃が著名である。

問12 答：A 標準

閑谷学校は岡山藩の郷学である。岡山藩主**池田光政**が設けた庶民の手習所が起源である。Bの興譲館は米沢藩，Cの明倫堂は加賀藩，Dの明倫館は長州藩の藩校である。

問13 答：B 標準

米沢藩主の**上杉治憲**が奨励した特産品は**米沢織**である。青苧（あおそ）を原料とした麻織物がさかんであった地域で，養蚕業を基礎とする絹織物製造に移行し，出羽の米沢織として地域の名産品となった。

問14 答：D 標準

D－○ **竹内式部**が，公家たちに尊王論を説いたため，追放刑に処せられた事件は，宝暦8年に起こったことから**宝暦事件**と呼ばれる。

A－× 田沼意知が佐野政言によって殺されたのは1784（天明4）年。

B－× モリソン号事件が起こったのは1837（天保8）年。

C－× 光格天皇が父親への尊号宣下の同意を求めたが幕府に拒否された尊号一件は1789（寛政元）年～1793（寛政5）年にかけての出来事である。

問15 答：A 標準

大久保利通は薩摩藩士である。**松下村塾**は長州萩郊外の松本村にあった私塾で，高杉晋作，久坂玄瑞，伊藤博文，山県有朋ら多くの長州藩士を育てた。

解 答

A	問1 C	問2 石田梅岩	問3 D	問4 C	問5 A
	問6 C	問7 A	問8 A	問9 D	
B	問10 D	問11 D	問12 A	問13 B	問14 D
	問15 A				

15

2018年度 商学部〔3〕

以下の文章は、江戸中期から後期にかけての経済や産業について記したものである。文章内における(a)～(e)の中に入る最も適切な語句を①～⑤から選び、マークしなさい。また [(1)] ～ [(5)] の中に入る最も適切な語句を記しなさい。

18世紀頃になると、都市部だけでなく農村にまで商品経済・貨幣経済が入り込んでくるようになり、経済や産業といった面で新しい動きが出始める。農機具や肥料の改良により生産性が高まった農村では、幕府や大名の奨励を受け、商品作物の生産が増大していく。例えば、茶では駿河・山城宇治、藍では阿波、藺草では備後といった産地が有名となった。また、こうした農業の発展に呼応するように、漁業や林業、そして織物業や製紙業といった手工業も各地で大きく成長する。例えば、商品作物として生産が奨励されていた楮などを用いた上質な和紙としては、越前の鳥の子紙、播磨の [(1)] 、讃岐の檀紙などが有名であったし、蝦夷や陸奥といった地域は、17世紀以降銅に代わる中国向け輸出品としてその需要が高まっていた俵物の中心的な漁場となっていった。

織豊期から進められてきた陸上交通の整備に加え、17世紀末には主だった海上交通網が完成し、以降、全国規模での商品流通とそれに関わる商人たちが江戸の経済に大きな影響を及ぼしていくことになる。江戸の十組問屋や大坂の二十四組問屋のように江戸・大坂間の流通を取り仕切ろうとする問屋仲間の連合組織ができ、三都を中心に豪商と呼ばれる有力な商人も現れるようになる。例えば、(a)【① 奈良屋茂左衛門 ② 鴻池善右衛門 ③ 天王寺屋五兵衛 ④ 淀屋辰五郎 ⑤ 紀伊国屋文左衛門】(生没年不詳)は、蜜柑を江戸に廻送して利益を上げたという伝説で知られ、材木商に進出して財をなした当時の豪商の一人である。生産地と大都市の問屋を結ぶ卸売市場も発達し、大坂では [(2)] の米市場や雑喉場の魚市場が、江戸では日本橋の魚市場や神田の青物市場などが有名であった。享保の改革以降、商人たちの株仲間の結成が広く公認されるようになり、田沼意次の治世ではそれがさらに促進された。幕府は、農村からの年貢収納とは別の財源として商業活動からの税収に着目し、商人たちの活動を促すとともにその統制を試みたが、彼らの影響力は非常に大きなものとなっていた。荻生徂徠の門弟である太宰春台が1729年に著した(b)『【① 政談 ② 読史余論 ③ 経済録 ④ 弁道 ⑤ 藩翰譜】』には、大名ですらその石高に関係なく富商に借金をしながらなんとか生活をしている様子が描かれており、当時の商人の影響力の大きさをうかがい知ることができる。

各地の農村では、一部の有力な百姓が、借金のかたとしてとりあげた田畑を小作人に貸し出して小作料を取り立てる形で地主に成長し、商品作物の生産・流通などにおいて大きな財を得るようになっていった。一方で、借金のかたとして田畑を失った小百姓の多くはこうした富農層に小作料を払いながら苦しい生活を強いられるようになる。本百姓を中心とした自給自足的な社会であった農村には、こうした形で百姓の階層分化が見られるようになり、村役人を兼ねることもあった富農層と小百姓や小作人といった下層農民との間で深まった対立は、村方騒動という形で表面化するようになっていく。武陽隠士が1816年に寛政の改革前後の時期の諸階層について記した随筆(c)『【① 世事見聞録 ② 幕末江戸市中騒動図 ③ 孝義録 ④ 宇下人言 ⑤ 五常】』には、農村での争いが、領主・地頭の厳しい振る舞いに起因しているだけでなく、こうした富農層と貧農層との階層分化にも根差しているという点が示されている。一方で、田畑を失った小百姓の中には、江戸や近隣の都市に出て年季奉公や日用稼ぎに従事し、わずかな貨幣収入で暮らしている貧しい人たちも多くいた。下層農民や出稼ぎ者たちは、商品経済や貨幣経済に深く巻き込まれていく中で、物価の上昇や自然災害などに対して有効な自衛手段を持たない不安定な生活を余儀なくされていった。

天保に入り飢饉が起こると、農村や都市には困窮した人々があふれかえり、幕領ですら大規模な一揆を避けることができなくなった。幕府は、外交問題も引き続き抱えることとなり、こうした内憂外患に対応するために、老中水野忠邦を中心とした天保の改革を敢行した。この改革では、江戸の人別改めの強化や人返しの法を発することで、荒廃した農村を立て直し、これまでの幕藩体制の基礎であった年貢収納の再建を図った。相模出身の農政家で［ (3) ］を説いて農村復興に努めた二宮尊徳や、下総香取郡長部村に土着し相互扶助による農村復興を指導した大原幽学などの活躍も見られたが、農村に商人資本と商品経済がすでに深く入り込んでいた状況下では、これらの政策の効果は限定的であった。一方で、物価高騰の原因を商人の株仲間による商品流通の独占にあると判断した幕府は、株仲間解散令を出し物価の抑制を試みたが、これがかえって市場の混乱を生む結果となり、さらなる物価高騰を招くこととなった。

幕藩体制の再建と幕府権力の強化を目指した天保の改革であったが、その目的を果たすどころか、幕府の弱体化を招く結果となってしまう。幕府は、1840年、相模の海岸防備を担わせていた(d)【① 彦根 ② 駿府 ③ 川越 ④ 会津 ⑤ 甲府】藩の財政を援助する目的で、(d)藩、庄内藩、長岡藩に対して三方領知替えを命じたが、領民の強い反対にあってその命を撤回した。また、1843年には、(e)【① 相対済し令 ② 買米令 ③ 棄捐令 ④ 上知令 ⑤ 分地制限令】を発し、江戸・大坂十里四方の譜代大名・旗本の知行地を幕府直轄地にしようとしたが、これも強い反対にあって実施することができなかった。こうした幕府統制力の低下に伴い、幕府に代わって天皇・朝廷を頂点とする政治体制を求める声も出始めた。また、諸藩の中には、幕府権力からの自立を目指し、独自の藩政改革を試みるところもあった。

薩摩藩は、財政担当の家老であった調所広郷を中心に経済改革に着手し、多額の藩債の事実上の棚上げや奄美三島特産の黒砂糖の専売強化、さらには琉球との貿易の促進といったことを通じて藩財政の立て直しを図った。萩(長州)藩は、下関に設けた役所である [(4)] において、上方に向かうために入港する廻船から荷を買い取り委託販売を行うなどして収益を上げ、藩財政の再建を実現した。また佐賀(肥前)藩では、藩主鍋島直正が、直轄地内の小作地をいったん収公してその一部を小作人に分け与えることで本百姓にするという [(5)] を実施し、農地改革を通じて藩の財政基盤を整備するとともに、大砲製造所を設け洋式軍事工業を導入するなどして新たな財源の構築に努めた。こうした形で藩独自の財政再建を果たした西国の雄藩は、その後の幕末の政局において強い発言力を持って登場することになる。

解説 江戸中期～後期の経済

江戸中期～後期の経済に関する知識を問う。リード文は長文であるが丁寧でわかりやすく，(c)のように詳細な知識が求められた設問もあったが，ほとんどの設問は標準的レベルである。

(a) 答：⑤ やや難

「蜜柑を江戸に廻送して利益を上げたという伝説」から，⑤の紀伊国屋文左衛門と判断したい。「材木商に進出して財をなし」，幕府の材木御用達になったこともおさえておきたい。

①の奈良屋茂左衛門は江戸深川の材木商として，日光東照宮の修理などで富を得た。②の鴻池善右衛門は大坂を代表する豪商で，清酒の醸造・販売に成功し，海運業・両替商などで巨富を得た。③の天王寺屋五兵衛は大坂の本両替の元締めである十人両替に，平野屋らとともに選ばれた。④の淀屋辰五郎は先祖伝来の蔵元で富を得たが，ぜいたくを理由に幕府から全財産を没収された。

(b) 答：③ 標準

太宰春台は著書**『経済録』**で，17 世紀後半の経済発展が大名財政の窮乏をもたらしたと指摘している。

①の『**政談**』と④の『弁道』は**荻生徂徠**，②の『**読史余論**』と⑤の『藩翰譜』は**新井白石**の著書である。

(c) 答：① やや難

②の『幕末江戸市中騒動図』は幕末の打ちこわしの様子を描いた図，④の『宇下人言』は松平定信の自叙伝，⑤の『五常』は鈴木春信の浮世絵なので，消去法で①の『世事見聞録』か③の『孝義録』まで絞れる。『世事見聞録』が武陽隠士の随筆であること，農村の階層分化などを論じていることを知っていれば，①が選べる。③の『孝義録』は寛政の三博士らが編纂した書である。史料集で『世事見聞録』の内容についても確認しておこう。

(d) 答：③ 標準

「**三方領知替え**」は，武蔵国川越藩の財政を援助するため，川越藩を豊かな土地をもつ出羽国庄内藩へ，庄内藩を越後国長岡藩へ，長岡藩を川越藩へ入れ替えることを幕府が命じたものである。

(e) 答：④ 標準

「江戸・大坂十里四方の譜代大名・旗本の知行地を幕府直轄地にしようとした」から④の**上知令**とわかる。直轄地にしようとした知行地は約 50 万石で，譜代大名や旗本に代替地を用意したが，反対されて実施されなかった。

⑴ 答：**杉原紙** 標準

中世に各地でつくられていた**杉原紙**の起源は播磨とされる。杉原紙は，鎌倉幕府の公文書や，武士や僧侶の贈物に盛んに用いられた。

⑵ 答：**堂島** 標準

堂島は，元禄のころ**米市場**がおかれ，諸藩の蔵屋敷も集中するようになって，商人の町として発達した。1730（享保15）年に米相場所が幕府より公認されると，その米相場は全国の米価に影響を与えた。

⑶ 答：**報徳仕法** 標準

二宮尊徳の唱える**報徳仕法**は，至誠・勤労・分度（自己の財力に応じた生活を行っていくこと）・推譲（分度によって生じた富を村に還元すること）を基本原理とした。

⑷ 答：**越荷方** 標準

下関は西廻り海運の拠点として，北国・山陰・中国・上方・九州筋などの商品の流通拠点となった。**越荷方**は，下関に集積する積荷（越荷）の売りさばきを望む他国廻船に対して，倉庫を貸して積荷を陸揚げさせ，商談が成立するまでそれを質物として銀を貸し付けたり，保管料をとったりするなどして利益を得た。

⑸ 答：**均田制** 標準

「小作地をいったん収公してその一部を小作人に分け与えることで本百姓にする」は**均田制**の説明としておさえておきたい。幕末の佐賀（肥前）藩において藩主の**鍋島直正**は，1841年に小作料の猶予，1852年に町人地主らの田畑取り上げ，小作人への分給を実施して，本百姓体制の維持をはかった。

解　答

(a)—⑤　(b)—③　(c)—①　(d)—③　(e)—④

⑴ 杉原紙　⑵ 堂島　⑶ 報徳仕法　⑷ 越荷方　⑸ 均田制

第3章　近　代

16

2022年度 文学部〔4〕

19世紀後半の政治状況に関する次の文章を読み，下の設問に答えよ。解答は記述解答欄に漢字を適切に用いて記入せよ。

1853年のペリー艦隊来航は，日本の政治・外交を大きく変える契機となる。こうした危機のなかで，老中首座として幕政を主導していた阿部正弘は，幕政への関与が許されていなかった薩摩藩主 [a] などとの連携を強めた。しかし，それは幕閣を中心とした既存の秩序を重視する勢力の反発を招き，(ア)さらに尊王攘夷を求める運動が展開し，政局をめぐる対立が激化していく。

そうしたなかで，公議政体の確立と公議輿論の尊重が，政治運動の大きな項目となった。1867年には，大政奉還を将軍に求める動きが土佐藩から提議され，徳川慶喜はこれを受け入れて政権を返上し，(イ)王政復古が断行された。

発足した新政府は，1868年に政府の組織を示す政体書を定めたが，そこでは最初の立法機関として [b] が置かれた。

廃藩置県後に太政官制度が改革され，大臣・参議への諮問および建白書を受理する機関として，[c] が設置された。1873年の政変の際に参議を辞職した板垣退助らは，翌年に民撰議院設立建白書を [c] に提出する。

1875年に板垣退助は，台湾出兵に反発して参議を辞職した [d] とともに参議兼内務卿大久保利通と大阪で会見し，漸進的な立憲制の樹立で合意に至り，政府に一時的に復帰した。

西南戦争をへたのち，国会開設運動が全国的に展開し，(ウ)政治への関心が幅広い層の間で広まった。こうしたなか，開拓使官有物払下げ事件による世論の強い攻撃をうけた薩長出身の参議は，明治14年の政変で大隈重信らを政府から排除した。

政変の前後に，板垣退助や大隈重信らを中心に結成された全国的政党は，一時期活動が低調となったが，外務大臣井上馨が示した条約改正案への反対運動を機に，再結集の動きが強まる。これに対して政府は，1887年に [e] を制定して活動家を東京から退去させるなど，政党に対して強い姿勢を示した。

1889年，大日本帝国憲法が発布され，翌年には帝国議会が開設されたが，衆議院では内閣と民党が激しく対立した。しかし，政党はしだいに政治上での存在感を強め，藩閥との妥協や提携がすすむ。そして1900年には，元老の伊藤博文を総裁とする立憲政友会が結成された。

設　問

1　空欄aにあてはまる人物の氏名を記せ。

2　空欄bにあてはまる機関名を記せ。

3　空欄cにあてはまる機関名を記せ。

4　空欄dにあてはまる人物の氏名を記せ。

5　空欄eにあてはまる法令名を記せ。

6　下線部(ア)に関連し，尊王攘夷運動の中心的勢力が1864年に京都に侵入し，薩摩など諸藩兵に撃退された事件の名を記せ。

7　下線部(イ)に関連し，新政府が辞官納地として徳川慶喜に返上を命じた官職を記せ。

8　下線部(ウ)に関連し，東海散士の代表作となった政治小説の題名を記せ。

9　下線部(エ)に関連し，黒田清隆首相が議会に対応する政府の方針として，声明で示した立場を記せ。

10　下線部(オ)に関連し，第二次山県有朋内閣が地租増徴案を成立させるために提携した政党の名を記せ。

解説 19世紀後半の政治状況

19世紀後半の政治状況に関する文章をもとに，その関連事項が問われた。時代別では幕末〜明治期，分野別では政治史を中心に出題された。全問語句記述問題となっている。おおむね標準的な内容で，高得点が可能である。

1　答：**島津斉彬**　標準

老中首座の**阿部正弘**が有力大名と協調する政策をとるなかで，薩摩藩主の**島津斉彬**は幕府政治への関与を強めていった。島津斉彬は殖産興業政策を推進し，洋式工場群である集成館を設置した。将軍継嗣問題では徳川（一橋）慶喜を推した。

2　答：**議政官**　標準

1868年閏4月に新政府が発した**政体書**は，アメリカの制度を参考に起草され，**三権分立**制や官吏公選制を規定した。太政官の権限を立法・行政・司法の三権に分かち，立法には**議政官**，行政には神祇官・外国官・行政官・会計官・軍務官，司法には刑法官の七官を置いた。

3　答：**左院**　標準

廃藩置県後の太政官制度の改革により三院制が採用され，最高機関である正院，立法の諮問機関である**左院**，行政上の諮問機関である右院が設置された。有司専制を批判し国会の開設を求めた意見書である**民撰議院設立の建白書**は，左院に提出された。

4　答：**木戸孝允**　標準

内治優先を主張して西郷隆盛・板垣退助らの征韓論に反対した**木戸孝允**は，大久保利通らが**台湾出兵**の計画を進めると，同じく内治優先を理由に反対し，参議を辞した。

木戸孝允は立憲制採用による国家の強化を唱え，1875年の**大阪会議**で立憲制の漸次的採用の線で大久保利通と合意し，板垣退助とともに参議に復職した。

5　答：**保安条例**　標準

外務大臣井上馨の条約改正案に反対して三大事件建白運動が起こるなど，民権運動の高揚に際し，政府は1887年に**保安条例**を公布し，「治安を妨害するおそれ」のある者を皇居外3里の地に追放した。中江兆民・星亨・尾崎行雄ら570余名が追放された。

6　答：**禁門の変〔蛤御門の変〕**　標準

設問文の「尊王攘夷運動の中心的勢力」が長州藩のこととわかれば，**禁門の変**（**蛤御門の変**）を導ける。急進化する尊王攘夷派に対し危機感をもった薩摩藩・会津藩などにより，長州藩や三条実美ら急進派公卿が京都から追放された（**八月十八**

日の政変）。この後，復権を目指す長州藩が軍勢を率い上京したが，禁門の変により薩摩藩・会津藩・桑名藩などに敗北した。

7　答：**内大臣**　標準

徳川慶喜が辞官納地で返上した官職は**内大臣**である。徳川幕府において，歴代将軍は内大臣に任命されている。征夷大将軍の返上はすでに大政奉還の際になされており，王政復古の大号令後の最初の三職会議（**小御所会議**）では，徳川慶喜の内大臣の辞退と領地の返還（辞官納地）を求めることが決定された。

8　答：**佳人之奇遇**　やや難

政治小説とは，自由民権運動の政治思想普及を目的に書かれた小説のことである。東海散士の『佳人之奇遇』はその１つで，主人公が外国の独立運動家の女性や志士の情熱や苦心を叙述し，自主独立を説いている。政治小説では，矢野龍溪の『経国美談』，末広鉄腸の『雪中梅』もおさえておきたい。

9　答：**超然主義**　標準

黒田清隆首相が議会に対応する政府の方針として声明で示した立場は，**超然主義**である。政府は政党に左右されずに政治を行うという政治姿勢であり，政党内閣を目指す民党と相反するものであった。

10　答：**憲政党**　標準

第２次山県有朋内閣が衆議院対策として提携したのは，旧自由党系の**憲政党**である。しかし，山県内閣は，政党の力が官僚や軍部に及ぶのを防ぐ目的で，文官任用令改正や軍部大臣現役武官制制定を進めたので，この後，憲政党は伊藤博文に接近して**立憲政友会**に合流した。

解　答

1　島津斉彬　2　議政官　3　左院　4　木戸孝允　5　保安条例
6　禁門の変〔蛤御門の変〕　7　内大臣　8　佳人之奇遇
9　超然主義　10　憲政党

17

2023年度 政治経済学部〔1〕

次に示す史料A・Bを読み、以下の設問に答えなさい。なお、史料には、適宜、表記を改めた箇所がある。

史料A

たのしみは　神の御国の　民として　神の教へを(ア)　ふかくおもふとき
たのしみは　戎夷よろこぶ(注1)　世の中に　皇国忘れぬ　人を見るとき
たのしみは　鈴屋大人(イ)の　後に生まれ　その御諭しを　うくる思ふ時

（出典：橘曙覧(注2)「独楽吟」）

史料B

方今ノ勢欧州ノ習俗(ウ)我ニ入ル頗其多キニ居ル勢亦建瓶ノ如キアリ(注3)、衣服ナリ、飲食ナリ、居住ナリ、法律ナリ、政事(エ)ナリ、風俗ナリ、其他百工学術ニ至ルマテ彼ニ採ルニ向ハサル者莫シ。而テ所謂雑居ナリ、所謂洋教ナリ、是モ亦蓋(注4)遅速アルノミ。(中略)其勢既ニ駸々(注5)其七ヲ取テ其三ヲ遺ス能ハサレハ僕謂フ［ 1 ］ヲ併セテ之ヲ取ルニ若カス。夫レ我カ国ノ文字、先王(注6)始メ之ヲ漢土(注7)ニ取テ之ヲ用フ、那ノ時(注8)文献亦悉ク之ヲ漢土ニ取ル、今一タヒ世運ニ逢フテ文献既ニ之ヲ欧州ニ取ル、則チ何ソ独リ文字ヲ取ラサルノ説アランヤ。(中略)然ルニ而テ徒ニ此言ヲ主張セハ誰カ亦然ラスト言ハン。(中略)或ハ曰ク、彼ノ文字ヲ用フル素ヨリ可ナリ、遂ニ英語若クハ仏語ヲ用ヒシムルニ若カス、昔魯国(注9)ノ官府悉ク仏語ヲ用フ、今則稍自国ノ語ヲ用フ、此例ニ依ル又不可トセスト。僕謂フニ然ラス。蓋人民ノ言語天性ニ本ツク、風土寒熱人種ノ源由(注10)相合シテ生ス、必変スヘカラス。(中略)天性ノ［ 2 ］ヲ廃シ他ノ［ 2 ］ヲ用ヒント欲スルノ蔽(注11)、殷鑑的然タル(注12)者ニ非ス乎。曰ク然ラハ則チ吾子(注13)ノ洋字ヲ用フル其説如何。(中略)今洋字ヲ以テ和語ヲ書ス其利害得失果シテ如何。(中略)言フ所書ク所ト其法ヲ同ウス、以テ書クヘシ以テ云フヘシ(中略)アベセ二十六字(注14)ヲ知リ苟モ綴字ノ法ト呼法トヲ学ヘハ、児女(注15)モ亦男子ノ書ヲ読ミ、鄙夫(注16)モ君子ノ書ヲ読ミ且自ラ其意見ヲ書ク

ヲ得ヘシ。（後略）

（出典：『明六雑誌』第一号、1874年3月）

（注1）戎夷よろこぶ：外国の文化を崇拝する。
（注2）橘曙覧（あけみ）(1812－68)：江戸時代末期の歌人。
（注3）建瓶ノ如キアリ：瓶の水をあけるような勢いで止めようもないほどである。
（注4）蓋：おそらく。
（注5）駸々：物事の速く進む様子。
（注6）先王：古代の偉大な王。
（注7）漢土：（特定の王朝を指すわけではなく漠然と）中国。
（注8）那ノ時：その頃に。
（注9）魯国：ロシア。
（注10）源由：由来。
（注11）蔽：弊害。
（注12）殷鑑的然タル：戒めとなる失敗例から明らかである。
（注13）吾子：あなた。きみ。
（注14）アベセ二十六字：アルファベット（ＡＢＣ 26字）。
（注15）児女：女こども。
（注16）鄙夫：身分の低い者。

問1　史料Ａの下線部(ア)は何を指しているか。適切な語句を解答欄に書きなさい。

問2　史料Ａの下線部(イ)は、『古事記伝』を著したことで知られる国学者を指した表現である。その国学者の姓名を漢字で解答欄に書きなさい。

問3　史料Ｂは、軍人勅諭の起草でも知られる人物が『明六雑誌』に寄稿したものである。この人物が留学を通じて学んだ国際法を翻訳・刊行したものを何というか。適切な語句を漢字で解答欄に書きなさい。

問 4 史料Bの下線部(ウ)に関連して、流行の飲食店に集う客らの様子を通して開化期の風俗を描いた、仮名垣魯文による作品を何というか。その題名を漢字で解答欄に書きなさい。

問 5 史料Bの下線部(エ)に関連して、アメリカ合衆国憲法を参考にしつつ、五箇条の誓文を冒頭に掲げて政治の基本的組織を規定した法を何というか。適切な語句を漢字で解答欄に書きなさい。

問 6 史料Bの空欄 1 に入る語句は何か。適切な語句を史料中から抜き出し、解答欄に書きなさい。

問 7 史料Bの空欄 2 に入る語句は何か。適切な語句を史料中から抜き出し、解答欄に書きなさい。

問 8 史料Aと史料Bに表れる範囲で、両者の価値観に共通点を見出すとすれば、どのようなことを指摘できるだろうか。「アルファベット」という語を用いて、解答欄に150字以内で書きなさい。

解説 近世後期～近代初期の言語と思想

「独楽吟」『明六雑誌』という2つの史料を読んで，文字や言語に関する設問などに答えることが求められた。問6・問7と問8（論述問題）は，2つの史料を読んで，内容を理解していなければ解答できない。特に史料Bの『明六雑誌』は読解に時間を要する。政治経済学部を志望している受験生は，このような本格的な論述問題が出題されることを想定し，できれば明治大学の過去問以外に難関国公立大学などの論述問題にも取り組み，信頼できる人に添削してもらうようにしたい。

問1　答：神道　標準

史料Aの歌をよんだ橘曙覧という人物は，鈴屋大人（**本居宣長**）の考えに影響を受けていると考えれば，国学を学んでいると推測できる。（注2）によると橘曙覧は江戸時代末期の人物であり，この時期の国学が復古神道を創始した**平田篤胤**の影響で宗教色を強めていると考えれば，「神の教へ」とは神道を指すとわかる。

問2　答：本居宣長　標準

『古事記伝』を著したことで知られる国学者とは，本居宣長である。本居宣長は自宅の鈴屋で門人に国学を教えたことから，鈴屋大人と呼ばれた。大人とは師匠や学者を敬って呼ぶ言葉である。

問3　答：万国公法　標準

軍人勅諭の起草で知られる人物とは，**西周**である。西周はオランダに留学して国際法を学び，1868年に『**万国公法**』を翻訳・刊行した。

問4　答：安愚楽鍋　標準

流行の飲食店に集う客らの様子を通して開化期の風俗を描いた，**仮名垣魯文**による作品とは，『**安愚楽鍋**』である。仮名垣魯文は江戸文学の手法を受けついで文明開化の世相を描き，明治期の戯作文学の代表的な作者となった。

問5　答：政体書　標準

アメリカ合衆国憲法を参考にしつつ，政治の基本的組織を規定した法は**政体書**である。太政官を復活して権力を集中し，**三権分立**制や官吏公選制を規定した。

問6　答：文字　標準

空欄1を含む文の次の文は，「そもそもわが国の文字は，古代の偉大な王が中国から取り入れて用いたのが始まりで，その頃に，文献もみな中国から取り入れた。いまや世の中の変化に遭遇して，文献はすでにヨーロッパから取り入れるようになったのだから，文字もまたヨーロッパのものを取り入れないわけにはいかないだろう」という意味であり，この内容から空欄には「文字」が入ると判断する。

問7 答：言語 標準

空欄2を含む文の前の文は，「人民の言語は天性に基づくものであり，言語は風土・寒暖・人種に由来し，これらが組み合わさって生じるものであって，決して変更できない」という意味であり，この内容から空欄には「言語」が入ると判断する。

問8 答：国学では，外来語の中国語が日本語より優れた言語と考える儒学の発想とは異なり，日本語の価値と文法法則を重視した。西周は表音文字のアルファベットが日本語に近いと考え，文法法則を理解した上で日本語のローマ字表記を提案した。文法解明に基づき日本語の文明化を目指す点において，西周の価値観は国学と共通していた。（150字以内） やや難

史料Aと史料Bの価値観に共通点を見出すことが求められている。史料Aの橘曙覧の歌には国学の影響が見てとれる。一方，問6・問7で確認したように，史料Bは文字と言語について述べている。したがって，史料Aから導き出された国学についても，文字と言語の認識について考察したうえで記述する必要がある。

史料Aについては，まず，国学に関する基本知識を想起しよう。国学は，古典研究を通して，儒教や仏教などの外来思想が入る以前の日本古来の道（古道）を探究しようとする学問である。中国語は他の言語とは異なる文明的な言語と考える儒学の発想に対し，本居宣長は『源氏物語』などの古典文学を高く評価し，日本語のほうが精密な言語表現が可能であり，日本語こそが文明的な言語だと考えていた。古語における「係り結び」の法則を発見するなど，文法の解明にも力を注いだ。

史料Bは『明六雑誌』第一号の巻頭を飾った西周の論文で，「洋字ヲ以テ国語ヲ書スルノ論」という題である。問6で確認した部分から，西周はヨーロッパの文字を採用することは，この時期の日本に不可欠だと考えていたことがわかる。また，史料文の最後の5行に着目すると，西周はアルファベットの文字を覚え，綴り方，綴った文字の発音の仕方を学べば，言文一致が実現でき，女性や子ども，身分の低い者でも，読み書きができるようになると述べている。明六社に所属した啓蒙思想家である西周の主張は，単なる文字論ではなく，文字を改革した先に日本語を文明的な言語へと改造しようとする主張としてみる必要があるだろう。さらにその先には，均質な国民を育てて国民国家を形成することも目指されていると推測できる。

西周は日本語の文章をすべてローマ字で表記すべきと提案したことから，西洋文化に同化することを優先した浅薄な思想の人物と受け止められることがある。しかし，西周の発想には，江戸時代からの言語論の蓄積が反映されており，本居宣長が外来語と日本語の比較の中から言語を文明化することを考えた点と共通する部分がある。西周はヨーロッパの文明の根本には精密な言語の存在があると考え，西洋語の文法法則を解明・理解しようとした。その結果，表音文字のアルファベットを使用し，語形変化が存在する点では，中国語よりも日本語に近いと認識した。西周はこのような認識の下に，西洋語モデルの文法の構築によって，日本語の文明化を目

指したのである。

なお，史料Ｂの文中の「人民ノ言語天性ニ本ツク，風土寒熱人種ノ源由相合シテ生ス，必変スヘカラス」に注目し，「外国語の排除」や「日本の伝統重視」などを軸に解答を作成した受験生が多かったかもしれないが，そのような解答では史料Ｂの読解が不十分であり，指定語句の「アルファベット」を十分に生かせなかっただろう。明六社に所属して洋学を研究し，功利主義などを紹介しながら国民国家形成を目指していた人物が，伝統的な儒教道徳や神道思想を無批判に礼賛するとは考えにくい。

史料Ａを理解するためには国学の考え方をしっかり認識できていなければならず，史料Ｂは読解して西周の主張を理解しなければならないので，かなりの難問と言えるだろう。

解　答

問１　神道　　問２　本居宣長　　問３　万国公法　　問４　安愚楽鍋

問５　政体書　　問６　文字　　問７　言語

問８　国学では，外来語の中国語が日本語より優れた言語と考える儒学の発想とは異なり，日本語の価値と文法法則を重視した。西周は表音文字のアルファベットが日本語に近いと考え，文法法則を理解した上で日本語のローマ字表記を提案した。文法解明に基づき日本語の文明化を目指す点において，西周の価値観は国学と共通していた。（150 字以内）

18

2019年度 国際日本学部〔3〕

次の史料を読んで，以下の設問に対する，もっとも適切な答えを１つ選び，マーク解答欄にマークしなさい。

第一条　向後日本大君と，亜墨利加合衆国と，世々親睦なるへし。
……
第三条　下田・箱館港の外，次にいふ所の場所を，左の期限より開くへし。(ア)
　神奈川　……西洋紀元千八百五十九年七月四日
　長崎　　……同断
　新潟　　……千八百六十年一月一日
　兵庫　　……千八百六十三年一月一日
　……此箇条の内に載たる各地は亜墨利加人に居留を許すへし。……双方の国人品物を売買する事，総て障りなく，其払方等に付ては，日本役人これに立会ハす。諸日本人亜墨利加人より得たる品を売買し，或は所持する，倶に妨なし。
……
第四条　総て国地に輸入輸出の品々，別冊の通，日本役所へ，運上を納むへし。
　……
第五条　外国の諸貨幣は，日本貨幣同種類の同量を以て，通用すへし。……
第六条　日本人に対し，法を犯せる亜墨利加人は，亜墨利加コンシユル裁断所にて吟味の上，亜墨利加の法度を以て罰すへし。……(『大日本古文書　幕末外国関係文書』)

1. 史料の条約の調印に至るまでの時期に起こった出来事に関して述べた次のA～Cについて，古いものから年代順に正しく配列したものを，下記の①～④の中から選びなさい。

A：アメリカ東インド艦隊司令長官ビッドルが浦賀に来航し，通商を要求したが，幕府は拒絶した。

B：武家諸法度にあった大船建造の禁を解いた。

C：オランダ国王が幕府に親書を送り，開国を勧告した。

① A→C→B

② B→A→C

③ C→A→B

④ C→B→A

2. 史料の条約の名称と調印された年の組み合わせとして正しいものを，下記の①〜④の中から選びなさい。

① 日米和親条約－1854年

② 日米修好通商条約－1854年

③ 日米和親条約－1858年

④ 日米修好通商条約－1858年

3. 下線部アについて述べたものとして誤っているものを，下記の①〜④の中から選びなさい。

① 神奈川に代わって，実際には横浜が開港された。

② 長崎はこれまで，オランダに対してのみ開港されていた。

③ 新潟の開港は遅れ，明治に入って実現した。

④ 兵庫に代わって，実際には神戸が開港された。

4. 史料の条約の後，同じ年にさらに4か国との間に同様の条約が結ばれた。その国の組み合わせとして正しいものを，下記の①〜④の中から選びなさい。

① イギリス，フランス，ドイツ，オランダ

② オランダ，ロシア，イギリス，フランス

③ イギリス，ロシア，フランス，ドイツ

④ オランダ，ロシア，フランス，ドイツ

5. 下のグラフは，この条約の後，1865年の貿易における主要輸出入品の割合を示すものである。XとYにあたるものの組み合わせとして正しいものを，下記の①〜④の中から選びなさい。

① X：生糸，Y：毛織物

② X：生糸，Y：砂糖

③ X：綿糸，Y：毛織物

④ X：綿糸，Y：砂糖

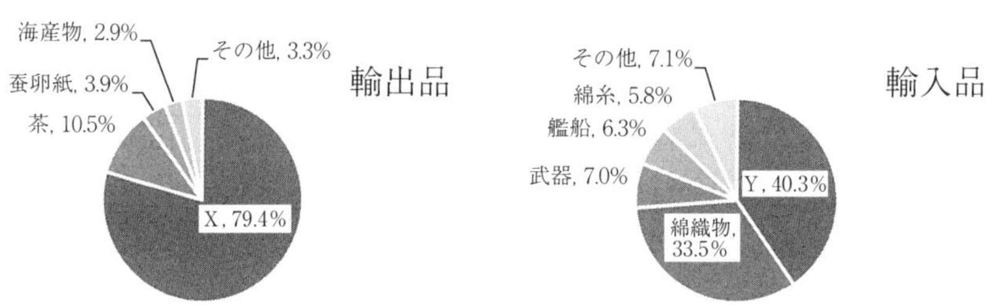

6. 史料の条約の調印を決定した実質的責任者について述べたものとして誤っているものを，下記の①～④の中から選びなさい。

① 将軍継嗣問題に際して，慶喜を推す一橋派と対立し，紀伊藩主徳川慶福を推した。

② 朝廷へ異国船の来航を報告し，諸大名や幕臣にも外交政策の諮問を幕府として初めて行った。その結果，朝廷の権威が高まり，諸大名の発言力が強まった。

③ アメリカ総領事ハリスから，イギリス・フランスの脅威を説かれ，通商条約の調印を強く迫られ，孝明天皇の勅許を得られないまま史料の条約の調印を強行した。

④ 条約に反対する尊王攘夷派の公家や大名とその家臣を多数処罰し，これに憤激した志士らに暗殺された。

7. 明治政府による条約改正に向けての動きに関して述べたものとして正しいものを，下記の①～④の中から選びなさい。

① 岩倉具視を大使とし，木戸孝允，大隈重信，伊藤博文，山口尚芳を副使とする，約50名に及ぶ大規模な使節団が1871年からアメリカ・ヨーロッパに派遣されたが，条約改正の交渉はできなかった。

② 1886年に起きたアメリカの貨物船ノルマントン号の遭難事件で，脱出した船長に対する海難審判の結果に対して，国権回復の世論が高まった。

③ フランス人ボアソナードの提案に基づいて井上馨が進めた外国人の内地雑居を受け入れ領事裁判権を撤廃する改正案は，外国人を被告とする裁判に半数以上の外国人判事を採用する条件が付いていたことに対する批判が起こり，交渉中止となった。

④ ロシアの東アジア進出を警戒していたイギリスとの間で，相互対等を原則とする条約改正を外務大臣青木周蔵が進めていたが，来日中のロシア皇太子が襲撃される事件が起き，青木が退任したため交渉は中断した。

8. 条約改正のために推し進められた欧化政策に関して述べたものとして誤っているものを，下記の①〜④の中から選びなさい。

① 東京日比谷に官営国際社交場として鹿鳴館が建てられ，岩倉使節団に随行した女子留学生の一人だった山川捨松が，外国の要人の接待に活躍した。

② 鹿鳴館を設計したイギリス人の建築家コンドルは，工部省技師・工部大学校教師として，鹿鳴館のほかにも三井倶楽部，ニコライ堂など多くの設計を手掛けるとともに，辰野金吾，片山東熊らを育てた。

③ 日本的な伝統・美意識を強調する立場から欧化政策を批判する国粋主義，または近代的民族主義と言われる思潮が明治20年代から盛んになり，三宅雪嶺，志賀重昂らが設立した政教社は，新聞『日本』を創刊して論陣を張った。

④ 民友社をつくって雑誌『国民之友』を創刊した徳富蘇峰は，政府の欧化政策を貴族的欧化主義と批判し，一般国民の生活の向上と自由を拡大するための平民的欧化主義の必要性を説いた。

9. 条約改正のためにも必要と考えられた諸法典の編纂・制定に関して述べたものとして正しいものを，下記の①〜④の中から選びなさい。

① ヨーロッパでドイツ流の憲法理論を学んで帰国した伊藤博文は，1882年に太政官制を廃して内閣制度を制定し，宮内大臣と内大臣は内閣の外に置いて宮中と府中を区別した。

② ボアソナードが起草し，1890年に公布された民法は，封建的で旧態依然な家族道徳を保守するものとして穂積八束らの批判を招いて，民法典論争が起こり，1896年と98年に大幅に修正して公布された。

③ 天皇・皇族に対する大逆罪・不敬罪を厳罰とする規定は，ボアソナードが起草し1880年に公布された刑法にはまだなく，1907年の改正で設けられた。

④ 伊藤博文を中心に，ドイツ人ロエスレルの助言を得て起草され，1889年に発布された大日本帝国憲法は，天皇に，統治権の総攬者として，陸海軍の統帥，宣戦・講和や条約の締結など，議会の関与できない大きな権限を持たせていた。

10. 関税自主権の完全回復と領事裁判権の撤廃が実現された条約の名称とその調印時の外相の氏名の組み合わせとして正しいものを，下記の①～④の中から選びなさい。

① 関税自主権の完全回復：日米通商航海条約－小村寿太郎
　領事裁判権の撤廃：日英通商航海条約－陸奥宗光

② 関税自主権の完全回復：日米通商航海条約－陸奥宗光
　領事裁判権の撤廃：日英通商航海条約－小村寿太郎

③ 関税自主権の完全回復：日英通商航海条約－小村寿太郎
　領事裁判権の撤廃：日米通商航海条約－陸奥宗光

④ 関税自主権の完全回復：日英通商航海条約－陸奥宗光
　領事裁判権の撤廃：日米通商航海条約－小村寿太郎

解説 不平等条約の締結～条約改正の実現

日米修好通商条約の史料を題材に，幕末の外交・政治，さらに明治期の条約改正に関わる外交・政治・文化が出題された。正文・誤文選択問題の選択肢は長文で情報量が多く，注意深く読み進める必要がある。誤りの箇所は細かいが，教科書学習で対処できる内容であった。

1　答：③　標準

C．オランダ国王の開国勧告（1844年）→A．アメリカ東インド艦隊司令長官ビッドルの来航（1846年）→B．武家諸法度にあった大船建造の禁を解いた（1853年）の順である。

流れ 日米修好通商条約調印までの出来事

アヘン戦争におけるイギリスの軍事的優位が明らかになると，幕府は異国船打払令を改めて，天保の薪水給与令を発した。**オランダ国王が開国を勧告**したが，幕府は鎖国政策を改めず，アメリカ東インド艦隊司令長官**ビッドル**が浦賀に来航しても，開国を拒んだ。アメリカは対清貿易の中継地や捕鯨船の補給地としての日本の利用を考え，再度東インド艦隊を派遣した。司令長官**ペリー**がひきいる艦隊は琉球を経て浦賀に来航した。ペリー来航を機に，幕府は江戸湾に台場を築き，**大船建造を解禁**した。

2　答：④　易

史料の条約からは，神奈川・長崎・新潟・兵庫の開港，自由貿易の原則，外国人居留地の設定，別冊の貿易章程にもとづく関税の納入，外国貨幣の通用，領事裁判権の承認などの内容を読み取ることができる。それらの内容から，史料は1858年に調印した**日米修好通商条約**とわかる。

●不平等条約の締結

	日米和親条約	日米修好通商条約
調印	1854（安政元）年3月3日 老中首座**阿部正弘**と**ペリー**	1858（安政5）年6月19日 大老**井伊直弼**と**ハリス**
主な内容	•**下田・箱館**の開港 •燃料・食料などの供給 •難破船と乗組員の救助 •**片務的最恵国待遇**の承認 •領事の下田駐在	•**神奈川・長崎・新潟・兵庫**の開港 •江戸・大坂の開市 •開港場に**居留地**を設置 •**関税自主権の欠如** •**領事裁判権の承認** •片務的最恵国待遇の継承
締結国	イギリス・ロシア・オランダとも類似の条約を締結	オランダ・ロシア・イギリス・フランスとも類似の条約を締結（**安政の五カ国条約**）

3 答：② 標準

②―× **長崎**は1858年締結の日米修好通商条約以前に，1855年締結の**日露和親条約**によってロシアに対して開港され，最恵国待遇によってアメリカ・イギリスにも開港されていた。

4 答：② 易

アメリカ総領事ハリスが幕府にせまり日米修好通商条約が調印された後，**オランダ・ロシア・イギリス・フランス**とも同様の条約が締結された。これらは**安政の五カ国条約**と呼ばれる。

5 答：① 易

X．幕末における輸出品の第1位は，**生糸**である。近世前期には長崎や対馬を経て中国や東南アジア産の生糸が大量に輸入されていたが，その後国内で養蚕業が発展し，幕末開港を契機に生糸が欧米へ大量に輸出されるようになった。

Y．輸入品の第1位は**毛織物**である。洋式軍隊の軍服の需要が日本で拡大するなか，毛織物工業が盛んなイギリスから大量の毛織物を輸入した。

6 答：② 標準

②―× 史料は日米修好通商条約であり，その調印を決定した実質的責任者は大老**井伊直弼**である。一方，朝廷にペリー来航を報告，諸大名・幕臣への外交政策の諮問を初めて行ったのは，老中**阿部正弘**である。

7 答：④ 標準

④―○ 第1次山県有朋内閣・第1次松方正義内閣の外相となった**青木周蔵**はイギリスとの間で交渉を進めていたが，来日したロシア皇太子ニコライが負傷する**大津事件**が起きたため，青木は引責辞職し，交渉は中止となった。

①―× 「大隈重信」が誤り。岩倉使節団の副使は木戸孝允，大久保利通，伊藤博文，山口尚芳である。

②―× **ノルマントン号**はアメリカの貨物船ではなくイギリスの貨物船である。

③―× 井上馨が進めた条約改正案は，ボアソナードの提案にもとづくものではない。井上は1882年から列国代表と予備会議を開き改正案を秘密交渉で作成した。1886年から正式な交渉会議に入る際に政府内に公表された改正案に対し，**ボアソナード**は1887年に反対の意見書を提出している。

8 答：③ 標準

③―× **三宅雪嶺**，志賀重昂らが設立した**政教社**は，雑誌『**日本人**』を創刊した。なお，新聞『**日本**』は**陸羯南**が創刊した。

9 答：④ 標準

④―○ 大日本帝国憲法は，統治権の総攬者としての天皇に，議会の協力なしに行使できる権限（**天皇大権**）を持たせていた。

①―× 太政官制を廃して内閣制度を制定したのは，1882年ではなく1885年であ

る。

②ー× ボアソナードが起草した民法は，フランス風で自由主義的であったために，日本の伝統的な家族道徳を損なうとして穂積八束らの批判を招いた。

③ー× ボアソナードが起草し1880年に公布された刑法において大逆罪・不敬罪の規定はあり，1907年の改正に受け継がれた。

10 答：① 標準

関税自主権の完全回復は，1911年，第2次桂太郎内閣の**小村寿太郎**外相のときに**日米通商航海条約**に調印し同年に発効したことで実現した。

領事裁判権の撤廃は，1894年，第2次伊藤博文内閣の**陸奥宗光**外相のときに**日英通商航海条約**に調印した後，他の列国とも同様の条約を結び，1899年にこれらの条約が発効したことで実現した。

解 答

1ー③	2ー④	3ー②	4ー②	5ー①	6ー②	7ー④
8ー③	9ー④	10ー①				

19

2021年度 政治経済学部〔1〕

次に示す史料A～Cを読み，以下の設問に答えなさい。なお，史料には，適宜，表記を改めた箇所がある。

史料A

［ 1 ］で翻訳して居る内に，いつで有たか覚えて居無いが，何でもセバストポール戦争後で，千八百五十五，六年の頃かと思ふが，バイエルンの教育の事を書いたものが有た。それに，百人の中で読み，書きの出来る者が何人，出来ぬ者が何人と云ふことが書いてあつた。其時に斯う云ふ調は日本にも入用な者であらうと云ふことを深く感じた。是れが余のスタチスチックに考を起した種子になつたのである。(中略)

其後千八百六十年と六十一年の和蘭のスタチスチックが渡つて来た。それを見ると人員のことが書いて有た。百人の中で男が何人何分何厘だの，生れ子が何分何厘などと云ふことがある。(中略)

あの類のものだと云ふことを考へ，これは世の中のことの分かる，面白い者だと思つて，自宅へ持ち帰つて丁寧に読んで，益々先年のことを思ひ出した。其内に［ 2 ］，西周(ア)の二氏が和蘭から帰つて来た。色々の話を聞いた所が，スタチスチックの話があり，又スタチスチックの本を見てそれから益々深入りした。(以下略)

(出典：『杉亨二自叙伝』1918年)

史料B

明治五年といふ年は大分面倒な年で(中略)三年か二年半に一遍宛の不足を補ふ為に暦が改正されれば此弊が除かれるといふもので暦が改められてから今度は米では困ると云ふので［ 3 ］をして金を取るといふ。丁度夫に先ツて唯々空に論じてはいかない。皆何でも一つの証拠が無くてはならぬといふから段々やツて見るとどうも欧米には統計といふ一つの組立がある。「スタチスチック」といふことは其時に初めて知ツた。(中略)夫で「スタチスチック」をやツて見ると御存知の通り亜米利加では大蔵省が之をやツて居る。(中略)是は至極面白い，会計で直ちにやるといふことで夫から大蔵省の統計寮といふものが出来た。(中略)

夫から遂に進んでとても大蔵省ではいかぬ。十分強い権力を持ツてやらなくちやどうしても各省各箇で以てやるやうな事ではいかぬ。何と任じても大蔵省丈(だ)けではいかぬ。そこで中央に統計院を拵えて大分規模を大きくしまして其当時も随分倹約といふ論が政府に起こりました。(中略)

其時に私は内閣員で参議といふものまで持ツて居りました。是は外の人に頼んではいかぬ。自から責任を執るが宜いと思ひ切ツて大胆に私が統計院の院長となツて先づ一ツ遣(や)り掛(か)けて見たのであります。所がどうも甚だ不才不徳にして是は統計院のみならず総ての事，丸(ま)るで根底から叩き潰されて仕舞ツて最早大隈(イ)は此世の人で無い。余儀なくモウ現在の世の中から退かねばならぬ運命に出遭ひました所で此統計院は衰弱して而して今日はトウトウ葬られて仕舞ツた。(以下略)

（出典：大隈重信「統計懇話会に於ける演説」『統計集誌』第205号，1898年）

史料C

【横山雅男発言】既に御承知のこととは存じまするが二十七八年戦役後各地方の状態と云ふものが変動して参りましたが，三十三年の北清事変(ウ)殊に三十七八年の日露戦役後に於きましては地方の状態が非常に変化し就中(なかんづく)衣食風俗等のことより都会村落の盛衰に至るまで(エ)状態の激変は実に予想外であります。つまり(中略)日本の経済財政までが世界的となつた結果である斯う云ふ次第ゆへどうしても「センサス」と経済を結び付けねばならぬ。然るに消極論者の如く経済事項を止めては何れの日に於て全国を掌上に見らるるやうな調べが出来ませうか。(中略)

でありますから之を縮めて申しますれば，国勢調査と云ふことに付いては職業の箇条の外矢張(やは)り国力の幾分を経済的に伺ひ得らるるやうな方針となし，それから一面には国勢調査と云ふものは如何なるものであるかと云ふことを本会が主として世の中に向つて説明の労を執ることは必要である(以下略)

【高橋二郎発言】段々調査の範囲に付て諸君から色々の御議論があつたが，大体二通りで人口調査と云ふことと経済事項の附加と云ふことで(中略)問答其外色々の御話があつてそれに付ては各々見る所がございませうが，私は一通り意見を陳述して置きます。(中略)

我邦丈で最初の主義を通じて人民調査即ち国民調査と云ふ趣意で何処までもや

つて往きたいのであります。(中略)それから経済上の事項を段々御入れになると云ふ御話がございましたが，それは今は国勢調査と云ふ法律になつて居りますから，入れて入れられぬことはない。又財政に余裕があれば従来の調と重複せぬ事は名義上入れても宜しいかも知れませぬが，諸君今日我邦国家の財政は如何でございます。此際に人民のこと丈けですら調べるのが容易でない所に持て来て何じやかじやと百般の注文を出し到底言ふべくして行ふべからざる大袈裟なことを望み益々調査を困難にすると云ふことは愈々(いよいよ)以て此問題を不可能にすることである(以下略)

(出典：「東京統計協会評議員会議事速記録」1910年
『総理府統計局百年史資料集成　第二巻　人口　上』に収録)

問 1　史料Aの空欄 [1] には，洋書調所を改称して設立された幕府の洋学研究機関が入る。その名称を漢字で解答欄に書きなさい。

問 2　史料Aの空欄 [2] は，『泰西国法論』や『表紀提綱』を翻訳した人物である。その人物の姓名を漢字で解答欄に書きなさい。

問 3　森有礼が発議し，史料Aの下線部(ア)の人物とともに，史料Aの著者も参加した啓蒙思想団体を何というか。漢字で解答欄に書きなさい。

問 4　史料Bの空欄 [3] には，明治政府が実施した土地制度・課税制度の改革が入る。その名称を漢字で解答欄に書きなさい。

問 5　史料Bの下線部(イ)に関連して，史料Bの著者は統計院の院長を退任し，参議も辞職している。このきっかけとなった国会開設問題などをめぐる政府内部に起こった出来事のことを何というか。解答欄に書きなさい。

問 6　史料Cの下線部(ウ)に関連して，清国において「扶清滅洋」をとなえた宗教結社を何というか。漢字で解答欄に書きなさい。

問 7　史料Cの下線部(エ)に関連して，日露戦争後，疲弊した地方自治体の財政再建と農業振興などを目標とし，内務省が中心となり推進した運動を何というか。漢字で解答欄に書きなさい。

問 8　史料Cに登場する二人の発言者は，国勢調査とその実施について，それぞれどのように考えているか。解答欄に150字以内で書きなさい。

解説 明治時代の統計調査

明治期における統計調査についての3つの史料に関する出題である。問8の，史料Cの2人の発言から解答を導き出す論述問題は，150字以内と字数が多く，国勢調査とその実施に関して2人の考えがはっきり述べられている箇所を探し出して要約しなければならない。

問1 答：開成所 標準

江戸幕府が設置した**蛮書和解御用**が1855年に洋学所に，その翌年には**蕃書調所**，1862年に洋書調所と改称され，翌年に**開成所**となった。

問2 答：津田真道 やや難

津田真道は**西周**らとオランダへ留学して法学を学んだ人物で，帰国後には開成所教授に就任した。

●啓蒙思想家

啓蒙思想家	著書と内容など
福沢諭吉 (1834～1901)	『**西洋事情**』で欧米を紹介。『**学問のすゝめ**』で国家と個人の独立自尊を説き，『**文明論之概略**』で西洋文明の摂取を説いた。
中村正直 (1832～91)	スマイルズの『自助論』を翻訳して『**西国立志編**』として刊行。また，ミルの『自由論』を翻訳して『**自由之理**』として刊行。
加藤弘之 (1836～1916)	『国体新論』で天賦人権論を主張したが，のち『人権新説』で優勝劣敗にもとづく社会進化論に転じ，天賦人権論を否定した。
西　周 (1829～97)	オランダ留学後，開成所教授となる。国際法を幕命で訳し，『**万国公法**』として刊行。
津田真道 (1829～1903)	オランダ留学後，開成所教授となる。日本初の西洋法学書『**泰西国法論**』を翻訳。
植木枝盛 (1857～92)	『民権自由論』で自由民権思想を解説。『天賦人権弁』で人権を自然権の概念で捉えようとした。
馬場辰猪 (1850～88)	イギリス留学後，言論活動を展開。『天賦人権論』で加藤弘之の『人権新説』を批判した。
中江兆民 (1847～1901)	フランス留学後，フランス流民権思想を広める。ルソーの『社会契約論』の一部を漢訳し，『**民約訳解**』として刊行。
田口卯吉 (1855～1905)	自由主義経済論者。社会進化論の影響を受け，進歩主義の立場から『**日本開化小史**』を著し，日本文明史を概観した。

問3 答：明六社 標準

「森有礼が発議」「啓蒙思想団体」から**明六社**を導き出そう。**森有礼**を中心に設立された明六社には，**福沢諭吉・中村正直・西周・津田真道・加藤弘之**・西村茂樹とともに，史料Ａの著者である杉亨二らが参加した。

問4 答：地租改正 標準

「明治政府が実施した土地制度・課税制度の改革」をヒントに，**地租改正**を導き出そう。史料中にある「米では困る」「金を取る」からもわかるように，明治政府はこれまでの現物年貢を改めて金納とし，地租を地価の３％とした。

問5 答：明治十四年の政変 標準

「史料Ｂの著者」が大隈重信，「国会開設問題などをめぐる政府内部に起こった出来事」から**明治十四年の政変**を導き出そう。なお，開拓使官有物払下げ事件は藩閥と政商の結託が非難された事件であるので，ここでは不適切。

問6 答：義和団 標準

1900年，「**扶清滅洋**」をとなえていた**義和団**に清朝政府も同調して日本を中心とした８カ国連合軍に宣戦布告したが，鎮圧された（**北清事変**）。この結果，翌年には**北京議定書**が結ばれ，列強諸国は多額の賠償金と軍隊の北京公使館区域駐留を清朝政府に認めさせた。

問7 答：地方改良運動 標準

日露戦争後，疲弊した地方自治体の財政再建と農業振興などを目標とし，内務省が中心となり推進したのは**地方改良運動**である。青年会を町村単位に再編し，内務省・文部省の指導下に活動させることや，産業組合運動により勤倹貯蓄を促した。

問8 答：横山雅男は日露戦争後の日本国内の社会経済が激変したため，単なる人口調査にとどまらず全国規模の経済状況を把握できる国勢調査を実施すべきであると考えている。一方，高橋二郎は日露戦争後の増税などに頼る疲弊した財政状況を考慮すれば，人民調査と同時に経済状況を把握する国勢調査は実施すべきではないと考えている。（150字以内） やや難

国勢調査とその実施について，横山雅男と高橋二郎の考えが述べられている箇所を探し，それをできるだけ簡潔に要約し解答を作成しなければならない。

高橋二郎発言の冒頭から，人口調査に経済事項を付加するかどうかで意見の対立があることが見てとれる。

横山雅男は，日本の経済的状況について「日露戦役後に於きましては地方の状態が非常に変化し就中（なかんづく）衣食風俗等のことより都会村落の盛衰に至るまで状態の激変」「つまり（中略）日本の経済財政までが世界的となつた」ことから，「経済事項を止めては何れの日に於て全国を掌上に見らるるやうな調べが出来ませうか」「国勢調査と云ふことに付いては職業の箇条の外矢張（やは）り国力の幾分を経済的に伺ひ得らるるやうな方針となし」と述べ，国勢調査は職業の調査だけではなく，経済状況を把握する方針で行うことが望ましいと考えていることがわかる。

それに対し，高橋二郎は，「人民のこと丈けですら調べるのが容易でない所に持て来て何じやかじやと百般の注文を出し到底言ふべくして行ふべからざる大袈裟な

ことを望み益々調査を困難にする」と述べ，日露戦争後の日本国内は非常に疲弊しており，人民調査でさえ困難な状況で，人民の経済状況を把握するための国勢調査は実施すべきではないと考えていることがわかる。

以上のことをふまえて，2人の意見の違いがはっきりわかるように150字以内にまとめて解答を作成しよう。

解 答

問1 開成所 問2 津田真道 問3 明六社 問4 地租改正

問5 明治十四年の政変 問6 義和団 問7 地方改良運動

問8 横山雅男は日露戦争後の日本国内の社会経済が激変したため，単なる人口調査にとどまらず全国規模の経済状況を把握できる国勢調査を実施すべきであると考えている。一方，高橋二郎は日露戦争後の増税などに頼る疲弊した財政状況を考慮すれば，人民調査と同時に経済状況を把握する国勢調査は実施すべきではないと考えている。(150字以内)

20

2016年度　政治経済学部〔1〕

次の史料A・Bを読み，以下の設問に答えなさい。なお，適宜，表記を改めた。

史料A

朕(注1)，祖宗(注2)ノ遺烈ヲ承(う)ケ，万世一系ノ帝位ヲ践(ふ)ミ，朕カ親愛スル所ノ臣民ハ，即チ朕カ祖宗ノ恵撫慈養シタマヒシ所ノ臣民ナルヲ念(おも)ヒ，其ノ康福ヲ増進シ，其ノ懿徳良能ヲ発達セシメムコトヲ願ヒ，又其ノ翼賛ニ依(よ)リ，与(とも)ニ倶(とも)ニ国家ノ進運ヲ扶持セムコトヲ望ミ，乃チ明治十四年十月十二日ノ詔命(ア)ヲ履践(りせん)(注3)シ，茲(ここ)ニ大憲ヲ制定シ，朕カ率由(そつゆう)(注4)スル所ヲ示シ，朕カ後嗣(こうし)(注5)及(および)臣民及臣民ノ子孫タル者ヲシテ永遠ニ循行(じゅんこう)(注6)スル所ヲ知ラシム。

国家［　1　］ノ大権ハ，朕カ之ヲ祖宗ニ承ケテ之ヲ子孫ニ伝フル所ナリ。朕及朕カ子孫ハ，将来此ノ憲法ノ条章ニ循(したが)ヒ之ヲ行フコトヲ愆(あやま)ラサルヘシ。

朕ハ，我カ臣民ノ権利及財産ノ安全ヲ貴重シ，及之ヲ保護シ，此ノ憲法及［　2　］ノ範囲内ニ於テ，其ノ享有ヲ完全ナラシムヘキコトヲ宣言ス。

帝国議会ハ明治二十三年ヲ以テ之ヲ召集シ(イ)，議会開会ノ時ヲ以テ此ノ憲法ヲシテ有効ナラシムルノ期トスヘシ。

将来若(もし)此ノ憲法ノ或ル条章ヲ改定スルノ必要ナル時宜ヲ見ルニ至ラハ，朕及朕カ継統ノ子孫ハ，発議ノ権ヲ執リ之ヲ議会ニ付シ，議会ハ，此ノ憲法ニ定メタル要件ニ依リ之ヲ議決スル(ウ)ノ外，朕カ子孫及臣民ハ，敢テ之カ紛更ヲ試ミルコトヲ得サルヘシ。

朕カ在廷ノ大臣ハ，朕カ為ニ此ノ憲法ヲ施行スルノ責ニ任スヘク，朕カ現在及将来ノ臣民ハ，此ノ憲法ニ対シ永遠ニ従順ノ義務ヲ負フヘシ。

(以下略)

(注1)朕：天皇の自称。

(注2)祖宗：天皇の祖先神と歴代天皇。皇祖皇宗と同じ。

(注3)履践：実行する。

（注4）率由：尊重して従う。

（注5）後嗣：後継ぎ。

（注6）循行：命令に従って行う。

（出典：『法令全書』）

史料B

恭しく惟(おもん)みるに，わが国体は，天孫降臨の際下し賜へる御神勅に依り明示せらるゝ所にして，万世一系の天皇国を［ 1 ］し給ひ，宝祚の隆は天地と与に窮なし。されば憲法発布の御上諭に「国家［ 1 ］ノ大権ハ之ヲ祖宗ニ承ケテ之ヲ子孫ニ伝フル所ナリ」（注7）と宣(のたま)ひ憲法第一条には「大日本帝国ハ万世一系ノ天皇之ヲ［ 1 ］ス」と明示し給ふ。即ち大日本帝国［ 1 ］の大権は儼(げん)として天皇に存すること明かなり。若し夫れ［ 1 ］権が天皇に存せずして天皇は之を行使する為の［ 3 ］なりと為すが如きは是れ全く万邦無比なる我が国体の本義を愆るものなり。

近時憲法学説を繞り国体の本義に関聯(かんれん)して兎角(とかく)の論議を見るに至れるは寔(まこと)に遺憾に堪(た)へず。政府は愈々(いよいよ)国体の［ 4 ］に力を效(いた)し其の精華を発揚せんことを期す。乃ち茲に意の在る所を述べて広く各方面の協力を要望す。

（注7）括弧内と史料Aは相違があるが，出典通りとした。

（出典：『現代史資料（4）国家主義運動（一）』）

問1　史料Aは大日本帝国憲法の上諭であり，天皇が自らの約束を実行して憲法を制定したと説明している。その約束である下線部(ア)は何を指すか。適切な語句を解答欄に書きなさい。

問2　史料Aは，天皇の政治権力が憲法によって制限を受けることを示している。その点に注意して，空欄［ 1 ］に入る適切な語句を漢字で解答欄に書きなさい。なお，史料Bの空欄［ 1 ］にも，全て同じ語句が入る。

問 3 史料Aは，大日本帝国憲法が臣民の権利を制限付きで保障することを示している。その点に注意して，空欄 [2] に入る適切な語句を漢字で解答欄に書きなさい。

問 4 史料Aの下線部(イ)に関連して，予想される帝国議会への政党の進出に備えて明治政府がとった態度は何と呼ばれているか。適切な語句を漢字で解答欄に書きなさい。

問 5 史料Aの下線部(ウ)に関連して，大日本帝国憲法第73条には憲法改正手続きが規定されているが，この規定が適用された唯一の事例は日本国憲法の制定である。その点に注意しながら，日本国憲法の制定過程について，解答欄に80字以内で書きなさい。

問 6 史料Bは，大日本帝国憲法に関するある憲法学説が「国体」に反するとして攻撃された際に，政府が出した声明である。史料Bに見られる「国体」の観念が成立するうえで重要な役割を果たした会沢安(正志斎)の著書(1825年執筆)は何か。書名を漢字で解答欄に書きなさい。

問 7 史料Bのような「国体」の観念が憲法に盛り込まれたことと関連して，憲法草案の審議の際に，「皇室」を「国家の機軸」とするべきだと主張した枢密院議長は誰か。その人物の姓名を漢字で解答欄に書きなさい。

問 8 史料Bの空欄 [3] に入る適切な語句を漢字で解答欄に書きなさい。

問 9 史料Bの空欄 [4] に入る適切な語句を漢字で解答欄に書きなさい。

問10 史料Bで批判されている憲法学説は，政党政治・政党内閣を支える理論的支柱であったが，右翼や軍部の攻撃を受けていた。史料Bの声明が出された1935年に衆議院の多数を占めていた政党は，右翼や軍部の動きに便乗して内閣を打倒しようとした。その政党の名称を漢字で解答欄に書きなさい。

解説 大日本帝国憲法と天皇機関説問題

「大日本帝国憲法の上諭」「国体明徴声明」の2つの史料について，その内容に関連した問題や日本国憲法の制定過程について問われている。問2・問3・問8・問9は史料の空所補充問題で，日頃の史料学習の成果が試された。問5の論述問題は，大日本帝国憲法第73条の憲法改正手続きがどのようなものであるかを念頭におかなければ，解答できない問題であった。

問1 答：国会開設の勅諭 標準

下線部(ア)の「明治十四年」「詔命」から「国会開設の勅諭」が想起できよう。開拓使官有物払下げ事件における民権派の政府攻撃をかわすため，政府は大隈重信を罷免し，1890年に国会を開設することを公約した（**明治十四年の政変**）。

問2 答：統治 標準

大日本帝国憲法の第4条では「天皇ハ国ノ元首ニシテ**統治権**ヲ総攬シ」と定めている。史料Bの国体明徴声明では，天皇機関説が**統治権**の主体を国家とし，天皇を国家の機関としたとして批判している。

問3 答：法律 標準

大日本帝国憲法の第22条～第30条などによって，「臣民」の権利は**法律の範囲内**で保障された。これにより，法律以外で自由を奪うことはできなくなったが，治安警察法や治安維持法に代表されるように，後に出す法律で自由を制限することができた。

問4 答：超然主義 標準

大日本帝国憲法発布の翌日，**黒田清隆**首相は「政府ハ常ニ一定ノ方向ヲ取リ，超然トシテ政党ノ外ニ立チ」と述べた。これは**超然主義**と呼ばれ，政府の政策は政党の意向によって左右されてはならないという政治姿勢である。

問5 答：GHQの改正草案に手を加え和訳したものを政府原案とし，大日本帝国憲法の改正条項にそって，改正案を衆議院と貴族院で修正可決したのち，日本国憲法として制定した。（80字以内） やや難

戦後，GHQの憲法改正の指示により，政府内に憲法問題調査委員会が設置された。しかし，委員会の改正試案が天皇の統治権を認めるなど保守的な内容であったため，英文の改正草案（マッカーサー草案）が出された。政府はこれを和訳し修正を加えて原案とした。そして，大日本帝国憲法にある改正条項の第73条（憲法改正手続きには両議院各々総議員の3分の2以上の出席，さらに出席議員の3分の2以上の賛成が必要）によって帝国議会で審議され，政府原案に若干の修正を加えたものが衆議院と貴族院で可決され，日本国憲法として公布・施行された。

問6　答：**新論**　やや難

水戸藩士の**会沢安（正志斎）**は藤田幽谷に学んだ尊王攘夷論者であり，代表的な著書の**『新論』**は，幕末の尊王攘夷論の先駆的な役割を担った。

問7　答：**伊藤博文**　標準

設問文の「憲法草案の審議」「枢密院議長」をヒントに伊藤博文を導き出そう。**枢密院**は1888年に大日本帝国憲法草案審議のために設置された機関で，初代の議長が**伊藤博文**であった。

問8　答：**機関**　標準

史料Bに関して，問6の設問文に「大日本帝国憲法に関するある憲法学説が『国体』に反するとして攻撃された際に，政府が出した声明」とあることから，「天皇機関説問題」や「国体明徴声明」が想起できよう。1935年，貴族院議員**菊池武夫**が，**美濃部達吉**の**天皇機関説**は国体を破壊するとして攻撃すると，軍部・右翼・立憲政友会が同調し，美濃部の著書**『憲法撮要』**などが発禁処分となった。

問9　答：**明徴**　標準

1935年，**岡田啓介**内閣は二度にわたる**国体明徴声明**によって天皇機関説を否認し，軍部・右翼・立憲政友会などによる天皇機関説排撃運動の終息をはかった。

問10　答：**立憲政友会**　標準

国体明徴声明の翌年，倒閣を目指す**立憲政友会**が衆議院に岡田啓介内閣不信任案を提出したため，岡田首相は衆議院を解散した。その後実施された選挙の結果，与党である立憲民政党が第一党となった。

解　答

問1　国会開設の勅諭　　問2　統治　　問3　法律　　問4　超然主義

問5　GHQの改正草案に手を加え和訳したものを政府原案とし，大日本帝国憲法の改正条項にそって，改正案を衆議院と貴族院で修正可決したのち，日本国憲法として制定した。(80字以内)

問6　新論　　問7　伊藤博文　　問8　機関　　問9　明徴

問10　立憲政友会

21 2023年度 情報コミュニケーション学部〔3〕

次の文章を読み、各設問に解答しなさい。

日本では文明開化以降、西洋文明の導入を推し進める過程において、新と旧、西洋的なものと東洋的なもの、近代と伝統のせめぎ合いが様々な分野で見られた。

明治期の言論では、啓蒙主義や西洋思想の導入がなされたが、朝鮮問題(ア)や条約改正問題(イ)をきっかけに、欧化主義と国権論(ウ)の対立が生じた。宗教界では、伝統的な神道や仏教とキリスト教との対立・競合(エ)が見られた。

文学では、明治初期は戯作文学が人気を博したが、日清戦争前後には、啓蒙主義や合理主義に反発し、感情・個性の躍動を重んじるロマン主義文学(オ)が盛んになった。日本がバルチック艦隊を壊滅させた戦争(カ)前後には、社会の現実をありのままに描こうとする自然主義文学が主流になった。自然科学の分野(キ)では、富国強兵・殖産興業政策の推進のため、欧米の近代的科学技術の導入がおこなわれた。

大正期になると、大正デモクラシーの風潮のもと、急進的自由主義が主張される一方で、マルクス主義が知識人や労働運動(ク)のあいだで大きな影響力をもつようになった。社会的に差別されていた女性の解放をめぐっては、明治期に文学者団体の(　ケ　)を結成していた人物が新婦人協会を新たに設立し、女性の参政権を求める運動を展開した。

大正期の演劇では新劇運動が反響を呼び、音楽では洋楽が普及した。美術では洋画の革新が進むとともに、日本画でも水墨画などの近代化(コ)が目指された。

問１　下線部(ア)に関する説明として、**もっとも正しいもの**を、次の①〜④のうちから１つ選び、マーク解答欄にマークしなさい。

① 日本は日朝修好条規によって朝鮮を開国させたが、日本の領事裁判権や関税免除は認められなかった。

② 甲申事変では、親日の閔氏一族に反対する大院君を支持する軍隊が反乱をおこしたが、清の派兵によって失敗した。

③ 壬午軍乱では、金玉均らの親日改革派が、日本公使館の援助のもと反乱をおこしたが、清の干渉によって失敗した。

④ 伊藤博文と清国全権李鴻章とのあいだで結ばれた天津条約では、日清両国は朝鮮から撤兵し、同国に出兵する場合は互いに事前通告することを定めた。

問 2 下線部(イ)に関して、条約改正および改正案の流れを年代順に並べたものとして、**もっとも正しいもの**を、次の①～④のうちから1つ選び、マーク解答欄にマークしなさい。

① 岩倉使節団の派遣→井上馨外相による外国人内地雑居の許可→青木周蔵外相の大津事件での辞任→大隈重信外相による大審院への外国人判事の任用認可

② 井上馨外相による外国人内地雑居の許可→大隈重信外相による大審院への外国人判事の任用認可→陸奥宗光外相による日英通商航海条約の調印→小村寿太郎外相による関税自主権の回復

③ 大隈重信外相による大審院への外国人判事の任用認可→井上馨外相による外国人内地雑居の許可→小村寿太郎外相による関税自主権の回復→陸奥宗光外相による日英通商航海条約の調印

④ 岩倉使節団の派遣→大隈重信外相による大審院への外国人判事の任用認可→陸奥宗光外相による日英通商航海条約の調印→青木周蔵外相の大津事件での辞任

問 3 下線部(ウ)に関する説明として、**もっとも正しいもの**を、次の①～④のうちから1つ選び、マーク解答欄にマークしなさい。

① 民友社の徳富蘇峰は、雑誌『国民之友』を刊行し、上からの貴族的欧化主義の必要性をとなえた。

② 政教社の三宅雪嶺は、欧化主義を批判し、国家の独立を重視した。

③ 陸羯南は、新聞『日本人』を刊行し、日本の文化や伝統を重視した近代化を主張した。

④ 高山樗牛は、雑誌『太陽』で日本の大陸進出を批判した。

問 4 下線部(エ)に関する説明として、**誤っているものを**、次の①〜④のうちから1つ選び、マーク解答欄にマークしなさい。

① 島地黙雷らが神道の国教化を進め、仏教は打撃を受けた。

② 熊本洋学校のジェーンズらの外国人教師の影響によって、キリスト教信仰が広がった。

③ 幕末に誕生していた教派神道が政府の公認を受けた。

④ キリスト教会が福祉活動や廃娼運動などで成果をあげた。

問 5 下線部(オ)に関する作家と作品名の組み合わせとして、**もっとも正しいものを**、次の①〜④のうちから1つ選び、マーク解答欄にマークしなさい。

① 菊池寛 『父帰る』

② 泉鏡花 『高野聖』

③ 樋口一葉 『或る女』

④ 国木田独歩 『破戒』

問 6 下線部(カ)の戦争の講和条約である下記の条文の空欄a〜cに入る語句の組み合わせとして、**もっとも正しいものを**、次の①〜④のうちから1つ選び、マーク解答欄にマークしなさい。

第二条 (a)帝国政府ハ、(b)カ(c)ニ於テ政事上、軍事上及経済上ノ卓絶ナル利益ヲ有スルコトヲ承認シ(以下略)

① a露西亜 b日本国 c韓国

② a露西亜 b日本国 c清国

③ a日本 b露西亜 c韓国

④ a日本 b露西亜 c清国

問 7 下線部(キ)に関する科学者と業績の組み合わせとして、**もっとも正しいものを**、次の①〜④のうちから1つ選び、マーク解答欄にマークしなさい。

① 鈴木梅太郎 アドレナリンの抽出

② 志賀潔 赤痢菌の発見

③ 木村栄 植物の分類法

④ 大森房吉 原子構造の研究

問 8 下線部(ク)に関する説明として、**もっとも正しいもの**を、次の①～④のうちから1つ選び、マーク解答欄にマークしなさい。

① 石橋湛山による、朝鮮や満州など植民地放棄の考え方は、大日本主義と呼ばれた。

② 幸徳秋水や堺利彦らによって、日本共産党が結成された。

③ 河上肇が『貧乏物語』を著して、広く読まれた。

④ 農村では小作争議が頻発し、鈴木文治らによって日本農民組合が結成された。

問 9 空欄（ ケ ）に入る団体名を、記述解答欄に**正しい漢字**で記入しなさい。

問10 下線部(コ)に関する説明として、**誤っているもの**を、次の①～④のうちから1つ選び、マーク解答欄にマークしなさい。

① 小山内薫らが築地小劇場を創設した。

② 横山大観らが日本美術院を再興した。

③ 滝廉太郎らが日本初の職業的な交響楽団を組織した。

④ 文部省美術展覧会に対抗する洋画団体として二科会が創立された。

解説 明治・大正時代の文化と対外関係

明治・大正時代の文化と対外関係からの出題であった。問3は，平民主義や国粋主義など，用語を暗記しているだけでは解答できない。それぞれの主義の内容をしっかり学習しておきたい。文化史が多く問われており，教科書の本文だけでなく注や表，図版なども読み込んでいたかどうかで差がつく出題であったと言える。

問1 答：④ 標準

④－〇 甲午農民戦争が起きた時，**天津条約**にしたがって清は日本に出兵の事前通告をした。

①－× **日朝修好条規**で日本は朝鮮に対し領事裁判権や関税の免除を認めさせた。

②・③－× 甲申事変と壬午軍乱の説明が逆である。**甲申事変**では，金玉均らの親日改革派が，日本公使館の援助のもと反乱を起こしたが，清の干渉によって失敗した。**壬午軍乱**では，開化路線をとり日本に支持された閔氏一族に対し，大院君を支持する軍隊が反乱を起こしたが，清の派兵によって失敗した。

問2 答：② 標準

井上馨外相による外国人内地雑居の許可（1887年）→大隈重信外相による大審院への外国人判事の任用認可（1889年）→陸奥宗光外相による日英通商航海条約の調印（1894年）→小村寿太郎外相による関税自主権の回復（1911年）の順である。

流れ 明治政府は幕末に欧米諸国と結んだ条約を引きつぎ，その改正をめざし条文の検討をすすめた。そのなかで条約が不平等であることへの理解を深めていった。1871年，**岩倉具視**を大使とし木戸孝允・大久保利通・伊藤博文・山口尚芳を副使とする使節団を，条約改正の予備交渉と欧米諸国の実情視察のため米欧に派遣したが，条約改正に成果をあげることはできなかった。

政府が本格的な条約改正交渉を開始したのは外務卿**寺島宗則**のもと，1876年からであった。寺島はまず税権の回復を目標とし，1878年にはアメリカの合意を得たが，イギリス・ドイツなどが応じずに失敗した。

寺島にかわり外務卿となった**井上馨**は法権の回復を目標とし，1882年から交渉をはじめた。井上は外国人の内地雑居や，外国人裁判官を任用するなどの条件を認める代わりに，領事裁判権の撤廃を実現しようとしたが，政府内外からの批判や欧化政策への反発から辞任せざるを得なくなった。

井上にかわり外相になった**大隈重信**は，外国人裁判官の任用を大審院に限った以外は井上案とほぼ同じ内容で交渉をすすめたが，1889年にイギリスの新聞で大隈案が紹介されたことで反対論が高まり，大隈は国家主義団体の玄洋社員に襲撃された。

第1次山県有朋内閣・第1次松方正義内閣で外相をつとめた**青木周蔵**は，1890年に外国人裁判官任用をのぞいた案で交渉をはじめた。イギリスがこれに応じようとしたが，青木はロシア皇太子が負傷する大津事件で引責辞任した。

1893 年，第 2 次伊藤博文内閣の外相となった**陸奥宗光**は，日清戦争開戦直前の 1894 年 7 月，日英通商航海条約の調印に成功した。その後，列国とも同様の条約を結び，領事裁判権の撤廃，関税率の一部引き上げなどを実現した。

日露戦争後の 1911 年，第 2 次桂太郎内閣の外相**小村寿太郎**により，関税自主権の完全回復が達成された。

問 3　答：②　標準

②ー○　**三宅雪嶺**らは雑誌『日本人』を発行し，日本的な伝統や美意識の擁護を説く国粋主義を唱え，政府の欧化主義を批判した。

①ー×　**徳富蘇峰**は雑誌『国民之友』を発行し，政府の欧化政策を特権階級中心の貴族的欧化主義と批判し，平民中心の欧化を主張した。

③ー×　**陸羯南**（くがかつなん）は新聞『日本』を刊行し，日本の自主独立を説いた。

④ー×　**高山樗牛**は雑誌『太陽』で日本主義を説き，帝国主義的進出を主張した。

●明治時代に創刊された主な雑誌

雑誌名	創刊年	創刊関係者
明六雑誌	1874	森有礼
国民之友	1887	徳富蘇峰
日本人	1888	三宅雪嶺
文学界	1893	北村透谷
太陽	1895	高山樗牛
ホトトギス	1897	正岡子規
労働世界	1897	片山潜
中央公論	1899	滝田樗陰
明星	1900	与謝野鉄幹
青鞜	1911	平塚らいてう

問 4　答：①　標準

①ー×　政府による神道国教化の動きに刺激され，仏教を排撃する**廃仏毀釈**の動きが各地で起き，仏教界は打撃を受けていた。仏教界では，**島地黙雷**のように，信教の自由の立場から神道国教化を批判するとともに，仏教を近代化に適合したものにしようとする運動を起こす者もいた。

問 5　答：②　標準

②ー○　泉鏡花はロマン的，神秘的作風で独自の境地を開き，その世界観の頂点とも言える代表作が『高野聖』である。

①ー×　『父帰る』は菊池寛による戯曲であるが，菊池寛は新思潮派の作家である。

③ー×　『或る女』は有島武郎の作品である。

④－× 『破戒』は島崎藤村の作品である。

問6 答：① 標準

下線部「日本がバルチック艦隊を壊滅させた戦争」とは日露戦争のことであり，日露戦争の講和条約はポーツマス条約である。ポーツマス条約の第二条では，ロシアが日本に対し韓国における政治・軍事および経済上の優越権を認める，と定められた。

問7 答：② 標準

②－○ 志賀潔は1897年，北里柴三郎が設立した伝染病研究所で働いていたときに赤痢菌を発見した。

①－× アドレナリンの抽出は高峰譲吉の業績である。鈴木梅太郎はオリザニン（ビタミンB_1）を抽出した人物である。

③－× 植物の分類法は牧野富太郎によって構築された。木村栄はZ項を発見した人物である。

④－× 原子構造の研究に寄与したのは長岡半太郎であった。大森房吉は地震計を考案した人物である。

問8 答：③ 標準

③－○ **河上肇**は京大教授時代に貧困をテーマとする『貧乏物語』を『大阪朝日新聞』に連載し，反響を呼んだ。

①－× **石橋湛山**による植民地放棄の考え方は，**小日本主義**と呼ばれる。

②－× **日本共産党**結成は1922年で，山川均や堺利彦らによって非合法になされた。幸徳秋水は1910年に起きた**大逆事件**に関わったとして翌年処刑された。

④－× **日本農民組合**は杉山元治郎や賀川豊彦らによって1922年に結成された。**友愛会**を結成した鈴木文治は日本農民組合の結成には関わっていない。

問9 答：青鞜社 標準

明治期に結成された女性の文学団体は，**平塚らいてう**らによる**青鞜社**である。平塚らいてうは，**市川房枝**，奥むめおらとともに1920年，**新婦人協会**を設立し，女性の参政権を求める運動を展開した。

問10 答：③ 標準

③－× 日本初の交響楽団を組織したのは山田耕筰である。滝廉太郎は「荒城の月」「箱根八里」「花」などの作曲で知られる。

解 答

問1 ④ 問2 ② 問3 ② 問4 ① 問5 ② 問6 ①
問7 ② 問8 ③ 問9 青鞜社 問10 ③

22

2016 年度　法学部〔3〕

次のA・B・Cの各文(一部変更を加えている)を読んで，それぞれの設問に答えなさい。答えは，解答欄に記入しなさい。

A

一　大ニ斯国是ヲ定メ制度規律ヲ建ルハ，御誓文ヲ以テ目的トス。

一　天下ノ権力総テ之ヲ太政官ニ帰ス，則政令二途ニ出ルノ患ナカラシム，(a)太政官ノ権力ヲ分ツテ，立法行政司法ノ三権トス。則偏重ノ患無カラシムルナリ。

一　立法官ハ行政官ヲ兼ヌルヲ得ズ，行政官ハ立法官ヲ兼ヌルヲ得ズ。

一　各府各藩各県，皆貢士ヲ出シ議員トス，議事ノ制ヲ立ツルハ輿論公議ヲ執ル所以ナリ。

一　諸官四年ヲ以テ交代ス。(b)公撰入札ノ法ヲ用フベシ，但今後初度交代ノ時其一部ノ半ヲ残シ，二年ヲ延シテ交代ス，断続宜キヲ得セシムルナリ，若シ其人衆望ノ所属アツテ去リ難キ者ハ猶数年ヲ延サザルヲ得ズ。

(『明治政史』)

問(1)　上の文章は，1868(慶応４)年閏４月，「御誓文」を具体化するために明治政府によって頒布されたものである。何と呼ばれているか。

問(2)　下線部(a)について，何の原則と呼ばれているか。漢字４字で答えなさい。

問(3)　下線部(b)について，現在では何と呼ばれているか。漢字２字で答えなさい。

問(4)　この文章を起草した人物の一人で，佐賀藩出身，1871(明治４)年に「外務卿」に就任したが，のち征韓論を主張して下野した人物はだれか。その氏名を記しなさい。

B

(X)

いはゆる［　(ア)　］とは，法律の理論上主権の何人に在りやといふことは措いてこれを問はず，ただその主権を行用するに当つて，主権者は須らく一般民衆の利福並びに意向を重んずるを方針とす可しといふ主義である。即ち国権の運用に関してその指導的標準となるべき政治主義であつて，主権の君主に在りや人民に在りやはこれを問ふところでない。もちろんこの主義が，ヨリ能く且つヨリ適切に民主国に行はれ得るは言ふを俟たない。しかしながら君主国に在つてもこの主義が，君主制と毫末も矛盾せずに行はれ得ることまた疑ひない。

(Y)

かくして政治学およびその学者たる吉野先生は，実は政治の目的として，国家主義を第一義的原則とし，個人主義を第二義的原則としながら，政治の目的の絶対的原則は分らない，国家主義も個人主義も要するに同一価値の相依り相助くべき相対的原則に過ぎない，とごまかして，そして更に消極的にも積極的にも国家や政治に何らの危険のない政治の方法といふ事についてのいわゆる絶対的原則を求めた。万人の政治学者の定論を求めた。吉野先生に拠れば，この絶対的原則がすなわち［　(ア)　］である。

問(5)　空欄(ア)にはいる語句を漢字4字で記しなさい。

問(6)　文章(X)は，政治学者「吉野先生」によって1916(大正5)年に『中央公論』に発表された論文の一節である。その論文の題名は「［　(イ)　］を説いて其有終の美を済すの途を論ず」であった。空欄(イ)に入る5文字を記しなさい。

問(7)　文章(Y)は，「吉野先生」の主張への批判である。『種の起原』『昆虫記』やクロポトキンの翻訳者として知られ，代表的なアナキストとして関東大震災の折に憲兵によって殺害されたこの筆者は誰か。氏名を記しなさい。

C

合衆国政府及日本政府ハ左ノ如キ措置ヲ採ルコトヲ提案ス。

一 合衆国政府及日本国政府ハ，英帝国・支那・日本国・和蘭・蘇聯邦・泰国及合衆国間多辺的不可侵条約ノ締結ニ努ムベシ。

三 日本国政府ハ支那及印度支那ヨリ一切ノ陸，海，空軍兵力及警察力ヲ撤収スベシ。

四 合衆国政府及日本国政府ハ臨時ニ首都ヲ重慶ニ置ケル中華民国国民政府以外ノ支那ニ於ケル如何ナル政府若クハ政権(c)ヲモ軍事的・経済的ニ支持セザルベシ。

五 両国政府ハ外国租界及居留地内及之ニ関聯セル諸権益竝ニ一九〇一年の団匪事件議定書ニ依ル諸権利ヲモ含ム支那ニ在ル一切ノ治外法権ヲ抛棄スベシ。

九 両国政府ハ其何レカノ一方ガ第三国ト締結シオル如何ナル協定(d)モ，同国ニ依リ本協定ノ根本目的即チ太平洋地域全般ノ平和確立及保持ニ矛盾スルガ如ク解釈セラレザルベキコトヲ同意スベシ。

（『日本外交年表竝主要文書』）

問(8) 1941（昭和16）年10月，東条英機が首相となった。翌月の御前会議では，自存自衛及び大東亜新秩序建設のためには対英米蘭戦争がやむを得ないことが確認される。他方では，野村駐米大使らによる対米交渉が継続されていた。本文章は，アメリカ合衆国国務長官から1941年11月26日に示された日本政府への最後通牒と言われているものである。長官の名をとって何と呼ばれているか，記しなさい。

問(9) 下線部(c)が想定していた政権は，人名を付して何政権と呼ばれていたか。人名（漢字3字）を記しなさい。

問(10) 下線部(d)は，具体的には，日本政府が前年9月近衛内閣のもとで結んだ条約をさしているが，何と呼ばれているか。

解説 近代の政治

4つの史料から明治・大正・昭和戦前の政治を問う問題である。史料問題対策が必要な出題が多く，問(3)・問(4)・問(6)がやや難問であったが，他は標準的な出題と言える。

A

問(1) 答：**政体書** 標準

政体書に関する史料は，教科書には掲載されていないだろうから，「1868（慶応4）年閏4月，『御誓文』（五箇条の誓文のこと）を具体化するため」という設問文から正答を導き出す。**政体書**は**アメリカ**の制度を参考に，**太政官**を最高官庁とする政治の基本的組織を規定した。

問(2) 答：**三権分立** 標準

「立法行政司法ノ三権」と記されているのが手がかりとなる。政体書では**三権分立**が規定された。太政官を七官にわけて，議政官を立法機関，行政・神祇・会計・軍務・外国の五官を行政機関として行政官の統轄とし，刑法官を司法機関とした。

問(3) 答：**投票〔選挙〕** やや難

「諸官」が「交代」すると記されているのが手がかりとなる。政体書では**官吏公選制**が規定された。高級官に限った投票であり，その投票も1869（明治2）年5月に1度行われただけであった。

問(4) 答：**副島種臣** やや難

政体書を起草したのは，**副島種臣**と**福岡孝弟**であるが，福岡孝弟は土佐藩出身である。また，明治六年の政変（1873年）で下野した征韓派参議で佐賀藩出身者は副島種臣・江藤新平である。

B

問(5) 答：**民本主義** 標準

文章(X)の「その主権を行用するに当つて，主権者は須(すべか)らく一般民衆の利福並びに意向を重んずる方針とす可(べ)しといふ主義」，文章(Y)の「吉野先生」などが手がかりとなる。**吉野作造**が唱えた**民本主義**は，主権の所在（天皇主権か国民主権か）は問わず，政策決定が一般民衆の意向にもとづき，その目標が民衆の利福にあるべきとした。

問(6) 答：**憲政の本義** やや難

吉野作造は1916（大正5）年，論文「憲政の本義を説いて其有終の美を済すの途を論ず」を『中央公論』に発表した。民本主義が近代的立憲主義の精神的根底であるとする吉野の主張は言論界に歓迎され，社会主義者も含む民本主義論争が起こった。

問(7) 答：**大杉栄** 標準

「関東大震災の折に憲兵によって殺害された」という問題文から正答を導き出す。**大杉栄**が妻**伊藤野枝**とともに関東大震災の混乱の中で憲兵大尉甘粕正彦により殺害されたのが，**甘粕事件**（1923年）である。

C

問(8) 答：**ハル=ノート** 標準

「日本政府への最後通牒」から正答を導き出す。**ハル=ノート**は，中国全土・仏印（フランス領インドシナ）からの撤退，汪兆銘政権の否認，日独伊三国同盟の廃棄などを要求した。

問(9) 答：**汪兆銘〔汪精衛〕** 標準

日本の傀儡政権である**汪兆銘**政権（新国民政府）は1940年，南京に樹立した。蒋介石の国民政府は南京陥落（1937年12月）以降，武漢を経て重慶に移り，徹底抗戦していた。

問(10) 答：**日独伊三国同盟** 標準

1940年9月に第2次近衛文麿内閣・外相**松岡洋右**のもと**日独伊三国同盟**が締結された（調印したのは駐独特命全権大使の来栖三郎）。アメリカはこれに反対し，航空用ガソリン・くず鉄・鉄鋼の対日輸出を禁止した。なお，外相松岡洋右は1941年4月には**日ソ中立条約**に調印している。

解答

A 問(1) 政体書　問(2) 三権分立　問(3) 投票〔選挙〕
問(4) 副島種臣

B 問(5) 民本主義　問(6) 憲政の本義　問(7) 大杉栄

C 問(8) ハル=ノート　問(9) 汪兆銘〔汪精衛〕
問(10) 日独伊三国同盟

23

2020年度 文学部〔5〕

近現代に関する次の文章を読み，下の設問に答えよ。解答は記述解答欄に記入せよ。

第一次世界大戦(1914〜18年)は，日本が日露戦争以来の経済不況を脱するきっかけになった。とくに重化学工業(ア)の発達は目覚ましく，産業の基盤は農業から工業へと転換し，その原動力の筆頭は［ a ］力(りょく)から電力へと移行した。首都であり多くの工場地域をかかえる東京へは，福島県下の［ b ］からの長距離送電により大量供給されるようになった。

他方で，大戦の影響は，人びとの運動や社会制度のあり方にも及んでいった。

急激な経済発展にともなう物価上昇で，下層農民らの生活は逼迫した。1918年には米の安売りなどを求める暴動が各地で頻発し，参加者総勢約70万人の大騒擾(イ)に発展した。大戦前からつづく政治の民主化を求める動きもさらに強まった結果，同年中には［ c ］の総裁・原敬を首班とする本格的政党内閣が発足した。ただし，原内閣は国民の政治参加の拡大には慎重で，選挙人資格の緩和(ウ)は小幅なものにとどまった。

もっとも，好況は長くは続かず，大戦終結からまもなく恐慌が発生し，ついで，1923年の関東大震災は首都圏に甚大な被害をおよぼした。震災直後には自警団が朝鮮人らを殺傷する事件も発生したが，その背景には日本の植民地支配に対する抵抗運動(エ)への恐怖心などがあったとみられる。

東京の復興事業は，内務大臣の［ d ］を総裁とする帝都復興院が主導した。また，国内外からの義捐金を元手に設立された［ e ］は，耐震性の高い共同住宅を被災地に供給した。

総じて，第一次・第二次の両大戦をはさむ戦間期には，都市部を中心に交通機関や大規模小売店，娯楽施設などの整備(オ)が進んで大量消費社会が芽生える一方，都市と農村のあいだの経済格差は解消されなかった。

設　問

1　空欄 a に当てはまる語句を，漢字で記せ。

2　空欄 b に当てはまる発電所の当初の名前を，漢字で記せ。

3　空欄 c に当てはまる政党の正式名称を，漢字で記せ。

4　空欄 d に当てはまる人物の姓名を，漢字で記せ。

5　空欄 e に当てはまる団体名を，漢字で記せ。

6　下線部(ア)のうち，薬品や肥料などの化学分野が勃興したのは，大戦当事国からの輸入が途絶えた結果であった。その当事国とはどこか，国名を記せ。

7　下線部(イ)の結果，倒れた内閣の首相の姓名を，漢字で記せ。

8　下線部(ウ)の内容を，20 字以内で記せ。

9　下線部(エ)に関し，1919 年に朝鮮全土で起きた運動の名称を漢字で記せ。

10　下線部(オ)について，私鉄やデパート，宝塚少女歌劇団の創設など，関西圏における動きを牽引した人物の姓名を漢字で記せ。

解説 大正時代の社会・経済

大正時代の社会・経済に関する文章をもとに，1910〜20年代の社会経済史を中心に問われた。20字以内で記述する論述問題が1問，その他は語句記述問題である。5でやや細かい知識が問われたが，他は論述問題を含め，おおむね標準的な内容であった。

1 答：蒸気 標準

18世紀後半，イギリスの産業革命期の発明家ワットが，**蒸気力**によるピストンの上下運動を円運動に転換させたことで，**蒸気機関**は効率のよいものに改良された。日本では1883年に開業した大阪紡績会社が蒸気機関を動力源とし，夜間に電灯を用いた昼夜二交代制で機械をフル稼働させて成果をあげた。

明治初期の電力事業は火力発電による電灯事業が中心だったが，石炭価格上昇によるコスト高で業績が悪化した。明治中期以降に**水力発電**が増え始め，電力事業の中心は電灯業からエネルギー供給業へと移っていった。大正期には蒸気力に代わって電力が工業エネルギーの主役となった。

2 答：猪苗代水力発電所 標準

長距離送電技術の発達により，電力消費地から離れた場所での発電が可能になり，地方に大規模水力発電所がつくられるようになった。大戦景気の時期に整備され，猪苗代（福島県）〜東京間の送電を行う**猪苗代水力発電所**は，長距離送電の先駆けと言える。

3 答：立憲政友会 易

1900年に結成された**立憲政友会**では，実力者星亨の暗殺，初代総裁伊藤博文の枢密院議長転出を経て，第2代総裁西園寺公望のもとで原敬らが党を実質的に統率した。1918年に第3代総裁の原敬が組閣し，交通機関の整備，教育施設の拡充といった積極政策により全盛時代を迎えた。

4 答：後藤新平 標準

関東大震災からの復興は第2次山本権兵衛内閣の**後藤新平**内務大臣が帝都復興院総裁を兼任する形で責任者となり，推進した。後藤の案は大蔵省などとの折衝の過程で大幅に縮小されたが，震災前と比べれば道路・公園などの整備が大幅に進んだ。

5 答：同潤会 やや難

同潤会は内務省が設置した財団法人で，同潤会アパートと呼ばれる鉄筋コンクリートの集合住宅を建設し，供給した。

6 答：ドイツ 標準

近代化学工業はイギリスの産業革命の中で始まり，特に無機化学工業の分野ではイギリスが長期間にわたって技術独占を続けていたため，日本国内での本格的な事業展開は遅れた。また，有機化学工業の分野では**ドイツ**が強く，日本は化学工業によって製造される薬品・染料・肥料などをドイツなどの国から輸入せざるを得ない状況であった。しかし，第一次世界大戦中，ドイツからの化学工業製品の輸入が途絶えたこともあり，国内化学工業の本格的な発展がみられた。

7　答：寺内正毅　標準

「1918年には米の安売りなどを求める暴動が各地で頻発」から，この大騒擾は**米騒動**とわかる。米騒動とは，富山県魚津町での騒動をきっかけに米の移出阻止と安売りを要求した行動が富山湾沿岸一帯に広がり，さらに新聞報道により全国的に拡大した大騒動のことである。当時の**寺内正毅**内閣は一部に軍隊を出動して鎮圧したが，その責任を問われ，元老山県有朋との確執もあり総辞職した。

8　答：直接国税の納税額を3円以上に引き下げた。(20字以内)　標準

立憲政友会を与党とする初の本格的な政党内閣である**原敬**内閣のもとで普選運動が盛り上がった。しかし，原敬内閣はロシア革命などを背景に，普通選挙実施により貧困層の政治参加が可能になることで，社会主義運動が急進化することを恐れ，普通選挙の実施には消極的で，参政権における直接国税の納税額制限の撤廃を行わず，1919年にそれまでの10円以上から**3円以上**に引き下げるにとどまった。

●選挙法の改正

公布時の内閣	公布年	有権者資格			有権者数の全人口比	選挙区制
		年齢	性別	直接国税		
黒田清隆	1889 (明22)	**満25歳以上**	**男**	**15円以上**	1.1%	小選挙区制
第2次 山県有朋	1900 (明33)	満25歳以上	男	**10円以上**	2.2%	大選挙区制
原　敬	1919 (大8)	満25歳以上	男	**3円以上**	5.5%	小選挙区制
第1次 加藤高明	1925 (大14)	満25歳以上	男	**制限なし**	20.8%	中選挙区制
幣原喜重郎	1945 (昭20)	**満20歳以上**	**男女**	制限なし	50.4%	大選挙区制
第3次 安倍晋三	2015 (平27)	**満18歳以上**	男女	制限なし	84.8%	小選挙区比例代表並立制

9　答：三・一独立運動　標準

三・一独立運動は朝鮮で1919年に発生した独立運動である。「独立万歳」の声が朝鮮全土に拡大するなか，朝鮮総督府は警察・憲兵・軍隊を動員して運動を鎮圧した。その後，朝鮮総督には文官も就任可能とし，憲兵警察制度を廃止するなど植民

地統治方針に若干の変更がみられた。

10 答：小林一三 標準

小林一三は，阪急電鉄をはじめとする阪急阪神東宝グループの創業者である。宝塚歌劇団の創設，阪急百貨店の創業などの阪急電鉄沿線の開発により，経営の安定化をはかり，私鉄経営のモデルをつくりあげた。

解 答

1 蒸気　2 猪苗代水力発電所　3 立憲政友会　4 後藤新平
5 同潤会　6 ドイツ　7 寺内正毅
8 直接国税の納税額を3円以上に引き下げた。(20字以内)
9 三・一独立運動　10 小林一三

24

2016年度 商学部〔4〕

以下の文章は1930年代を中心とした日本を取り巻く国際情勢について述べたものである。文章内における(A)～(E)の【　　　】に入る最も適切な語句を①～⑤から選びマークしなさい。また，［ア］～［オ］に入る最も適切な語句を記しなさい。

1929年10月24日にニューヨーク・ウォール街の証券取引所で株価が突如，大暴落した。この株価暴落の影響は全世界に大恐慌として広がっていった。アメリカはＴＶＡ(テネシー川流域開発公社)などの大規模開発事業による公共投資を中心とした［ア］政策をとることで経済危機を克服することを試みた。また，植民地を保有するイギリス，フランスのような列強国は，本国と植民地に関税特恵を与える一方，他国には高い関税を課すことにより自国経済を保護するブロック経済圏を作り上げた。例えばイギリスは(A)【① ロンドン ② オタワ ③ バーミンガム ④ ニューデリー ⑤ シドニー】で英帝国経済会議を開き，イギリスと植民地との間で特恵関税を設定し，ポンドを基軸通貨とするスターリング・ブロックという経済圏を構築した。しかし，植民地を多く持たないドイツ，イタリアは世界大恐慌の影響を強く受けることになった。第一次世界大戦から復興し景気が回復しつつあったドイツでは，大戦での賠償金支払い問題と相まって大恐慌により経済が壊滅的な状況に陥った。

日本では世界大恐慌が起きる以前に，第一次世界大戦終結と関東大震災の影響により長期にわたり景気が低迷していた。1923年に起きた関東大震災による手形の決済問題が景気をさらに悪化させていた。政府は銀行や企業を救済しようとしたが，その対応に手間取ることになる。震災手形の処理をめぐり，［イ］(1866～1949)内閣の片岡直温蔵相が衆議院予算委員会にて失言をし，このことが人々の信用不安をかき立て，銀行の取り付け騒ぎを引き起こす事態となった。これらの影響により台湾銀行が資金不足に陥り，主要取引先である巨大財閥の鈴木商店は倒産，台湾銀行は休業に追い込まれた。

ドイツ，イタリアや日本では，このような状況に対して軍事力により資源のある領土を獲得し「生存圏」を拡張することで解決を図るべきであるという議論も生まれ，ファシズムが台頭することとなった。ドイツではヒトラー率いるナチ党が政権を握り，1933年には全権委任法を制定して，ヒトラーがドイツの総統となりナチ党による独裁体制が成立した。イタリアではこれより前に1922年にファシスト党を率いたムッソリーニが政権を掌握しており，1935年にエチオピアへ侵攻し併合するに至った。このようなファシズムの風潮はスペインやポルトガルにも影響することになる。当時，左翼勢力を中心とした人民戦線政府による共和制国家であったスペインでは，右翼・保守勢力の［ ウ ］(1892〜1975)将軍が人民戦線政府に対して反乱を起こした。ドイツ，イタリアは［ ウ ］将軍率いる反乱軍に支援を行い，これを機にドイツとイタリアが急速に近づき，いわゆる「ベルリン＝ローマ枢軸」が形成されることになった。

ソ連ではレーニンの死後，スターリンのもとで共産党による一党独裁体制が強固なものとなっていた。スターリンは反対派を粛清しながら独裁者としての立場を固め，5か年計画による計画経済政策をとり，大恐慌の影響を受けずに国力を増強させることに成功した。1934年には国際連盟に加入し，国際社会での存在感を高めていった。さらに，1919年にはボルシェビキの指導のもとで国際共産党，いわゆる［ エ ］が結成されており，［ エ ］の活動を通じて共産主義勢力を世界的に拡大することを目指していった。

満州事変以降，日本の軍事拡張政策がアメリカやイギリスから糾弾される中，日本は国際連盟から脱退するなど，国際的孤立を深めていった。しかし，軍需増大が経済を拡張させ，日本の重化学工業の発展をもたらし，新興財閥が台頭することになった。鮎川義介が設立した(B)【① 日産 ② 理研 ③ 日曹 ④ 森 ⑤ 浅野】コンツェルンや，野口遵が設立した日窒コンツェルンが新興財閥の代表例としてあげられる。1936年，広田弘毅内閣ではさらなる大陸や南方進出を促進するために，帝国国防方針を改定し，いわゆる「［ オ ］」を策定した。「［ オ ］」には南方資源の獲得のための「南進論」と満州国領土を拡張するため対ソ戦をも視野に入れた「北進論」の両拡張政策が併記されていた。共産主義の影響力増大は日本の「国体」を揺るがすものとして大きな脅威ととらえられた。軍事拡張主義を保持しながらソ連による共産主義勢力の拡大から守るという利害が日独間で一致し，日独防共協定が締結された。さらに，「ベルリン＝ローマ枢軸」のドイツ・イタリアのつながりから，防共協定にイタリアも加入することにより，1937年，日独伊防共協定が成立した。

この頃，日本は日中戦争を収拾できずにおり，満蒙国境地帯でソ連との間で緊張が増し遂には国境紛争を起こすこととなった。1939年におきた(C)【① 張鼓峰 ② 豆満江 ③ 東安鎮 ④ ルサン湖 ⑤ ノモンハン】事件では，当時，精鋭部隊とされた関東軍が機械化の進んだソ連軍に敗北したことで，陸軍や政府は大きな衝撃をうけた。このような事態の中で，(D)【① 近衛文麿 ② 宇垣一成 ③ 阿部信行 ④ 平沼騏一郎 ⑤ 米内光政】(1867〜1952)内閣の閣内では日独伊防共協定を軍事同盟へと展開させようとする動きと，これに反対する動きが対立することになる。しかし，ドイツはソ連と独ソ不可侵条約を結び，東欧の分割を両国間で取り決め，相互の権益を承認するに至った。日本政府にとって，このことは青天の霹靂（へきれき）であった。(D)内閣はこうした情勢に対処できず混乱し，(D)は「欧州情勢は複雑怪奇」という言葉を残して内閣総辞職した。

その直後，ドイツはポーランドへ侵攻し，イギリス，フランスはドイツに対して宣戦布告を行い第二次世界大戦が勃発した。1940年にはパリを占領するなどドイツの快進撃が続く中で日本国内ではドイツ礼賛論が高まり，アメリカとイギリスと対立をしてもドイツとの同盟関係を確固たるものにすれば，日本の利権は維持できるという楽観論が広まっていった。そして1940年には(E)【① 野村吉三郎 ② 有田八郎 ③ 畑俊六 ④ 松井石根 ⑤ 来栖三郎】(1886〜1954)が駐独特命全権大使として日独伊三国軍事同盟に調印することになった。

解説 昭和前期の日本と国際情勢

昭和前期の日本の政治・外交，1930年代の国際情勢などに関連する知識を問う。国際情勢の知識を問う(A)・ウ・エは日本史の教科書では説明がなく難問である。日本の外交を問う(E)も難問。近現代では国際情勢に関して世界史的知識も必要になってくる。まずは日本史の教科書でふれられている国際情勢に関する箇所をしっかり整理しておこう。

(A) 答：② 難

「英帝国経済会議を開き，イギリスと植民地との間で特恵関税を設定し，ポンドを基軸通貨とするスターリング・ブロックという経済圏を構築した」からオタワ会議（オタワ協定）を導く。世界史では基本的事項であるが，日本史の教科書では言及されていないので難問である。

(B) 答：① 標準

「**鮎川義介**が設立した」**新興財閥**から**日産コンツェルン**を導く。日産コンツェルンに，**野口遵**(したがう)の設立した**日窒コンツェルン**，森矗昶(のぶてる)の設立した森コンツェルン，中野友礼の設立した日曹コンツェルン，理化学研究所の所長大河内正敏が設立した理研コンツェルンの5つが代表的な新興財閥である。

●新興財閥

名　称	創業者	持株会社，国外進出など
日産コンツェルン	**鮎川義介**	**日本産業**が中心。 1937年，満州重工業開発会社を設立。
日窒コンツェルン	**野口遵**	**日本窒素肥料**が中心。 朝鮮の水力発電・化学工業を開発。
理研コンツェルン	大河内正敏	理化学興業が中心。 1930年代，朝鮮・満州進出。
森コンツェルン	森矗昶	森興業が中心。 1935年，朝鮮進出。1939年，昭和電工設立。
日曹コンツェルン	中野友礼	日本曹達(ソーダ)が中心。 1936年，台湾製塩を買収。

(C) 答：⑤ 標準

「満蒙国境地帯でソ連との間で緊張」と「1939年におきた」をヒントに**ノモンハン事件**を導く。ソ連と満州国の国境東部（国境不明地帯）で1938年に起こった**張鼓峰事件**と混同しないようにしよう。

(D) 答：④ 標準

独ソ不可侵条約締結後，「『欧州情勢は複雑怪奇』という言葉を残して内閣総辞職した」がヒントになり，**平沼騏一郎**内閣が導ける。

(E) 答：⑤ 難

日独伊三国軍事同盟を調印したときの外務大臣は松岡洋右であるが，駐独特命全権大使から来栖三郎を導くのは難しい。また，来栖三郎に関しては1941年11月に特派全権大使として渡米し，日米交渉を進めていた野村吉三郎駐米大使を補佐していたこともおさえておきたい。

ア 答：ニューディール 標準

「TVA（テネシー川流域開発公社）などの大規模開発事業による公共投資」から**ニューディール政策**を導く。ちなみに，この政策を実施したアメリカ大統領は**フランクリン=ローズヴェルト**である。

イ 答：（第1次）若槻礼次郎 標準

金融恐慌が起こったときの内閣は**第1次若槻礼次郎内閣**である。第1次若槻内閣は憲政会内閣であり，立憲民政党を基盤とした第2次若槻内閣と混同しないようにしたい。

ウ 答：フランコ 難

スペインで「人民戦線政府に対して反乱を起こし」，ファシズム体制下にあるドイツ・イタリアの支援を受けた将軍はフランコで，この反乱をスペイン内戦（1936〜39年の内戦）と呼ぶ。人民戦線は，ファシズムの台頭を民主主義勢力の統一によって阻止しようとする各国の運動・組織のことで，日本でも1937〜38年に人民戦線の結成を企図したという理由で関係者が検挙された，**人民戦線事件**と呼ばれる左翼弾圧事件が起こった。

エ 答：コミンテルン〔共産主義インターナショナル，第3インターナショナル〕 難

「1919年にはボルシェビキの指導のもとで国際共産党（が結成）」から**コミンテルン**を導く。コミンテルンは共産主義インターナショナルの略称で，第3インターナショナルまたは第3インターとも呼ばれる。モスクワを本部とし，各国の共産主義運動を指導して世界革命を推進しようとした。1922年に堺利彦・山川均らによって非合法で結成された**日本共産党**はコミンテルンの日本支部として位置づけられていたことをおさえておこう。

オ 答：国策の基準 やや難

「広田弘毅内閣」で「『南進論』と…『北進論』の両拡張政策が併記されていた」が「国策の基準」のヒントになる。「国策の基準」は，広田弘毅首相と陸軍大臣・海軍大臣・外務大臣・大蔵大臣の5相会議で決定された。

解 答

(A)—② (B)—① (C)—⑤ (D)—④ (E)—⑤

ア ニューディール イ (第1次)若槻礼次郎 ウ フランコ

エ コミンテルン〔共産主義インターナショナル,第3インターナショナル〕

オ 国策の基準

25

2019年度 経営学部〔2〕

次の文章を読み，設問に答えなさい。

1941年12月8日に，日本陸軍が英領マレー半島に奇襲上陸し，(ア)東南アジアにおける戦闘がはじまった。同日，(イ)日本海軍はハワイ真珠湾のアメリカ軍を奇襲攻撃した。太平洋戦争の開始であった。開戦から約半年間は日本軍が優勢であり，日本軍は東南アジアから南太平洋の広大な地域を支配することになった。

日本国民が緒戦の勝利に沸き立っている1942年4月に，衆議院議員総選挙が5年ぶりに実施された。立候補者は，政府の援助を受けた（　ウ　）などの推薦候補と，政府の援助を受けなかった(エ)三木武夫などの(オ)非推薦候補に分けられた。総選挙実施後，当選した推薦候補と非推薦候補の圧倒的大多数が加入して（　カ　）が結成された。（　カ　）は，政府提出法案を無修正ですみやかに可決することを目的とした政治結社であった。

戦局の転換点は，1942年6月の(キ)ミッドウェー海戦における日本海軍の大敗北であった。(ク)同年の後半からは，アメリカ軍の反撃作戦が本格化した。守勢となった日本側は，1943年9月30日の（　ケ　）で(コ)絶対国防圏を決定し，防衛範囲を縮小した。つづいて日本政府は，日本軍が実質的に支配する地域からの協力を確保する目的で，1943年11月に東京で(サ)大東亜会議を開催した。しかし，そうした地域はもちろん台湾，朝鮮半島，中国本土などを含む日本の統治地域では，太平洋戦争の戦前も戦中も，(シ)抗日と独立の闘争が組織されるようになっていた。

(ス)1944年6月11日に，アメリカ海軍艦載機の大軍はサイパン島の日本軍を空襲した。奇襲に近い攻撃であった。アメリカ軍がサイパン島に上陸し，日米間で激しい戦闘のすえ，7月にサイパン島の日本軍は「玉砕」した。絶対国防圏のサイパン島を失ったため，東条内閣は総辞職した。かわって，（　セ　）が内閣総理大臣となって組閣し，（　ソ　）が海軍大臣となった。

問 1 下線部(ア)における1941年12月8日から1942年5月までの情勢について，正しい記述をA～Dの中から1つ選び，その記号をマークしなさい。

A イギリス海軍の戦艦2隻は，日本陸軍のマレー半島上陸を阻止する目的で出撃したが，日本海軍の攻撃によって1941年12月10日に撃沈された。

B イギリス陸軍の東洋派遣軍は，カンボジアのプノンペンで日本陸軍に激しく抵抗したが，1942年2月には日本陸軍に降伏した。

C 日本陸軍は，独立国であるタイ王国を無血占領した後，1942年3月から軍政を開始した。

D 日本陸軍は，独立国であるビルマ王国の軍事占領を1942年5月に完了し，いわゆる「援蒋ルート」を遮断した。

問 2 下線部(イ)について，正しい記述をA～Dの中から1つ選び，その記号をマークしなさい。

A 日本陸軍は海軍のハワイ真珠湾攻撃作戦に反対し，日本海軍は陸軍のマレー半島上陸作戦に反対であったが，1941年11月の昭和天皇による裁可で，両作戦の同時実施が決定された。

B 真珠湾攻撃によって，アメリカ太平洋艦隊の戦艦と航空母艦は大損害を受けたため，その後の約半年間，アメリカ太平洋艦隊は日本海軍艦隊を攻撃することができなかった。

C ワシントンに駐在する大使の野村吉三郎と来栖三郎が，事実上の宣戦布告文書をアメリカ政府へ手交したのは，ハワイ真珠湾攻撃が実施された後の時刻であった。

D 真珠湾攻撃の後，アメリカ政府は多数の強制収容所をアメリカ本土各地に建設し，ハワイに住む日系アメリカ人全員を送って収容した。

問 3 空欄（ ウ ）にあてはまる人名を，A～Dの中から1つ選び，その記号をマークしなさい。

A 斎藤隆夫　　B 岸 信介　　C 尾崎行雄　　D 東条英機

問 4 下線部(エ)について，誤った記述をA～Dの中から1つ選び，その記号をマークしなさい。

A 三木武夫は，1907年に徳島県で三木久吉の一人息子として生まれた。

B 三木武夫は，1937年3月に明治大学法学部を卒業し，直後の4月に実施された衆議院議員総選挙に立候補して，初当選した。

C 三木武夫は，1947年6月から1950年4月まで国民協同党の党首であった。

D 三木武夫は，ロッキード事件発覚による自由民主党の混乱を収拾するため，1974年12月に自由民主党総裁および内閣総理大臣に就任した。

問 5 下線部(オ)として立候補し当選した人名を，A～Dの中から1つ選び，その記号をマークしなさい。

A 鳩山一郎　　B 高野岩三郎　　C 幣原喜重郎　　D 重光 葵

問 6 空欄（ カ ）にあてはまる名称を，A～Dの中から1つ選び，その記号をマークしなさい。

A 翼賛議員同盟　　B 大政翼賛会

C 翼賛政治体制協議会　　D 翼賛政治会

問 7 下線部(キ)について，正しい記述をA～Dの中から1つ選び，その記号をマークしなさい。

A ミッドウェー海戦は，ハワイ諸島とアメリカ本土との中間にあるミッドウェー諸島の近海で起こった海戦であった。

B 日本海軍のミッドウェー進撃の目的は，ミッドウェー諸島を占領し，同諸島にある強制収容所の日系アメリカ人を解放するとともに，要塞と軍港を建設することであった。

C ミッドウェー海戦の結果，日本海軍は，主力の航空母艦4隻とその艦載機多数を一挙に失うこととなり，ミッドウェー諸島占領作戦も中止された。

D 日本海軍の連合艦隊司令長官である山本五十六は，アメリカ軍の攻撃を受けた航空母艦上で戦死し，後日，その盛大な国葬が営まれた。

問 8　下線部(ク)について，正しい記述をA～Dの中から1つ選び，その記号をマークしなさい。

A　ガダルカナル島は，現在のインドネシア共和国の東端の島であり，日本軍は飛行場を建設中であったが，1942年8月に，アメリカ軍が奇襲上陸し飛行場を占領した。

B　日本軍はガダルカナル島を奪回する作戦をくり返したが成功せず，ガダルカナル島の日本軍は，1943年2月に食糧不足のために全滅した。

C　アッツ島は，現在のアラスカ州アリューシャン列島の島であり，1943年3月に日本軍が上陸してアメリカ軍を攻撃し，日米両軍間で激しい戦闘がつづいた。

D　アッツ島の日本軍は，1943年5月にアメリカ軍への最後の突撃を敢行して壊滅し，これを大本営は「玉砕」と表現した。

問 9　空欄（　ケ　）にあてはまる名称を，A～Dの中から1つ選び，その記号をマークしなさい。

A　大本営会議　　　B　大本営政府連絡会議

C　御前会議　　　D　最高戦争指導会議

問10　下線(コ)に含まれる地域のうち，1945年8月の日本の無条件降伏まで日本軍が確保していた地域を，A～Dの中から1つ選び，その記号をマークしなさい。

A　パラオ諸島　　　B　ソロモン諸島

C　ニューギニア島　　　D　スマトラ島

問11　（設問省略）

問12　下線部(シ)について，正しい記述をA～Dの中から1つ選び，その記号をマークしなさい。

A　リークワンユーは，マレー半島の山岳部でマラヤ人民抗日軍(通称は，フクバラハップ)を組織し，日本軍と小戦闘をおこなっていた。

B　金日成は，太平洋戦争中に中国の延安で，朝鮮人の抗日ゲリラ部隊を組織し日本軍と小戦闘をおこなっていたが，その孫が金正恩である。

C　アウンサンは，ビルマにおける抗日闘争の指導者であり，また「ビルマ建国の父」として知られるが，その孫が，ミャンマーの有力政治家となるアウンサンスーチーである。

D　ホーチミンは，ベトミン(ベトナム独立同盟)を組織して日本軍と小戦闘をおこなっていたが，1945年8月にベトミンは総蜂起し，1945年9月2日にホーチミンはベトナム民主共和国の独立を宣言した。

問13　下線部(ス)より前の出来事について，正しい記述をA～Dの中から1つ選び，その記号をマークしなさい。

A　第1回出陣学徒壮行会が東京の明治神宮外苑で開催された。

B　マリアナ沖海戦で日本海軍の航空母艦3隻が沈没した。

C　東京都からの学童集団疎開の第1陣が出発した。

D　学徒勤労令と女子挺身勤労令が同日に公布された。

問14　空欄(　セ　)にあてはまる氏名を解答欄に漢字(楷書)で丁寧に記入しなさい。

問15　空欄(　ソ　)にあてはまる氏名を，A～Dの中から1つ選び，その記号をマークしなさい。

A　重光　葵　　B　米内光政　　C　杉山　元　　D　阿南惟幾

解説 アジア太平洋戦争

アジア太平洋戦争に関する出題である。問1・問12のように，正文・誤文選択問題に難問がみられる。正確な年代の知識が求められる設問や，地図上の位置を問う設問，世界史の知識を必要とする設問などが出題されている。

問1 答：A 難

A―○ **マレー半島**への日本軍の上陸を知ったイギリス東洋艦隊の戦艦プリンス・オブ・ウェールズとレパルスはシンガポールから出撃したが，日本海軍航空隊が1941年12月10日に2戦艦を撃沈した。戦艦に対する航空機優位を示した戦いとして知られる。

B―× 1942年2月にイギリス軍が日本陸軍に降伏したのはシンガポールでのこと。カンボジアのプノンペンは仏印（フランス領インドシナ）に含まれ，日本は太平洋戦争開戦前に進駐していた。

C―× タイは日本と表面上同盟を結び，東南アジア戦線で日本に協力したため軍政がしかれることはなかった。ただし，タイは，一方で連合国とも連絡をとっていた。

D―× ビルマがビルマ連邦共和国として独立したのは1948年のこと。日本陸軍のビルマ占領によって援蔣ルートの陸路は遮断されたが，イギリス・アメリカは空路での支援を続けた。

問2 答：C 標準

C―○ 事実上の宣戦布告である日米交渉打ち切り報告が真珠湾攻撃開始後にずれ込んだため，「リメンバー・パールハーバー」の標語のもとにアメリカでは対日敵愾心が高まった。

A―× 1941年12月1日の御前会議でアメリカ・イギリスに対する開戦を最終的に決定した。

B―× 真珠湾攻撃によって沈んだ戦艦はその後引き揚げて修理可能なものが多く，最終的にアメリカが失った戦艦は2隻であった。また，このときアメリカの航空母艦は真珠湾におらず無事であった。

D―× ハワイに住む日系アメリカ人は人口が多かったため，全員の収容はできなかった。

問3 答：B 標準

岸信介は農商務省の官僚などを経て，1941年10月に成立した東条英機内閣で商工大臣となり，1942年4月の衆議院議員総選挙（**翼賛選挙**）では，政府が結成させた翼賛政治体制協議会の推薦を受けて当選した。岸信介については，戦後にA級戦犯容疑者として逮捕（不起訴となるが）された経歴をおさえ，翼賛選挙での推薦候補であったことを導きたい。

問4 答：D 標準

D－× **ロッキード事件**が発覚したのは1976年であり，その際，三木武夫内閣は事件解明に積極的な姿勢をみせた。

問5 答：A 標準

非推薦候補で当選した人物には鳩山一郎，斎藤隆夫，尾崎行雄，芦田均，三木武夫らがいる。

問6 答：D 標準

1942年4月の衆議院議員総選挙（翼賛選挙）の後，議会を翼賛機関とするため，東条英機の提唱により挙国一致的政治結社として**翼賛政治会**が結成された。

Aの翼賛議員同盟は大政翼賛会に率先して参加した議員たちが結成した。Bの**大政翼賛会**は1940年に首相の近衛文麿を総裁として結成された国民統合組織である。Cの翼賛政治体制協議会は，元首相の阿部信行を会長として政府の誘導のもと結成され，翼賛選挙の際に候補者の推薦を行った。

問7 答：C 標準

C－○ 日本のミッドウェー攻略作戦にともない，日本の空母4隻が出撃したが，アメリカ空母の艦載機の急降下爆撃をうけ，3隻が被弾炎上，残る1隻も敵空母を攻撃後，同日中に被弾炎上して全滅した。このミッドウェー海戦での日本の大敗北により戦局が大きく転換した。

A－× ミッドウェー諸島はハワイ諸島の北西にある。

B－× アメリカ合衆国内における日系アメリカ人強制収容所は，カリフォルニア州などの内陸部に設けられた。

D－× 山本五十六は，1943年4月，南方前線を視察中にソロモン諸島上空で搭乗機を撃墜され戦死した。

問8 答：D 標準

D－○ 1943年5月12日にアメリカ軍約2万人がアッツ島に上陸した。日本の守備隊約2500人は全滅し，大本営やマスコミはこれを「玉砕」と称した。

A－× ガダルカナル島は，オーストラリアの北東に位置するソロモン諸島最大の島である。

B－× ガダルカナル島の日本軍は，弾薬・食糧などの補給が困難となったことから1943年2月に撤退した。

C－× 1942年から日本が占領していたアッツ島に，アメリカ軍が1943年5月12日に上陸したことで戦闘が開始された。

問9 答：C 標準

1943年9月30日の**御前会議**で絶対国防圏を決定し，防衛範囲を縮小した。御前会議とは天皇臨席のもとで開かれた会議のことであり，開戦・講和の可否，戦略・対外政策決定などの軍事行動をともなう重要な国策を審議した。

問10 答：D やや難

1942年に日本軍がオランダ領東インドに侵攻し，その後，スマトラ島を含む全域を日本の軍政下に置いた。1944年にはインドネシアとしての将来的な独立を容認する声明を発表している。

問12 答：D やや難

D－○ ホーチミンは「ベトナム建国の父」と言われ，1945年にベトナム民主共和国を建国すると初代大統領となった。

A－× フクバラハップはフィリピンの抗日ゲリラ組織であり，マラヤ人民抗日軍とは異なる。リークワンユー（リー=クアンユー）はシンガポール初代首相。抗日軍には加わらず，首相になった後も日本との和解を推進し，日本の協力のもと産業振興に努めた。

B－× 金日成は，延安ではなく満州における抗日戦に参加した。

C－× アウンサンの娘がアウンサンスーチーである。

問13 答：A 標準

第1回出陣学徒壮行会の開催は1943年10月である。政府は軍幹部要員不足の補充のため，1941年10月に緊急勅令の形式で兵役法を一部改正していたが，ミッドウェー海戦の大敗北など戦局の悪化がこの方針に拍車をかけ，1943年10月に勅令として在学徴集延期臨時特例を公布した。これにより，理・工・医・教員養成以外の大学・高等専門学校在学生の徴集延期が廃止された。

Bのマリアナ沖海戦は1944年6月19～20日，Cの学童集団疎開の第1陣出発は1944年8月，Dの学徒勤労令と女子挺身勤労令の公布は1944年8月。

問14 答：小磯国昭 標準

東条英機内閣の総辞職後，**小磯国昭**内閣が成立した。東条内閣瓦解後の後任首相は陸軍長老とされ，小磯と寺内寿一が候補にあげられたが，寺内は南方軍総司令官の要職にあったため朝鮮総督の小磯が浮上した。

問15 答：B 標準

陸軍大将小磯国昭を首班とする内閣案が浮上すると，重臣の近衛文麿の主張を入れ，海軍の長老**米内光政**への協力要請というかたちで組閣が行われた。

●アジア太平洋戦争

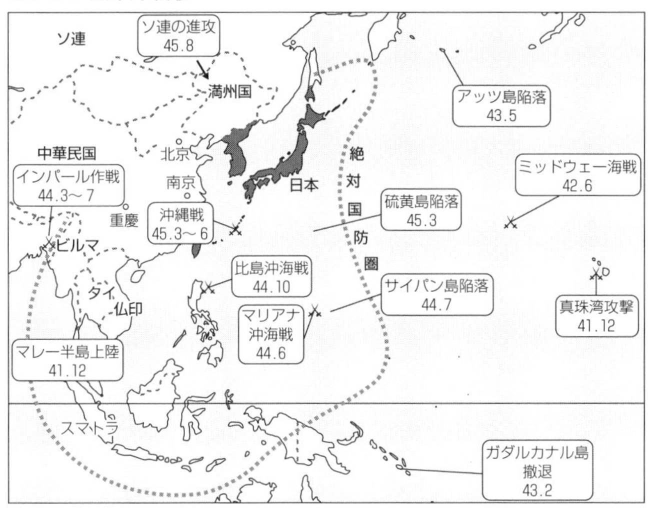

解　答

問1　A　問2　C　問3　B　問4　D　問5　A　問6　D
問7　C　問8　D　問9　C　問10　D　問11　（設問省略）
問12　D　問13　A　問14　小磯国昭　問15　B

第4章　現　代

26 2022年度 経営学部〔3〕

次の文章を読み，設問に答えなさい。

(ア)1946年10月19日，「企業再建整備法」が公布された。財政内容が悪化した企業を救済することが目的だった。(イ)第二次世界大戦で荒廃した経済を立て直すため，政府は積極的に企業を財政支援した。1946年12月には傾斜生産方式が閣議決定され，(ウ)基幹産業へ資金と資材を集中することになった。企業には，(エ)復興金融金庫の融資，価格差補給金，(オ)占領地行政救済資金，占領地域復興援助資金など，日本およびアメリカ政府による資金が投入された。

(カ)1946年2月には(キ)金融緊急措置令で通貨量の減少による戦後インフレの終息が目指された。しかしながら，(ク)1949年までインフレの進行は止まらなかった。

こうした状況のなか，1948年12月，日本経済の自立化とインフレの鎮静化を目指す(ケ)経済安定九原則をＧＨＱが指示し，政府が実施に着手することになった。翌1949年2月に来日した(コ)銀行家ドッジ，同年5月に来日したコロンビア大学教授シャウプによって(サ)具体案が提示され，政府が実行に移していった。この結果，中小企業の倒産，大量解雇が相次ぐことになった。

本格的な経済復興は1950年6月に開戦した(シ)朝鮮戦争をきっかけとする朝鮮特需によるところが大きい。(ス)1951年には鉱工業生産が戦前水準に回復。同年6月にはアメリカの対日援助が打ち切られた。(セ)9月にはサンフランシスコ講和会議で対日平和条約，日米安全保障条約の調印が行われ，翌1952年4月28日に発効し，(ソ)日本は主権を回復した。

問 1 (ア)の翌月には日本国憲法が公布されている。この時期に在任していた首相の氏名をＡ～Ｄの中から一つ選び，その記号をマークしなさい。

Ａ 幣原喜重郎　　Ｂ 吉田茂

Ｃ 片山哲　　Ｄ 芦田均

問 2 下線部(イ)に関し，1945年6月8日に開かれた御前会議で国力の現状が報告されている。そのことについて正しい記述をＡ～Ｄの中から一つ選び，その記号をマークしなさい。

A 国外からの輸入が困難になったことによる食料上の危機が報告された。

B 鉄道輸送力が維持されていることが報告された。

C 船舶数が急減したことにより，燃料の不足が解消されたことが報告された。

D 輸入は難しくなっているが国内の石炭の供給が安定していることが報告された。

問 3 下線部(ウ)について，基幹産業とは一国の経済活動の基盤を支える産業のことを指すが，この時期の基幹産業に当てはまるものをA～Dの中から一つ選び，その記号をマークしなさい。

A 石炭・鉄鋼・電力　　B 石炭・鉄鋼・自動車

C 繊維・自動車・工作機器　　D 繊維・精密機器・工作機器

問 4 下線部(エ)について，正しい記述をA～Dの中から一つ選び，その記号をマークしなさい。

A 日本政策投資銀行法が制定されたことに伴い廃止された。

B 軍需調達を通じて関連企業に負っていた債務の支払いを行った。

C 日本興業銀行本店に設置された。

D 出資は復興特別所得税を財源とした。

問 5 下線部(オ)について，正しい記述をA～Dの中から一つ選び，その記号をマークしなさい。

A 占領地行政救済資金をエロア資金という。

B 占領地行政救済資金をガリオア資金という。

C 占領地域経済復興援助資金をガリオア資金という。

D ガリオア資金はエロア資金の一部である。

問 6 下線部(カ)5月1日は，11年ぶりに第17回メーデーが行われた。戦後の労働組合，労働運動に関連して正しい記述をA～Dの中から一つ選び，その記号をマークしなさい。

A 1949年の下山事件，三鷹事件，松川事件を契機に労働組合の結成が相次いだ。

B 1947年にゼネストが実施された。

C 復活メーデーの前に食糧メーデーが行われた。

D マッカーサーが要求した五大改革指令には労働組合の結成奨励が書かれていた。

問 7 下線部(キ)の背景となったインフレーションの発生の原因について，誤っている記述をA～Dの中から一つ選び，その記号をマークしなさい。

A 復員や引揚げによって失業者が急増したため。

B 1945年に米の総収穫量が減少したため。

C 工業生産が回復したため。

D 企業に多額の軍需補償支払いが行われたため。

問 8 下線部(ク)を食い止める対策について，正しい記述をA～Dの中から一つ選び，その記号をマークしなさい。

A 旧円の預金の引き出しを奨励した。

B 新円を印刷して，旧円の紙幣はすべて廃棄した。

C 経済安定本部を設置して政策の企画，立案，統制を行った。

D 闇市を積極的に活用した。

問 9 下線部(ケ)に含まれる原則をA～Dの中から一つ選び，その記号をマークしなさい。

A 輸出の抑制　　B 物価統制計画の縮小

C 賃金の安定　　D 金融緩和

問10 下線部(コ)は日本経済を「竹馬の二本足」とたとえた。一つはアメリカからの経済援助のことを指すが，もう一つについてあてはまるものをA～Dの中から一つ選び，その記号をマークしなさい。

A 日本政府の補助金　　B GHQ

C 対日理事会　　D 極東委員会

問11　下線部(サ)について，ドッジ＝ラインにあてはまるものをA～Dの中から一つ選び，その記号をマークしなさい。

A　石炭に対する価格差補助金の増額　B　資本取引の自由化
C　赤字を許さない超均衡予算　D　為替の自由化

問12　下線部(シ)について，正しい記述をA～Dの中から一つ選び，その記号をマークしなさい。

A　1953年7月27日の朝鮮休戦協定で離散家族の相互訪問が約束された。
B　1950年1月1日，マッカーサーは「日本国憲法は自衛権を否定する」との声明を出した。
C　1951年1月1日，マッカーサーは日本の再軍備を示唆した。
D　1950年10月13日，政府はGHQの指示の下，第二次世界大戦の戦争協力者，職業軍人，国家主義者らを公職から追放した。

問13　下線部(ス)について，1951年の経済白書の副題として正しいものをA～Dの中から一つ選び，その記号をマークしなさい。

A「もはや戦後ではない」
B「経済自立達成の諸問題」
C「早すぎた拡大とその反省」
D「先進国日本の試練と課題」

問14　下線部(セ)で賠償請求を放棄した国もあるが，他方で個別に日本政府と交渉し賠償請求を放棄した国がある。その国をA～Dの中から一つ選び，その記号をマークしなさい。

A　中華人民共和国　B　フィリピン
C　インドネシア　D　ビルマ

問15　下線部(ソ)について，占領期の1946年に創刊された雑誌のうち，現在も刊行されているものをA～Dの中から一つ選び，その記号をマークしなさい。

A『科学と学習』　B『展望』
C『世界』　D『思想の科学』

解説 戦後の経済復興

戦後の経済復興を中心に，政治・経済に関する知識を問う出題であった。問4・問12・問13・問15は教科書で学んだ内容だけでは判断できない選択肢があり難問と言えるが，教科書の範囲内で解ける他の設問を取りこぼさないよう心がけたい。

問1　答：B　標準

日本国憲法公布（1946年11月3日）は**第1次吉田茂内閣**の時期である。次の片山哲内閣が日本国憲法下で組閣を行った最初の内閣であることもおさえておきたい。

●日本国憲法の制定過程

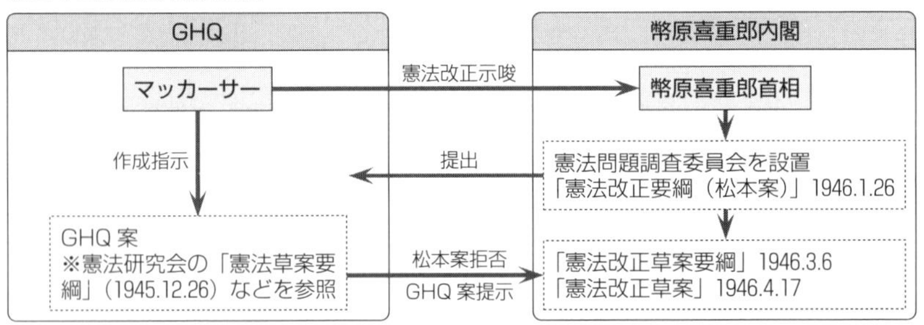

問2　答：A　標準

A－○　1945年6月8日の御前会議では，戦局の急迫で陸海交通と生産が影響を受け，食料の逼迫が深刻となった現状が報告された。

B－×　鉄道輸送力の低下が報告された。

C－×　船舶数が減少しても，燃料が不足したことなどにより運航に影響が出ていることが報告された。

D－×　石炭の供給は，生産と輸送の減少により著しく低下したことが報告された。

問3　答：A　標準

傾斜生産方式とは，産業復興を目的に**石炭・鉄鋼・電力**などの基幹産業に資金や資材を投入する経済政策である。有沢広巳が提唱し，第1次吉田茂内閣が決定した。

問4　答：C　難

C－○　復興金融金庫は政府の金融機関であるが，日本興業銀行本店に本所を置いた。

問5　答：B　標準

B－○　占領地行政救済資金をガリオア資金，占領地域経済復興援助資金をエロア資金という。

問6　答：D　標準

D－○　五大改革指令は，参政権付与による婦人の解放，労働組合の結成奨励，学校教育の自由主義化，秘密警察などの廃止，経済制度の民主化の5項目である。

A－×　1949年の下山事件・三鷹事件・松川事件により労働運動は大きな打撃を受けた。

B－×　1947年に計画された二・一ゼネストはマッカーサーの命令で直前に中止された。

C－×　日本では1920年に第1回メーデーが行われ，1936年以降は中絶し，1946年5月1日に復活した。その後，1946年5月19日には深刻化する食糧危機を背景に食糧メーデーが行われた。

問7　答：C　標準

C－×　鉱工業生産が戦前の水準に回復したのは，朝鮮戦争勃発にともなう特需により日本経済が好況をむかえた1951年である。

問8　答：C　標準

C－○　1946年，経済計画の策定と経済動向の調査などを行うために経済安定本部が設置され，1955年に経済企画庁と改称した。1947年以降毎年，経済白書を発行した。

A－×　1946年の金融緊急措置令により，従来の預金を封鎖して，一定額の新円を引き出させた。

B－×　旧円の預金は封鎖されたが，すべて廃棄されたわけではない。

D－×　闇市を活用すれば物価が上がることが想定されるので，インフレ対策として不適当である。

問9　答：C　標準

経済安定九原則は，均衡予算・徴税強化・融資制限・賃金安定・物価統制・外国為替管理・輸出振興・国産重要品の増産・食料集荷の改善の9項目である。

問10　答：A　やや難

「日本の経済は両足を地につけていず，竹馬にのっているようなものだ。竹馬の片足は米国の援助，他方は国内的な補助金の機構である」とドッジが述べたことで，この状況を「竹馬経済」と呼ぶようになった。

問11 答：C 標準

ドッジ=ラインとは，ドッジが日本経済安定のために具体化した財政金融政策のことであり，インフレ克服のための赤字を許さない超均衡予算や単一為替レートの設定などを内容としていた。

問12 答：C 難

C－○ 1951年初頭にマッカーサーによって重装備の要求が始められ，それが保安隊の編成に影響を与えた。

A－× 2000年の南北共同宣言により，離散家族の再会を進めることになった。

B－× 1950年，日本の再軍備を考えたマッカーサーは「日本国憲法は自衛権を否定するものではない」との声明を出した。

D－× 1946年に戦争協力者・職業軍人・国家主義者らの公職追放が行われたが，1950年にGHQの承認のもとで1万人以上の追放が解除となり，さらに翌年には約20万人の追放が解除となった。

問13 答：B 難

B－○ 1951年，経済安定本部は経済白書「経済自立達成の諸問題」を発表した。

A－× 1956年に経済企画庁が発表した経済白書「日本経済の成長と近代化」の中で「もはや戦後ではない」と記されている。

C－× 「早すぎた拡大とその反省」は1957年に発表された経済白書である。

D－× 「先進国日本の試練と課題」は1980年に発表された経済白書である。

問14 答：A 標準

1972年の日中共同声明によって対日賠償請求権の放棄などが合意された。フィリピン・インドネシア・ビルマおよび南ベトナムは，賠償請求権を放棄せず，1970年代半ばまでに賠償金が支払われた。

問15 答：C 難

岩波書店が1946年に創刊した総合雑誌『世界』は知識人や学生に影響を与え，現在も刊行されている。

解 答

問1 B　問2 A　問3 A　問4 C　問5 B　問6 D
問7 C　問8 C　問9 C　問10 A　問11 C　問12 C
問13 B　問14 A　問15 C

27

2018年度　法学部〔4〕

次の(A)および(B)の各ブロックの文中の空欄に，各ブロックの語群からもっとも適当と思われる語を選んで，その記号を解答欄(解答用紙裏面)にマークしなさい。

(A)

第2次世界大戦後，アメリカとソ連の関係が悪化した。

アメリカは西欧諸国との関係を強化したのに対し，ソ連は東欧諸国をその影響下において，それらの国々に社会主義政権を樹立させた。アメリカを中心とする自由主義陣営を西側陣営といい，ソ連を中心とする社会主義陣営を東側陣営というが，この両陣営の対立を東西対立という。

東西対立を具体的にみると，1947年にアメリカの大統領［ 1 ］は，アメリカの安全を確保するためにソ連を封じ込めるべきであると宣言し，さらに同年，アメリカの国務長官［ 2 ］は，西欧諸国のための経済復興計画(［ 2 ］・プラン)を発表した。

これに対し，東側陣営には1947年に［ 3 ］という組織が結成された。これは，ソ連および欧州諸国の共産党との連携・情報交換のための組織である。そして，1949年には［ 2 ］・プランに対抗するための社会主義諸国の経済協力機構である［ 4 ］が結成された。

また，ドイツは連合国軍によって分割統治されていたが，1949年に，ソ連によって占領されていた地域がドイツ民主共和国に，アメリカ・イギリスおよびフランスによって占領されていた地域がドイツ連邦共和国になり，2つの国家に分断された。前者は東側陣営に，後者は西側陣営に組み込まれることとなる。

さらに同年，西側陣営が北大西洋条約機構を結成したのに対し，東側陣営は1955年にワルシャワ条約機構を結成した。

東西対立はアジアにも大きな影響を及ぼした。

たとえば，中国では共産党が国民党との内戦に勝利し，1949年に中華人民共和国が成立した。1950年，同国はソ連と中ソ友好同盟相互援助条約を締結し，東側陣営に属することになった。これに対し，国民党は台湾に移り，同地を支配地域として中華民国政府を存続させた。

朝鮮では日本の敗戦後，北側をソ連が，南側をアメリカがそれぞれ分割統治していたが，米ソ関係の悪化により朝鮮半島が統一国家として独立することは困難であった。そして，1948年には韓国と北朝鮮がそれぞれ建国されたのであるが，［　5　］年に北朝鮮が韓国に侵攻して朝鮮戦争が勃発したのである。

〔語　群〕

A	キッシンジャー	B	コミンフォルム	C	1949
D	トルーマン	E	1951	F	国際復興開発銀行
G	ダレス	H	アイゼンハワー	I	1950
J	ローズヴェルト	K	マーシャル	L	ＧＡＴＴ
M	ＣＯＭＥＣＯＮ	N	コミンテルン	O	キーナン

(B)

上記のような東西対立は，アメリカの日本の占領政策を大きく転換させることとなった。大まかにいうと，アメリカは，日本を自由主義陣営の強力な防壁とすべく，日本の経済復興と再軍備を図ったのである。

1948年，アメリカの陸軍長官［　6　］は，日本の経済的自立を促し共産主義に対する防壁とすべきであると演説し，これに次いで同国の陸軍次官［　　　］が来日し，ＧＨＱに対して日本の賠償軽減などを進言した。そして同年10月，アメリカの外交官ケナンが，行政権限の日本政府への大幅委譲，公職追放の緩和，民間企業の育成等を提言した。

1948年に［　7　］内閣が成立すると，同年12月にＧＨＱは同内閣に対して経済安定九原則を実行するように命じた。これは，総予算の均衡，徴税強化，物価の統制などからなるが，徹底した引き締め政策であるという点にその特徴がある。これにより，インフレの抑制，円の価値の安定が企図され，もって日本の経済的な国際競争力を高めることにより，経済を復興させようとしたのである。これを実現させるべく，1949年にはアメリカのデトロイト銀行頭取の［　　］が来日し，一連の施策を日本政府に指示したのである。

ちなみに，税制に関してみると，アメリカのコロンビア大学教授の［ 8 ］を団長とする税制使節団が1949年に来日し，税制改革の勧告を行った。その内容は，主として直接税・所得税中心主義，地方税の独立などである。これを受けて，所得税などの直接税を中心とする税制改革が断行された。わが国では，それ以来，直接税・所得税中心主義が維持されたが，［ 9 ］内閣において1989年4月から消費税が導入されることとなった。その税率は当初は［ 10 ］パーセントであったが，2017年現在8パーセントとなっている。

〔語　群〕

A　竹下	B　ドッジ	C　3
D　ロイヤル	E　第2次吉田	F　海部
G　2	H　ドレーパー	I　シャウプ
J　5	K　第3次吉田	L　宇野
M　第1次吉田	N　ニミッツ	O　ハイエク

解説 戦後冷戦体制の形成と占領政策の転換

2つの文章を通じ，第二次世界大戦後の国際社会における冷戦体制の形成と日本国内における占領政策の転換について問う問題である。やや詳細な知識を必要とする空所補充もあるが，おおむね基本～標準レベルである。選択問題でもあり，消去法も駆使してしっかりと正解したい。

(A)

1 答：D 易

トルーマンが正解。1947年3月，ソ連「封じ込め」政策の必要性を唱えたが，これが**トルーマン=ドクトリン**である。

2 答：K 易

マーシャルが正解。**マーシャル=プラン**は欧州経済復興援助計画であったが，東ヨーロッパ諸国はその受け入れを拒否したため，西ヨーロッパ諸国の復興と軍備増強を援助するものとなり，ヨーロッパにおいて資本主義陣営と共産主義陣営との対決姿勢を鮮明にすることとなった。

3 答：B やや難

コミンフォルムが正解。コミンテルンと迷うかもしれない。コミンテルン（1919～43年）は「共産主義インターナショナル」の略称であり，「第3インターナショナル」とも呼ばれる，共産主義政党の国際組織である。コミンフォルム（1947～56年）はその後身にあたり，「共産党情報局」の略称である。ヨーロッパ諸国の共産党や労働者党の情報交換組織である。

4 答：M やや難

COMECON（1949～91年）が正解。経済相互援助会議のこと。マーシャル=プランに対抗する共産主義陣営の経済協力機構であった。

5 答：I 易

1950年が正解。朝鮮戦争は1950年6月，朝鮮民主主義人民共和国側が朝鮮半島の**北緯38度線**を侵犯したことをきっかけに勃発，1953年7月に**板門店**において朝鮮休戦協定が調印され，休戦状態となった。

(B)

6　答：D　やや難

日本の経済復興を推進することで「共産主義に対する防壁とすべき」と演説したのはアメリカの陸軍長官**ロイヤル**である。なお，この次の空所に入る，来日した陸軍次官はドレーパーである。

7　答：E　標準

経済安定九原則の実行を指令されたのは，第2次吉田茂内閣（1948年10月～1949年2月）である。なお，この次の空所に入る，1949年に来日したデトロイト銀行頭取は**ドッジ**である。

8　答：I　易

税制使節団の団長として1949年に来日し，税制改革の勧告を行ったのは**シャウプ**である。

9　答：A　標準

消費税を創設したのは，**竹下登内閣**（1987年11月～1989年6月）である。昭和天皇が崩御し，平成の始まったときの内閣でもある。**リクルート事件**で退陣した。

10　答：C　標準

消費税は当初**3%**であったが，5％（1997年第2次橋本龍太郎内閣)→8％（2014年第2次安倍晋三内閣)→10％（2019年第4次安倍晋三内閣）と変遷した。

●消費税の導入

内閣	内容
大平正芳	1979年，大型間接税の導入（税率5%）方針を発表
鈴木善幸	「増税なき財政再建」を公約
竹下登	1988年12月，**消費税法**成立 1989年4月，税率**3%**で実施
村山富市	消費税率を5%に引き上げることを決定
第2次橋本龍太郎	1997年4月，消費税率**5%**実施
野田佳彦	消費税率を2014年4月に8%，2015年10月に10%とすることを決定
第2次安倍晋三	2014年4月，消費税率**8%**実施
第4次安倍晋三	2019年10月，消費税率**10%**実施

解　答

(A)　1－D　2－K　3－B　4－M　5－I

(B)　6－D　7－E　8－I　9－A　10－C

28

2023年度 商学部〔4〕

以下の文章は、高度経済成長期の社会経済について記したものである。文章内における(A)〜(E)の【　　　】に入る最も適切な語句を①〜⑤から選びマークしなさい。また、［ア］〜［オ］の中に入る最も適切な語句を記しなさい。

1950年代の日本経済を概観すると、電力業では地域別9電力体制への再編、鉄鋼業では川崎製鉄株式会社による千葉県臨海部の埋立地における鉄鋼一貫工場の建設、造船業では計画造船による造船量の世界第1位の実現などといったように、産業振興が展開された。(A)【① 1947　② 1949　③ 1951　④ 1953　⑤ 1955】年には、実質国民総生産と工業生産が戦前水準を超え、日本経済の戦後復興は着実に進んでいた。

1955年から1957年にかけて神武景気と呼ばれる好景気が現出した。翌1958年にかけて、［ア］と呼ばれる景況悪化に陥ったものの、その後も大型景気を繰り返した。1956年度の『経済白書』では「もはや戦後ではない」と記され、日本経済は戦後復興から高度経済成長へと舵を切った。

大企業による膨大な設備投資は、「投資が投資を呼ぶ」と言われた。先進国の技術導入を通じた積極的な設備投資は経済成長を促し、石油化学や合成繊維などの新しい産業を創出させた。また、中小企業の構造改革が図られ、1963年には中小企業基本法とともに、中小企業をめぐる経済事情の変化に対処し、成長発展を促すことなどを目的とした中小企業［イ］法が制定された。

1955年には日本生産性本部が設立され、(B)【① スイス　② イギリス　③ ドイツ　④ オランダ　⑤ アメリカ】で起こった生産性向上を図る運動が、わが国においても展開された。先進技術は、生産過程だけでなく品質管理、流通・販売分野にまで波及し、日本独自のものに改良された。終身雇用、年功賃金、労使協調を特徴とする日本的経営はこの頃に確立することになる。

工業生産額の3分の2を重化学工業が占めるようになると、それまで主流だった石炭からのエネルギー源の転換が進んだ。1960年1月から同年11月にかけて三井鉱山三池鉱業所では炭鉱の整理にともなう大量の指名解雇に反発した労働者が282日間にわたる大争議を起こしたものの、最終的には労働側の敗北となった。

工業部門では、1955年に始まった春闘方式による労働運動の展開などによって労働者の賃金は大幅に上昇した。1964年には池田勇人首相と総評議長の(C)【① 屋良朝苗 ② 西尾末広 ③ 伊井弥四郎 ④ 太田薫 ⑤ 鈴木安蔵】が、公務員給与を民間に準じることに合意し、労働者の賃金上昇に貢献した。

国民所得倍増計画（1960年）を策定するための経済審議会産業立地小委員会報告において、既存の四大工業地帯への過度の集中による弊害が発生していたことから、京葉から北九州にかけて新たな工業地帯を形成する、いわゆる ウ ベルト地帯構想が提唱され、その後新産業都市建設促進法なども制定された。

高度経済成長期には国民の消費生活のあり方も大きく変容した。「消費は美徳」という考えのもと、耐久消費財の需要が上昇した。小売業ではスーパーマーケットが急成長し、中内功が設立したダイエーは、1972年に百貨店の(D)【① 大丸 ② 松坂屋 ③ 三越 ④ 伊勢丹 ⑤ 高島屋】を抜いて売上高で第1位となった。

しかしながら、高度経済成長が達成される一方で、社会問題が深刻化した。地方では過疎化の進行による地域社会の衰退、大都市では過密化による交通渋滞、騒音、大気汚染が問題視されるようになった。1967年に エ 法が制定されたことで、事業者、国、地方自治体の責任が明らかにされた。1971年には環境庁が発足し、公害行政と環境保全政策の一本化が図られた。高度経済成長のひずみに直面するなかで、大都市では(E)【① 革新 ② 中道 ③ 共和 ④ 復興 ⑤ 保守】自治体が成立した。1967年には経済学者で日本社会党や日本共産党が推薦した オ が東京都知事に当選した。横浜市などの大都市の市長にも(E)首長が誕生した。こうした(E)自治体では、公害規制や高齢者福祉の充実など、福祉政策で成果を上げたのである。

解説 高度経済成長期の社会・経済

高度経済成長期の社会・経済を中心に出題された。受験生が苦手とする時代とテーマであり，難問も多く点数に結びつきにくいと思われる。(C)・(D)・イは難問である。「政治・経済」など他科目で習った知識も活用したい。明治大学は戦後史を大問で出題することが多いので，早めに戦後史をまとめておきたい。

(A) 答：③ 標準

サンフランシスコ平和条約の調印と同年の1951年に，日本経済は朝鮮戦争の**特需景気**により実質国民総生産と工業生産が戦前水準を超えた。

(B) 答：⑤ やや難

「生産性向上を図る運動」は，第二次世界大戦後，アメリカによる対外援助政策の一環として開始され，資本主義諸国の国際的運動として展開された。その目的に，経済発展を通じて国民の生活水準を上昇させ，社会主義化の拡大を防ぐことがあった。日本でもアメリカからの働きかけで，1955年に日本生産性本部が設立された。

(C) 答：④ 難

1958～66年に総評の議長をつとめた太田薫は，日本の労働者全体の賃金水準などを決定する**春闘**を構想した人物。東京オリンピック開催の1964年，国民所得倍増計画を掲げる池田勇人首相と会談し公務員給与を民間に準じることを合意させた。

●戦後の労働組合の変遷

年	事項
1946	全日本産業別労働組合会議（**産別会議**）の結成　…左派（共産党系） 日本労働組合総同盟（**総同盟**）の結成　…右派（社会党系）
1950	GHQの支援で反共労組として日本労働組合総評議会（**総評**）結成 …講和会議後，反米姿勢を強めていく（社会党系）
1955	総評の指導で春闘開始
1964	全日本労働総同盟（**同盟**）の結成 …企業業績向上に奉仕して労働条件の改善をはかる企業主義的傾向，日本社会党支持の総評に対抗し，民社党を支持
1987	同盟・中立労連などが全日本民間労働組合連合会（全民労連）を結成
1989	全民労連に総評が合流して日本労働組合総連合会（**連合**）が発足 …労使協調路線，約800万人 全国労働組合総連合（全労連）の結成　…共産党系，約140万人 全国労働組合連絡協議会（全労協）の結成　…社会党左派系，約50万人

(D) 答：③ 難

三越は江戸時代に始まる百貨店の老舗であったが，スーパーマーケットのダイエーが1972年に三越を抜いて売上高で第1位となった。これは，高度成長期の大量生産と大量消費を背景とした流通革命の一例である。

(E) 答：① 標準

選択肢の次の文をみると，日本社会党や日本共産党が推薦した人物が東京都知事に当選したとあることから，革新勢力を基盤に誕生した**革新自治体**が成立したことがわかる。革新自治体の首長は**革新首長**と呼ばれ，1950年の蜷川虎三（京都府知事），1963年の飛鳥田一雄（横浜市長），1967年の美濃部亮吉（東京都知事），1971年の黒田了一（大阪府知事）が続いた。

ア 答：なべ底不況 やや難

神武景気が終わった1957年後半から1958年にかけての一時的な景気の落ち込みを「**なべ底不況**」という。平たい鍋の底のように不況が長引くと予測されていたためそう呼ばれたが，アメリカ景気のV字回復や，三種の神器といわれる家電品の需要の根強さなどから，1958年7月には**岩戸景気**が始まり，再び好景気となった。

イ 答：近代化促進 難

1963年，中小企業基本法と同年に中小企業近代化促進法が制定された。前者は国が実施すべき中小企業政策の基本的な枠組みを定めた法律，後者は中小企業の生産性・設備・技術開発力などの近代化を促進することを目的とする法律で，高度経済成長を支える中小企業の生産性の向上と国際競争力の強化をはかった。

ウ 答：太平洋 標準

東京湾沿岸の京葉から東海・近畿・瀬戸内そして北九州へ連なる帯状の地域を**太平洋ベルト地帯**と呼ぶ。新幹線や高速道路の整備によって，京浜・中京・阪神・北九州の四大工業地帯と結ばれていった。

エ 答：公害対策基本 標準

1967年に**公害対策基本法**が制定され，事業者，国，地方自治体の責任が明らかにされた。しかし，その内容は「経済の健全な発展」を前提としたうえでの環境対策となっており，公害を発生させた企業の責任については言及されなかった。1970年の改正で経済調和条項が削除され，1971年に**環境庁**が設置されて，ようやく本格的な環境行政の体制が整うことになった。

オ 答：美濃部亮吉 標準

美濃部亮吉は，憲法学者美濃部達吉の長男で，1938年には東京帝国大学在学中に師事した大内兵衛とともに人民戦線事件で検挙された。1967年には革新統一候補として東京都知事に当選し，3期12年にわたって都政につとめた。1980年に無所属で参議院議員に当選したが，任期途中で死去した。

解答

(A)―③ (B)―⑤ (C)―④ (D)―③ (E)―①

ア なべ底不況 イ 近代化促進 ウ 太平洋 エ 公害対策基本

オ 美濃部亮吉

29

2016年度　経営学部〔2〕

次の文章を読んで，以下の問いに答えなさい。

第二次世界大戦後の日本では，食糧や日用品が不足し，遅配や欠配も続いたため，都市部の人々は農村への買い出しや闇市での購入などで糊口をしのいだ。さらに，通貨発行量が増えたため，激しいインフレーションに見舞われた。1946年2月，(ア)政府は金融緊急措置令を発したが，効果は一時的であった。さらに，政府は，1946年8月に経済の危機を克服するため経済安定本部を設置し，同年12月には(イ)傾斜生産方式を採用した。

傾斜生産方式は生産復興に貢献したが，巨額な資金投入をともなったため，インフレーションをさらに進行させることになった。1948年12月にＧＨＱは，(ウ)経済安定九原則の実行を日本政府に求めた。翌年に来日したドッジは，(エ)ドッジ＝ラインと呼ばれる一連の施策を指示した。また(オ)シャウプ勧告によって税制改革も実施された。

1950年6月に始まった朝鮮戦争は，アメリカ軍による膨大な特需を日本にもたらした。これにより日本の鉱工業の生産は，(　カ　)年にほぼ戦前の水準に回復した。そして1955～57年になると(　キ　)景気と呼ばれる大型の好景気が到来した。

第二次世界大戦後の日本の学術・文化面に目を向けると，1946年には，学問・文化の発展を奨励する文化勲章の授与が復活した。人文・社会科学の分野では，占領政策への批判は禁止されてはいたが，戦前や戦時期よりも自由な研究が可能となり，発展がみられた。(ク)丸山真男，大塚久雄，川島武宜などの研究が知識人へ大きな影響を及ぼした。自然科学の分野では，1949年に物理学者の(　ケ　)が日本人初のノーベル賞を受賞し，日本の国民にとって大きな励みとなった。1950年には，伝統的な価値のある有形・無形の文化を広く保護するため(コ)文化財保護法が制定された。文学では，日本の社会の常識やリアリズムに挑戦する(サ)太宰治や坂口安吾の作品や，戦争体験を表現した大岡昇平や野間宏の作品などが大きな影響力をもった。大衆文化の面でも，ひろがりをみせた。歌謡曲では，並木路子が歌った「（　シ　）」（サトウハチロー作詞，万城目正作曲）が大流行し，敗戦後の暗い世相のなかにあった人々に明るさを与えた。

問 1　下線部(ア)に関して，正しい記述をA～Dの中から一つ選び，その記号をマークしなさい。

A　これは第1次吉田内閣による経済政策の1つであった。

B　これにより預金封鎖が行われた。

C　旧円の流通が長く継続されることになった。

D　預金の引き出しは無制限であった。

問 2　下線部(イ)に関して，正しい記述をA～Dの中から一つ選び，その記号をマークしなさい。

A　日本開発銀行を設立して必要な資金を供給した。

B　これは第3次吉田内閣によって実施された経済政策であった。

C　これを提唱したのは大内兵衛であった。

D　石炭と鉄鋼の増産に力を入れさせる政策であった。

問 3　下線部(ウ)に関して，9つの原則に含まれないものをA～Dの中から一つ選び，その記号をマークしなさい。

A　賃金の安定　　B　輸入増進　　C　予算の均衡　　D　物価統制

問 4　下線部(エ)に関して，ドッジ＝ラインに含まれるものをA～Dの中から一つ選び，その記号をマークしなさい。

A　商品別複数為替レートの設定

B　1ドル＝320円の単一為替レートの設定

C　超均衡予算

D　金本位制の実施

問 5　下線部(エ)に関して，ドッジ＝ラインによる結果の記述として正しいものをA～Dの中から一つ選び，その記号をマークしなさい。

A インフレが加速した。

B 雇用の機会が増えた。

C 好況となって企業の業績が向上した。

D 多くの失業者を生み出した。

問 6 下線部(オ)に関して，シャウプ勧告の主旨に含まれるものをA～Dの中から一つ選び，その記号をマークしなさい。

A 消費税を導入する。

B 間接税中心の税制とする。

C 累進課税制を取りやめる。

D 直接税中心の税制とする。

問 7 空欄（ カ ）にあてはまる数字として正しいものをA～Dの中から一つ選び，その記号をマークしなさい。

A 1951　B 1952　C 1953　D 1954

問 8 空欄（ キ ）にあてはまる言葉として正しいものをA～Dの中から一つ選び，その記号をマークしなさい。

A 鍋底　B いざなぎ　C 岩戸　D 神武

問 9 下線部(ク)に関して，正しい記述をA～Dの中から一つ選び，その記号をマークしなさい。

A 丸山真男は法社会学者である。

B 大塚久雄は経済史学者である。

C 川島武宜は政治学者である。

D 丸山真男，大塚久雄，川島武宜の3人はいずれも1980年代に逝去した。

問10 空欄（ ケ ）にあてはまる人物の氏名を，解答欄に漢字の楷書で正しく記入しなさい。

問11　下線部(コ)が制定されるきっかけとなった出来事として，正しい記述をA～Dの中から一つ選び，その記号をマークしなさい。

A　三島由紀夫が『金閣寺』を発表して，文化財の保護を訴えた。

B　坂口安吾が『斜陽』を発表して，日本文化の衰退を嘆いた。

C　金閣寺が放火された。

D　法隆寺金堂の壁画が焼損した。

問12　下線部(サ)の作家と作品の組み合わせとして，正しいものをA～Dの中から一つ選び，その記号をマークしなさい。

A　太宰治－点と線　　B　太宰治－太陽の季節

C　坂口安吾－白痴　　D　坂口安吾－細雪

問13　空欄（　シ　）にあてはまる歌の曲名として正しいものをA～Dの中から一つ選び，その記号をマークしなさい。

A　リンゴ追分　　B　青い果実　　C　青いリンゴ　　D　リンゴの唄

解説 第二次世界大戦後の経済・文化

昭和の文化史は明治大学では頻出であり，2016年度は戦後の文化史が多く問われた。少し細かいと思われるレベルにまで気をつけて学習することが必要である。経済史に関しては基本的な出題が多いが，それぞれの語句の意味まできちんと理解しておかねばならないのは他の大問と同様である。

問1 答：B 標準

B－○ **金融緊急措置令**によって，新円を発行し，従来の旧円の預金を封鎖して一定額の新円を引き出させ，通貨量縮減をはかった。

A－× 金融緊急措置令は「第1次吉田内閣」ではなく「**幣原喜重郎内閣**」による経済政策。

C－× 旧円の流通を禁止した。

D－× 預金の引き出しは一定額に制限されていた。

問2 答：D 標準

D－○ **傾斜生産方式**とは，産業復興のため石炭・鉄鋼などの基幹産業部門に資材・資金を重点的に投入する経済政策である。

A－× 資金を供給するために1947年に設立されたのは「日本開発銀行」ではなく「復興金融金庫」。復興金融金庫は1952年に日本開発銀行に吸収された。

B－× 傾斜生産方式は**第1次吉田茂内閣**のときに閣議で決定され，**片山哲内閣**のもとで実施された。

C－× 傾斜生産方式を提唱したのは「大内兵衛」ではなく「有沢広巳」。

問3 答：B 標準

Bの輸入増進が正解。九原則をすべて覚えるよりも，九原則の目的を理解することで解答できる。**経済安定九原則**は世界が冷戦に突入するなかで，日本経済を自立させようとしたGHQが実行を指令したものである。したがって，経済の自立につながらない「輸入増進」は誤りと判断できる。経済安定九原則では物資割当改善による輸出振興をめざした。なお，九原則とは，予算の均衡・徴税強化・資金貸出制限・賃金安定・物価統制・貿易改善・物資割当改善・増産・食糧集荷改善である。

問4 答：C 標準

Cの超均衡予算が正解。ドッジはインフレ収束のために，赤字を許さない超均衡予算の編成を政府に要求した。

Bの単一為替レートは「1ドル＝320円」ではなく，「1ドル＝360円」に設定された。

問5 答：D 標準

D－○ ドッジ=ラインによってインフレは収束したが，不況は深刻化した。

Aのインフレの加速，Bの雇用の増加，Cの企業の業績向上はいずれも好況のときに起こる内容である。

問6 答：D 標準

D－○ **シャウプ勧告**の内容は，直接税（所得税）中心主義，間接税の整理，地方税の独立と地方財政平衡交付金制度の採用，青色申告納税の導入などであった。

問7 答：A やや難

特需により，1951年には工業生産や実質国民総生産などが戦前の水準にまで回復した。

問8 答：D 標準

神武天皇以来の例を見ない好景気という意味を込めて名づけられた**神武景気**によって1955年から高度経済成長が始まった。神武景気が終わった1957年後半から1958年にかけての一時的な景気の落ち込みを**鍋底不況**と呼ぶ。その後，**岩戸景気**，**オリンピック景気**，**いざなぎ景気**と呼ばれる好景気が続いた。

問9 答：B やや難

B－○ 大塚久雄は資本主義成立期に近代的市民がどのように創出されたかを論じて，戦後民主主義に影響を与えた経済史学者であり，著書には『近代資本主義の系譜』などがある。

A－× 丸山真男は政治学者である。

C－× 川島武宜は法社会学者である。

D－× 丸山・大塚・川島の3人はともに1990年代に逝去した。

問10 答：**湯川秀樹** 標準

1949年に日本人初のノーベル賞を受賞した物理学者は**湯川秀樹**である。中間子理論を提唱していたことが受賞につながった。ラッセル・アインシュタイン宣言やパグウォッシュ会議にも参加し，平和運動にも貢献した。

●ノーベル賞受賞者（20世紀）

人名	受賞年	受賞分野
湯川秀樹	1949	物理学
朝永振一郎	1965	物理学
川端康成	1968	文学
江崎玲於奈	1973	物理学
佐藤栄作	1974	平和
福井謙一	1981	化学
利根川進	1987	生理学・医学
大江健三郎	1994	文学
白川英樹	2000	化学

問11　答：D　標準

D―○　1949年に法隆寺金堂の壁画が焼損したことをきっかけに，1950年に**文化財保護法**が制定された。参議院文部委員会から提出された議員立法で，国宝・重要文化財の指定・管理・公開なども定められている。

問12　答：C　標準

坂口安吾は戦後，太宰治と並んで無頼派の流行作家となり，『白痴』『堕落論』などの作品が知られる。**太宰治**の作品には『斜陽』『人間失格』『津軽』『走れメロス』などがある。なお，Aの『点と線』は松本清張，Bの『太陽の季節』は石原慎太郎，Dの『細雪』は谷崎潤一郎の作品である。

問13　答：D　やや難

並木路子が歌った「リンゴの唄」は，戦後の解放感を象徴するヒット曲となった。なお，Aの「リンゴ追分」は美空ひばり，Bの「青い果実」は山口百恵，Cの「青いリンゴ」は野口五郎の歌である。

解　答

問1　B　　問2　D　　問3　B　　問4　C　　問5　D　　問6　D
問7　A　　問8　D　　問9　B　　問10　湯川秀樹　　問11　D
問12　C　　問13　D

30

2018 年度　政治経済学部〔4〕

次の表1と表2を参照し，以下の設問に答えなさい。

表1　一次エネルギー総供給(構成比)の推移

単位：ペタジュール(%)

年度	石　炭*	原　油	石油製品	天然ガス	水　力	原子力	再生可能エネルギー等	合　計
1955	1,268(47.2)	375(14.0)	97(3.6)	10(0.4)	731(27.2)	0(0.0)	204(7.6)	2,684(100.0)
1960	1,738(41.2)	1,311(31.1)	277(6.6)	39(0.9)	661(15.7)	0(0.0)	194(4.6)	4,220(100.0)
1965	1,911(27.0)	3,479(49.2)	736(10.4)	85(1.2)	751(10.6)	0(0.0)	109(1.5)	7,071(100.0)
1970	2,662(19.9)	8,097(60.5)	1,526(11.4)	166(1.2)	749(5.6)	44(0.3)	139(1.0)	13,383(100.0)
1975	2,512(16.4)	10,253(66.9)	992(6.5)	386(2.5)	805(5.3)	237(1.5)	145(0.9)	15,330(100.0)
1980	2,818(16.9)	9,687(58.3)	1,299(7.8)	1,012(6.1)	857(5.2)	778(4.7)	176(1.1)	16,627(100.0)
1985	3,299(19.4)	7,637(45.0)	1,909(11.3)	1,600(9.4)	799(4.7)	1,503(8.9)	221(1.3)	16,967(100.0)
1990	3,367(16.7)	9,164(45.4)	2,341(11.6)	2,059(10.2)	810(4.0)	1,884(9.3)	577(2.9)	20,202(100.0)
1995	3,754(16.5)	10,204(44.9)	2,226(9.8)	2,479(10.9)	742(3.3)	2,695(11.9)	612(2.7)	22,712(100.0)
2000	4,287(18.2)	9,761(41.4)	2,252(9.5)	3,061(13.0)	757(3.2)	2,859(12.1)	623(2.6)	23,600(100.0)
2005	4,829(20.3)	9,506(40.0)	2,128(9.0)	3,288(13.8)	668(2.8)	2,662(11.2)	674(2.8)	23,755(100.0)
2010	4,997(21.5)	8,162(35.2)	1,926(8.3)	4,002(17.3)	703(3.0)	2,465(10.6)	944(4.1)	23,200(100.0)
2015	5,155(24.6)	7,435(35.5)	1,923(9.2)	4,662(22.3)	710(3.4)	79(0.4)	970(4.6)	20,934(100.0)

*コークスなどを含む
(出所)資源エネルギー庁「総合エネルギー統計」より作成。

表2　農林水産物の品目別自給率(重量ベース)の推移

年度	米	小麦	大豆	野菜	果実	牛肉	木材	魚介類*
1955	110%	41%	41%	100%	101%	99%	95%	107%
1960	102%	39%	28%	100%	100%	96%	87%	111%
1965	95%	28%	11%	100%	90%	95%	71%	110%
1970	106%	9%	4%	99%	84%	90%	45%	108%
1975	110%	4%	4%	99%	84%	81%	36%	100%
1980	100%	9%	4%	97%	81%	72%	32%	97%
1985	107%	14%	5%	95%	77%	72%	36%	86%
1990	100%	15%	5%	91%	63%	51%	26%	72%
1995	104%	7%	2%	85%	49%	39%	21%	59%
2000	95%	11%	5%	81%	44%	34%	18%	53%
2005	97%	14%	5%	79%	41%	43%	20%	57%
2010	97%	9%	6%	81%	38%	42%	26%	62%

*食用の魚介類
(出所)農林省「食糧需給表」，農林水産省「食料需給表」より作成。

問 1 表1にある1960年度から1970年度までのわが国のエネルギー供給について述べた以下の文章のうち，正しいものはどれか。A～Eから一つ選び，解答欄にマークしなさい。

A 石炭産業と鉄鋼業を中心とした傾斜生産方式による戦後復興が終わり，火力発電用を含め石炭の供給量は大幅に減少したが，他方で石油火力発電が普及した。

B 三井三池炭鉱で大量解雇反対の労働争議が起こり，労働者側が敗北し，九州のみならず北海道でも炭鉱の閉山が進められたが，他方で石油化学産業が勃興した。

C 重化学工業の発展に際して，中東などからの安価な原油が輸入され，エネルギー転換が進んだことで，石炭の供給量は減少に転じた。

D 製鉄業や火力発電所での石炭の燃焼により，ばい煙や硫黄酸化物が大量に排出されて大気汚染が社会問題となり，呼吸器疾患などを引き起こさない石油への転換が進んだ。

E 1970年度には自動車の生産台数が約600万台を超え，乗用車の普及率が60%を超える過程でガソリンの供給量が急速に増加した。

問 2 表1にある1970年度から1980年度までの原油と石油製品の供給における変動の背景について述べた以下の文章のうち，正しいものはどれか。A～Eから一つ選び，解答欄にマークしなさい。

A 中東やアフリカなどの産油国の資源ナショナリズムが高まり，石油輸出国機構（ＯＰＥＣ）が1971年に結成された。

B ベトナム戦争によるアメリカの国際収支の悪化や日本とドイツによる対米輸出の急増により，アメリカは輸出向けの原油価格を引き上げ，アラブ諸国がそれに追従した。

C 第4次中東戦争が勃発し，アラブ石油輸出国機構（ＯＡＰＥＣ）は親イスラエル政策をとる欧米や日本に対して，原油の供給制限を行った。

D イラクでは王政の打倒をかかげる宗教指導者ホメイニ師の指導下で革命が起き，原油価格の単独での引き上げと日系油田の国有化が行われた。

E 1967年に公害対策基本法が制定され，1968年に大気汚染防止法が施行されたことで，石油に代わり，大気汚染のより少ない天然ガスへの転換が火力発電所で急速に進んだ。

問 3 表1にある原子力発電について述べた以下の文中の空欄 [1]，[2]，[3] に入る語句の組み合わせとして，正しいものはどれか。A～Eから一つ選び，解答欄にマークしなさい。

わが国では1955年に [1] が締結され，この年に原子力基本法が制定された。この法律は，第2条で「原子力利用は，[2] の目的に限り，安全の確保を旨として，民主的な運営のもとに，[3] ものとし，その成果を公開し，進んで国際協力に資するものとする。」と定めた。

	1	2	3
A	日米安全保障条約	平和	日米共同で行う
B	日米安全保障条約	平和	自主的に行う
C	日米原子力協定	平和	自主的に行う
D	日米原子力協定	経済発展	日米共同で行う
E	日米安全保障条約	経済発展	自主的に行う

問 4 表1にある原子力エネルギーの供給について述べた以下の文章のうち，正しいものはどれか。A～Eから一つ選び，解答欄にマークしなさい。

A 1966年に民間の原子力発電会社が日本初の原子力発電所を茨城県の東海村に完成させたが，実験用の施設であり，1997年度の運転停止まで電力を販売しなかった。

B 1967年に制定された公害対策基本法と1993年にそれを引き継いだ環境基本法は，放射能による大気・水質・土壌の汚染の防止を義務づけ，原子力発電の発展を抑制した。

C 先進国の温暖化ガスの排出削減目標を定めた1997年の京都議定書は，2000年度以降，わが国の原子力エネルギーの構成比を急速に高める要因となった。

D 1974年に田中角栄政権の下で制定された電源開発促進税法，電源開発促進対策特別会計法，発電用施設周辺地域整備法は，原子力発電所の誘致を主な目的とし，原子力発電の普及に寄与した。

E 1999年9月30日に東海村の民間の核燃料加工施設で発生した原子力(臨界)事故は自衛隊の出動により収束し，被曝での死者はいなかったが，その影響で2000年度以降，原子力エネルギーの供給量は引き下げられた。

問5 表1にある原油の精製や石油製品の利用などによって引き起こされた公害問題はどれか。A～Eから一つ選び，解答欄にマークしなさい。

A 水俣病　B 四日市ぜんそく　C イタイイタイ病

D カネミ油症　E 杉並病

問6 表2における米の自給率は，1965年度を例外として，1995年度まで100%以上に保たれていた。それは政府が行った米の需給調整への介入によるが，それを可能にした法律はどれか。A～Eから一つ選び，解答欄にマークしなさい。

A 米穀法　B 食糧管理法

C 米穀統制法　D 食糧確保臨時措置法

E 食糧法

問7 表2の農産物について述べた以下の文章のうち，正しいものはどれか。A～Eから一つ選び，解答欄にマークしなさい。

A 1961年の農業基本法において，小麦や大豆の需要は拡大あるいは安定しているが外国との競争力において劣位にあるとされ，積極的に輸入が奨励された。

B 小麦は農業基本法において国家貿易の対象品目から除外され保護されなかったため，大豆と同様に1965年度以降，自給率を激減させた。

C 野菜(冷凍や加工品などを含む)の自給率は1995年以降80%水準だが，それは輸入量の9割以上を占める主要輸入先の中国とアメリカからの輸入の停滞による。

D　農業基本法では，消費者の所得の向上で需要が拡大する果実のような農産物を自由な貿易にゆだねる方針が採用されたため，自給率が下がった。

E　2000年度に米の自給率は100％以下になったが，その背景には1993年のＧＡＴＴウルグアイ＝ラウンドでの農業合意による1995年からのコメ市場の部分開放があった。

問 8　（設問省略）

問 9　表2にある木材の自給率について述べた以下の文中の空欄［4］，［5］，［6］に入る語句の組み合わせとして，正しいものはどれか。Ａ～Ｅから一つ選び，解答欄にマークしなさい。

1965年以降の木材自給率の下落は，国際収支上の理由による輸入制限ができなくなる1963年の［4］への移行と翌64年の［5］への移行，および経済協力開発機構（ＯＥＣＤ）への加盟により［6］が実施されたことによる。

	4	5	6
A	ＩＭＦ8条国	ＧＡＴＴ11条国	数量割当
B	ＩＭＦ8条国	ＧＡＴＴ11条国	為替と資本の自由化
C	ＩＭＦ8条国	ＧＡＴＴ11条国	外貨割当
D	ＧＡＴＴ11条国	ＩＭＦ8条国	数量割当
E	ＧＡＴＴ11条国	ＩＭＦ8条国	為替と資本の自由化

問10　表2にある魚介類の自給率は下落傾向にあり，1985年度からはとくにそれが顕著である。この原因の一つである輸入の増大につながる為替相場の変動を引き起こした1985年の出来事はどれか。Ａ～Ｅから一つ選び，解答欄にマークしなさい。

A　プラザ合意　　B　変動相場制への移行

C　スミソニアン合意　　D　第一回先進国首脳会議

E　ニクソン＝ショック

解説 現代の一次エネルギーと農林水産物の推移

一次エネルギー総供給の推移（1955〜2015 年度）と農林水産物の品目別自給率の推移（1955〜2010 年度）の統計表を参考にして，その推移の原因を考察させる出題であった。戦後の産業・経済分野に関係する問題には，政治経済や地理の知識も必要となることが多いので，普段からその対策もしっかり行っておくこと。

問1 答：B 標準

B―〇 石炭から石油へのエネルギー転換が急速に進むなか，福岡県の**三井三池炭鉱**で石炭産業斜陽化による大量解雇が通告されると，1960 年，労働組合側は大規模争議を展開した。しかし，解雇は撤回できず，労働組合側の敗北に終わった。

A―× 「石炭の供給量は大幅に減少した」が誤り。表1から，1960 年度から 1970 年度にかけて一次エネルギーのなかで石炭の構成比は減少しているが，供給量は増加していることが読み取れる。

C―× 「石炭の供給量は減少に転じた」が誤り。

D―× 「呼吸器疾患などを引き起こさない石油への転換」が誤り。四日市ぜんそくのように，石油化学コンビナートによる大気汚染が原因で呼吸器疾患が引き起こされることがある。

E―× 1970 年度には自動車の生産台数は約 529 万台であった。また，乗用車の普及率も 25％程度であった。

問2 答：C 標準

C―〇 1948 年のイスラエル建国以来，イスラエルとアラブ諸国との間で 4 次にわたって行われた戦争を中東戦争と呼ぶ。1973 年の**第 4 次中東戦争**では，アラブ諸国によるイスラエル支持国への石油供給の中止・削減という石油戦略が発動された。サウジアラビア・クウェート・リビアの 3 カ国が 1968 年に設立したアラブ石油輸出国機構（**OAPEC**）は，OPEC の決議に拘束される下位組織とはいえ，石油危機を引き起こす中心となった。

A―× 石油輸出国機構（**OPEC**）は「1971 年」ではなく，1960 年に結成された。

B―× ベトナム戦争による国際収支の悪化や日本とドイツによる対米輸出の急増により，アメリカは「輸出向けの原油価格を引き上げ」たのではなく，金・ドル交換停止を発表し，大幅な為替レートの切り上げを要求した（**ニクソン=ショック**）。

D―× 王政の打倒を掲げる宗教指導者ホメイニ師の指導下で革命（イラン革命）が起きたのは「イラク」ではなく，イランである。また，「原油価格の単独での引き上げ」も誤り。イラン革命を受けて，アラブの産油諸国が原油価格の引き上げを行った。

E－×　石油に代わり，天然ガスへの転換が火力発電所で急速に進んだのは，公害対策基本法の制定や大気汚染防止法の施行によってではなく，1973 年に起こった第 4 次中東戦争による第 1 次石油危機が背景にあった。

問3　答：C　標準

消去法を用いて解答しよう。日米安全保障条約はサンフランシスコ平和条約とともに 1951 年に締結されたので，空欄 1 には日米原子力協定が入る。**原子力基本法**が原子力の平和利用を掲げていることは知っておきたいが，たとえその知識がなくても，原子力が核兵器に利用されて戦争で使用されたことを考えれば，この法においては平和の目的に限って原子力利用を認める可能性が高いと考え，空欄 2 には平和が入ると判断できる。よって，空欄 3 が「自主的に行う」だとわからなくても正解がCと導き出せる。

問4　答：D　やや難

D－○　石油危機により，石油に代わる代替エネルギーが模索され，原子力発電所の設置や利用の促進などをはかるために，1974 年，電源開発促進税法などが制定された。

A－×　1966 年に東海村に完成した日本初の原子力発電所は東海発電所で，「実験用の施設」ではなく，商業用原子力発電所である。

B－×　1967 年に制定された公害対策基本法と，1993 年にそれを引き継いだ環境基本法には放射能汚染への対応に関する条項はなく，2012 年に環境基本法が改正され，放射能による大気・水質・土壌の汚染防止のための措置が同法の対象とされるようになった。

C－×　表 1 より 2000 年度以降 2010 年度まで，日本の原子力エネルギーの構成比は急速に高まっておらず，ほとんど変化がないことがわかる。

E－×　1999 年に起こった東海村の臨界事故では，被曝した作業員が死亡している。また，原子力エネルギーの供給量が引き下げられたのは，2011 年に起こった東日本大震災における原子力発電所の事故などが原因である。

●原子力発電の導入と原子力関連の事故

1955	**日米原子力協定**により，アメリカからの濃縮ウラン受け入れを決定
	原子力基本法を制定し，原子力の平和利用を掲げる
1956	正力松太郎を委員長に原子力委員会を設立
	茨城県東海村に日本原子力研究所を設立
1963	**茨城県東海村**の日本原子力研究所で日本初の原子力発電に成功
1995	福井県敦賀市の高速増殖原型炉もんじゅでナトリウム漏れ事故
1999	茨城県東海村核燃料加工施設での臨界被曝事故
2007	新潟県中越沖地震により東京電力柏崎刈羽原子力発電所が緊急停止
2011	東日本大震災による東京電力**福島第一原子力発電所事故**
	→放射性物質の飛散，原子力政策の問題点が露呈

問5 答：B 標準

四日市ぜんそくは，石油化学コンビナートによる大気汚染が原因で引き起こされた呼吸器疾患である。

Aの**水俣病**の原因は有機水銀，Cの**イタイイタイ病**の原因はカドミウム，Dのカネミ油症の原因はポリ塩化ビフェニルである。Eの杉並病は東京都杉並区の不燃ごみ中継施設で発生した健康被害だが，原因物質は判明していない。

●四大公害訴訟

	新潟水俣病	四日市ぜんそく	イタイイタイ病	水俣病
発生地域	新潟県阿賀野川流域	三重県四日市市の石油化学コンビナート周辺	富山県神通川流域	熊本県水俣市の水俣湾周辺
発生原因	有機水銀	亜硫酸ガス	カドミウム	有機水銀
被告	昭和電工	四日市コンビナート6社	三井金属	チッソ
提訴と判決	1967.6 提訴 1971.9 原告勝訴	1967.9 提訴 1972.7 原告勝訴	1968.3 提訴 1971.6 原告勝訴	1969.6 提訴 1973.3 原告勝訴

問6 答：B やや難

Bの食糧管理法は食糧の需給と価格の安定のため1942年に制定された法律で，Eの食糧法が1995年に施行されたことにより廃止された。ちなみに，Aの米穀法は1921年に制定された米価を安定させるための法律で，1933年にCの米穀統制法に発展した。Dの食糧確保臨時措置法は，戦後の食糧事情の安定をはかるために1948年に施行された法律である。

問7 答：E 難

E―○ GATTウルグアイ=ラウンドは1986年から始まった多角的貿易交渉のことであり，1994年に閉幕した。農業交渉において，1993年に細川護煕内閣は農産物の完全自由化に合意した。コメ市場は例外として関税化の代わりに部分開放を受け入れた。

A―× 農業基本法では，小麦や大豆の積極的な輸入を奨励していない。

B―× 農業基本法に，小麦を国家貿易の対象品目から除外すると規定する条文は存在しない。1961年に公布された農業基本法は，日本の農業の近代化と構造改善をはかるための法律であった。

C―× 1995年度以降，野菜の主要輸入先の中国とアメリカからの輸入は停滞しておらず，むしろ中国の安価な野菜の輸入が増加している。

D―× 果実のような農産物を自由な貿易にゆだねる方針が採用されたのは，GATTウルグアイ=ラウンドの交渉のなかで，1988年に農産物の輸入自由化が定められたからである。

問9 答：E 標準

1963年に**GATT11条国に移行**したことで貿易が自由化（国際収支の悪化を理由に輸入制限を行うことができない）し，1964年に**IMF 8条国に移行**したことで為替が自由化（国際収支の悪化を理由に為替制限を行うことができない）し，同じく1964年に**経済協力開発機構（OECD）に加盟**したことで資本が自由化（株式取得や外国企業の進出など資本取引の制限をなくし自由にする）した。

●日本の国際経済体制への復帰

1952	IMFに加盟 …国際的な通貨体制に参加。ただし，為替制限が認められていた。
1955	GATTに加盟 …自由貿易体制の枠組みに参加。ただし，国際収支悪化による輸入の制限が認められていた。
1963	GATT11条国に移行 …**貿易の自由化**。国際収支の悪化を理由に輸入制限を行うことができなくなった。
1964	IMF8条国に移行 …**為替の自由化**。国際収支の悪化を理由に為替制限を行うことができなくなった。
	OECDに加盟 …**資本の自由化**。株式取得や外国企業の進出など資本取引の制限がなくなった。

問10 答：A 標準

輸入の増大につながる為替相場の変動を引き起こした1985年の出来事とは**プラザ合意**である。アメリカの貿易赤字を縮小するため，先進5カ国財務相・中央銀行総裁会議において，ドル高是正の介入に合意した。これにより急激な円高が進行した。

解 答

問1 B　問2 C　問3 C　問4 D　問5 B　問6 B
問7 E　問8 （設問省略）　問9 E　問10 A

31 2022年度 情報コミュニケーション学部〔4〕

次の文章は，2021年4月に発表された日米首脳共同声明「新たな時代における日米グローバル・パートナーシップ」の一部である。これを読み，各設問に解答しなさい。

日米両国の歴史的なパートナーシップは，両国の国民の安全と繁栄にとって不可欠である。争いの後(ア)に結ばれた日米同盟は，日米両国にとっての基盤となった。世界は幾度も変化したが，我々の絆はより固く結ばれた。日米両国の民主主義(イ)は花開き，経済は繁栄(ウ)し，そして両国はイノベーションを先導するようになった。日米両国の文化的あるいは人的つながりはかつてなく深まり，多国間機関において，あるいは，グローバルな通商及び投資の拡大において，さらにはインド太平洋地域の平和，安全及び繁栄の推進において，両国は共に先頭に立ってきた。日米両国の長年にわたる緊密な絆を祝福し，菅総理とバイデン大統領は，消え去ることのない日米同盟，普遍的価値及び共通の原則に基づく地域及びグローバルな秩序に対するルールに基づくアプローチ，さらには，これらの目標を共有する全ての人々との協力に改めてコミットする。日米両国は，新たな時代のためのこれらのコミットメントを誓う。

自由で開かれたインド太平洋を形作る日米同盟

日米同盟は揺るぎないものであり，日米両国は，地域の課題に対処する備えがかつてなくできている。日米同盟は，普遍的価値及び共通の原則に対するコミットメントに基づく自由で開かれたインド太平洋，そして包摂的な経済的繁栄の推進という共通のビジョンを推進する。日米両国は，主権及び領土一体性を尊重するとともに，平和的な紛争解決及び威圧への反対にコミットしている。日米両国は，国連海洋法条約に記されている航行及び上空飛行の自由を含む，海洋における共通の規範を推進する。

菅総理とバイデン大統領は，このビジョンを更に発展させるために日米同盟を一層強化することにコミットするとともに，2021年3月の日米安全保障協議委員会の共同発表を全面的に支持した。日本は同盟及び地域の安全保障を一層強化するために自らの防衛力を強化することを決意した。米国は，核(エ)を含むあらゆる種類の米国の能力を用いた日米安全保障条約(オ)の下での日本の防衛に対する揺るぎない支援を改めて表明した。米国はまた，日米安全保障条約第５条が(　カ　)諸島に適用されることを再確認した。日米両国は共に，(　カ　)諸島に対する日本の施政を損おうとするいかなる一方的な行動にも反対する。日米両国は，困難を増す安全保障環境に即して，抑止力及び対処力を強化すること，サイバー及び宇宙を含む全ての領域を横断する防衛協力を深化させること，そして，拡大抑止を強化することにコミットした。日米両国はまた，より緊密な防衛協力の基礎的な要素である，両国間のサイバーセキュリティ及び情報保全強化並びに両国の技術的優位を守ることの重要性を強調した。日米両国は，普天間飛行場の継続的な使用を回避するための唯一の解決策である，(　キ　)における普天間飛行場代替施設の建設，馬毛島における空母艦載機着陸訓練施設，米海兵隊部隊の沖縄からグアムへの移転を含む，在日米軍再編に関する現行の取決めを実施することに引き続きコミットしている。日米両国は，在日米軍の安定的及び持続可能な駐留を確保するため，時宜を得た形で，在日米軍駐留経費負担に関する有意義な多年度の合意を妥結することを決意した。

菅総理とバイデン大統領は，インド太平洋地域及び世界の平和と繁栄に対する中国(ク)の行動の影響について意見交換するとともに，経済的なもの及び他の方法による威圧の行使を含む，ルールに基づく国際秩序に合致しない中国の行動について懸念を共有した。日米両国は，普遍的価値及び共通の原則に基づき，引き続き連携していく。日米両国はまた，地域の平和及び安定を維持するための抑止の重要性も認識する。日米両国は，東シナ海におけるあらゆる一方的な現状変更の試みに反対する。日米両国は，南シナ海における，中国の不法な海洋権益に関する主張及び活動への反対を改めて表明するとともに，国際法により律せられ，国連海洋法条約に合致した形で航行及び上空飛行の自由が保証される，自由で開かれた南シナ海における強固な共通の利益を再確認した。日米両国は，台湾(ケ)海峡の平和と安定の重要性を強調するとともに，両岸問題の平和的解決を促す。日米両国は，香港及び新疆ウイグル自治区における人権状況への深刻な懸念を共有する。日米両国は，中国との率直な対話の重要性を認識するとともに，直接懸念を伝達していく意図を改めて表明し，共通の利益を有する分野に関し，中国と協働する必要性を認識した。

日米両国は，北朝鮮(コ)に対し，国連安保理決議の下での義務に従うことを求めつつ，北朝鮮の完全な非核化へのコミットメントを再確認するとともに，国際社会による同決議の完全な履行を求めた。日米両国は，地域の平和と安定を維持するために抑止を強化する意図を有し，拡散のリスクを含め，北朝鮮の核及びミサイル計画に関連する危険に対処するため，互いに，そして，他のパートナーとも協働する。バイデン大統領は，拉致問題の即時解決への米国のコミットメントを再確認した。

（出典：外務省ウェブサイト https://www.mofa.go.jp/mofaj/files/100200052.pdf 2021年4月16日）

問 1 下線部(ア)は第2次世界大戦のことを指しているが，連合国による日本に対する占領政策に関する説明として，**もっとも正しいもの**を，次の①～④のうちから1つ選び，マーク解答欄にマークしなさい。

① サンフランシスコ講和条約の締結まで，日本は連合国軍の直接軍政のもとにおかれた。

② 連合国軍の日本政府に対する要求は，法律の制定を経ずポツダム勅令により実施することができた。

③ ＧＨＱ最高司令官の諮問機関である極東委員会が東京に設置された。

④ 対日理事会には連合国以外にも中国やインドが参加した。

問 2 下線部(イ)について，第2次世界大戦後に日本で行われた民主化政策の説明として，**誤っているもの**を，次の①～④のうちから1つ選び，マーク解答欄にマークしなさい。

① 過度経済力集中排除法により分割された企業は，325社に上った。

② 労働組合法により，団結権，団体交渉権，争議権が保障された。

③ 1945年，ＧＨＱの要求により治安維持法が廃止された。

④ 教育基本法の制定により義務教育が9年間となった。

問 3 下線部(ウ)について，第2次世界大戦後の日本経済に関する説明として，

もっとも正しいものを，次の①～④のうちから１つ選び，マーク解答欄にマークしなさい。

① ベトナム戦争による特需は，ドッジ＝ライン後の深刻な不況から回復するきっかけとなった。

② 1955 年のＧＡＴＴ加盟に伴い，為替と資本が自由化された。

③ 1968 年に，ＧＮＰがアメリカ，西ドイツに次ぐ３位となった。

④ プラザ合意後円高が急速に進んだことで，日本経済は深刻な不況となった。

問４　下線部㈣に関わる事項の説明として，**もっとも正しいもの**を，次の①～④のうちから１つ選び，マーク解答欄にマークしなさい。

① 1954 年，ビキニ環礁でソヴィエト連邦が行った水爆実験により日本の漁船第五福龍丸が被爆し，乗組員が死亡する事件が起こった。

② 1955 年，第１回原水爆禁止世界大会が大阪で開催された。

③ 1963 年に調印された部分的核実験禁止条約は，地下を除く大気圏内外と水中における核実験を禁止するものであった。

④ 1970 年の核拡散防止条約調印後，第２次佐藤内閣は非核三原則を発表した。

問５　下線部㈤についての説明として，**誤っているもの**を，次の①～④のうちから１つ選び，マーク解答欄にマークしなさい。

① 1951 年に調印された条約では，米軍の日本に対する防衛義務は明記されなかった。

② 1960 年の新安保条約で，自衛隊は日本周辺有事の際に米軍を後方支援することが可能になった。

③ 1978 年のガイドラインは，日米の共同訓練について規定している。

④ 1997 年の新ガイドラインでは，平時における日米の協力について定めた。

問６　（　カ　）諸島は 1895 年に日本に編入されたが，1970 年代に海底油田の存在が明らかになると，中国が領有を主張するようになった。空欄（　カ　）

に入る地名を，記述解答欄に**正しい漢字**で記入しなさい。

問 7 空欄(　キ　)に入る地名として，**もっとも正しいもの**を，次の①～④のうちから1つ選び，マーク解答欄にマークしなさい。

① 北谷　② 辺野古　③ 伊江島　④ 嘉手納

問 8 下線部(ク)に関して，第2次世界大戦後の日中関係の説明として，**もっとも正しいもの**を，次の①～④のうちから1つ選び，マーク解答欄にマークしなさい。

① 幣原内閣は中国との関係改善のため，日中関税協定を結んだ。
② 第2次池田内閣のもとで準政府間貿易が開始された。
③ 三木内閣は日中共同声明に調印し，中国との国交を正常化した。
④ 福田康夫内閣が1978年に日中平和友好条約に調印した。

問 9 下線部(ケ)に関する記述a～cの正誤の組み合わせとして，**もっとも正しいもの**を，次の①～④のうちから1つ選び，マーク解答欄にマークしなさい。

a．国民党との内戦に敗れた共産党がこの地に逃れ，中華民国政府を存続させた。
b．中華民国政府の初代総統は袁世凱である。
c．1952年に調印された日華平和条約は，日中国交正常化にともない失効した。

① a．正　b．誤　c．誤
② a．誤　b．正　c．正
③ a．誤　b．誤　c．正
④ a．正　b．誤　c．正

問10 下線部(コ)に関して，小泉純一郎が日本の首相として初めて訪朝したときの北朝鮮の総書記として，**もっとも正しいもの**を，次の①～④のうちから1つ選び，マーク解答欄にマークしなさい。

① 金日成　② 金正恩　③ 金正日　④ 金与正

解説　日米関係を中心とした戦後外交史

戦後の日米関係を軸とした外交史をテーマに出題された。2021年4月に発表された「新たな時代における日米グローバル・パートナーシップ」を資料文として使用しているが，時事問題と関連づけたテーマで出題することは他学部でも多く，そのような学習を求めている大学と言える。問5・問6・問7で問われた日本の安全保障問題や領土問題は，ニュースでもよく報道されている。日頃から新聞やニュースなどによく目を通しておこう。

問1　答：②　標準

②―○　最高司令官の指令・勧告は，日本国憲法の制定前は**ポツダム勅令**という形で，制定後はポツダム政令という形で出された。

①―×　日本には連合国軍の直接統治ではなく，最高司令官が日本政府に指令・勧告を出して，日本政府がそれに基づく命令を公布して政策を実施する**間接統治**方式が採用された。ただし，千島や南樺太，小笠原諸島などは直接軍政が敷かれていたことに注意しよう。

③―×　最高司令官の諮問機関は，極東委員会ではなく**対日理事会**である。極東委員会はワシントンに置かれ，対日理事会は東京に置かれた。

④―×　対日理事会に参加したのは，アメリカ・イギリス・ソ連・中国の4カ国で，インドは参加していない。中国とインドがともに参加したのは，**極東委員会**である。

問2　答：①　標準

①―×　財閥解体を行う際に，**過度経済力集中排除法**によって分割対象となったのは325社であったが，冷戦の激化を背景に，実際は日本製鉄や三菱重工業などの**11社**が整理されるに留まった。

問3　答：④　標準

④―○　1985年にドル高の是正に向けて各国が為替市場への協調介入を行うことが合意された（**プラザ合意**）。その結果，1ドル240円台から翌年には160円台にまで急激に円高が進行した。そのため，輸出産業を中心に深刻な不況が日本を襲った（円高不況）。

①―×　ドッジ=ライン後の深刻な不況から回復するきっかけとなったのは，ベトナム戦争ではなく朝鮮戦争である。これにより，日本は繊維・金属を中心に輸出が伸びて特需景気に入った。

②―×　日本は1955年にGATTに加盟したが，為替と資本の自由化が達成されたのは，1964年にIMF 8条国へ移行するとともにOECDに加盟した時である。

③―×　1968年には，日本のGNPは西ドイツを抜いて世界2位となり，名実とも

に経済大国の1国となった。

問4　答：③　標準

③－○　1962年に発生したキューバ危機が解決すると，1963年に**部分的核実験禁止条約**が調印され，地下実験を除く大気圏内外と水中核実験が禁止された。1968年には核兵器拡散防止条約が調印されて核軍縮への動きが強まったが，実質的な軍拡競争への歯止めにはならなかった。

①－×　**ビキニ水爆実験**を行ったのはソ連ではなくアメリカである。

②－×　ビキニ環礁での水爆被災を背景に，第1回**原水爆禁止世界大会**が開催されたのは，大阪ではなく広島である。

④－×　第2次佐藤栄作内閣が**非核三原則**を発表したのは1967年。一方，日本が核兵器拡散防止条約に調印したのは1970年であり，順序が逆である。

問5　答：②　標準

②－×　自衛隊が日本周辺有事の際に米軍の後方支援が行えるように取り決められたのは，新安保条約ではなく**新ガイドライン関連法**（1999年）である。

問6　答：尖閣　標準

尖閣諸島は，魚釣島・南小島・北小島など5島と3岩礁からなる。1895年，日本政府は閣議決定により日本領に編入した。海底油田・ガス田の存在が明らかになると，1970年代に入って中国が領有権を主張しはじめた。2012年，日本政府は尖閣諸島国有化を発表した。

問7　答：②　標準

空欄の直後に「普天間飛行場代替施設の建設」とあることから，②**辺野古**であると判断する。1996年，住宅密集地にある普天間飛行場を5～7年以内に返還することで日米両政府が合意した。2006年，**普天間飛行場**の辺野古移設などを掲げたロードマップで日米が合意したが，2008年の沖縄県議会では辺野古移設反対決議が可決され，現在でも対立が続いている。

問8　答：②　標準

②－○　「準政府間貿易」とは，廖承志（りょうしょうし）と高碕達之助による**LT貿易**のことを指す。正式な国交がないものの，政府保証の融資を利用して行われていたところが特徴である。

①－×　日中関税協定は，1930年，浜口雄幸内閣の時に調印された。中国の関税自主権を承認するもので，時期が異なる。

③－×　**日中共同声明**に調印したのは，三木内閣ではなく**田中角栄内閣**である。

④－×　**日中平和友好条約**に調印したのは，福田康夫内閣ではなく**福田赳夫内閣**である。福田赳夫は，福田康夫の父にあたる。

問 9 答：③ 標準

a－× 中華民国政府を存続させたのは共産党ではなく国民党である。

b－× 中華民国政府の初代総統は袁世凱ではなく**蔣介石**である。

c－○ 1972 年に田中角栄内閣の日中共同声明による日中国交正常化によって日華平和条約は無効となった。

問 10 答：③ 標準

③－○ **金正日**は父である金日成が死去した 1994 年，朝鮮民主主義人民共和国（北朝鮮）の最高指導者となり，以後は 2011 年に死去するまで朝鮮労働党中央委員会総書記などを務めた。

①－× **金日成**は北朝鮮建国の 1948 年に首相となり，1972 年から死去する 1994 年までは国家主席を務め，1966 年以降は朝鮮労働党中央委員会総書記も務めた。

②－× 金正恩は父である金正日が死去した 2011 年から朝鮮労働党中央委員会総書記を務めている。

④－× 金与正は金正恩の妹で，朝鮮労働党の幹部を歴任している。

●日米安全保障関係略年表

内閣	年	事項
第 3 次吉田	1951 1952	**サンフランシスコ平和条約，日米安全保障条約**締結 **日米行政協定**締結
第 5 次吉田	1953 1954	奄美群島返還日米協定調印 **MSA 協定**調印 **防衛庁・自衛隊**発足
岸	1960	**日米相互協力及び安全保障条約（新安保条約），日米地位協定**締結
佐藤	1967 1968 1971	佐藤栄作首相が非核三原則を発表 小笠原返還協定締結 沖縄返還協定締結
福田（赳）	1978	日米防衛協力のための指針（ガイドライン）に合意 …有事の際の米軍と自衛隊との共同作戦行動が示される
海部	1991	湾岸戦争 →戦争終結後，海上自衛隊掃海艇をペルシア湾へ派遣
宮沢	1992	PKO 協力法公布 →カンボジアに自衛隊を派遣
橋本	1996 1997	**日米安保共同宣言**発表 …安全保障目標を「アジア・太平洋地域」に拡大 **新ガイドライン**に合意 …「周辺有事」における相互協力計画作成を約す
小渕	1999	**新ガイドライン関連法**（周辺事態安全確保法など）公布 …周辺有事の際，日本が米軍の後方支援を行う

小泉	2001 2002 2003 2004 	アメリカで同時多発テロ（9月11日） →**テロ対策特別措置法**公布 海上自衛隊イージス艦をインド洋へ派遣 イラク戦争 →**イラク復興支援特別措置法**公布 有事関連三法成立 陸上自衛隊をイラクへ派遣 有事関連七法成立
第2～4次安倍	2014 2015	集団的自衛権の行使を容認する閣議決定 新しい日米防衛協力のための指針（日米ガイドラインの改定）を発表 安全保障関連法が成立

解 答

問1 ② 問2 ① 問3 ④ 問4 ③ 問5 ② 問6 尖閣
問7 ② 問8 ② 問9 ③ 問10 ③

第5章　テーマ史

32

2022年度 経営学部〔1〕

次の文章を読み，設問に答えなさい。

先住民族のアイヌは，狩猟・漁労・採集で生活しつつ，自律的な生活民俗を形成していたが，蝦夷地での交易独占権を与えられた蠣崎氏（後の松前氏）はアイヌとの交易で利益を上げた。シャクシャインの戦い以降は松前藩(ア)によるアイヌ支配が強化された。

明治新政府が箱館裁判所（のち箱館府）を設置し，その翌年(イ)に開拓使(ウ)の出張所を置いて「北海道」と命名するまでは，北海道，千島，樺太は蝦夷地(エ)と呼ばれていた。明治政府は，江戸幕府時代からの懸案であったロシアとの国境問題を決着させるため，ロシアと樺太・千島交換条約(オ)を結んだ。この時期は，明治政府が沖縄に進出し(カ)，小笠原諸島(キ)の領有を諸外国に通知するなど，日本の領土拡張に注力していた。

明治政府は北海道の開拓(ク)に力を入れ，札幌農学校(ケ)を開設するとともに，1886年には北海道庁(コ)を設置した。

北海道の開拓に伴い，先住民族のアイヌは狩猟・漁労や山林伐採の権利を失うとともに，アイヌ固有の文化も尊重されず，日本人への同化を余儀なくされた。明治政府は北海道旧土人保護法(サ)を制定したが，アイヌは依然として貧困と差別に苦しめられた。

北海道旧土人保護法が廃止され(シ)，法律の文言から「土人」の名称がなくなったのは，制定から約100年経った1997年のことである。その後，2008年には国会で「アイヌ民族を先住民族とすることを求める決議」が採択された。

問１ (ア)について，正しい記述をA～Dの中から１つ選び，その記号をマークしなさい。

A 商場あるいは場所と呼ぶ交易地を家臣に知行として与えた。

B 「蝦夷錦」と呼ばれる，アイヌ民族の伝統的な絹織物を取引していた。

C 箱館戦争では居城の五稜郭に立て籠もり，榎本武揚率いる新政府軍と戦った。

D 1886(明治19)年北海道庁の設置とともに松前藩が消滅した。

問2 (イ)の年に起きたできごととしてふさわしいものを，A～Dの中から1つ選び，その記号をマークしなさい。

A 田畑永代売買の禁を解いた。

B 岩倉具視らを米欧に派遣した。

C 民撰議院設立建白書が提出された。

D 版籍奉還が行われた。

問3 (ウ)の説明としてふさわしいものを，A～Dの中から1つ選び，その記号をマークしなさい。

A 屯田兵やお雇い外国人，工場技術者など，政府から派遣された開拓者集団

B 官営工場の設立や炭鉱開発，鉄道敷設を行い，開拓事業を推進した官庁

C 北海道の開拓を任務として，札幌県知事により特命で設置された事務所

D 開拓使官有物払下げ事件を起こしたため，その翌年に倒産してしまった企業

問4 江戸時代における(エ)に関して，正しい記述をA～Dの中から1つ選び，その記号をマークしなさい。

A 田沼意次は最上徳内らに北方調査を行わせたことを契機に，ロシアとの交易を拡大し，幕府収入を大幅に増やした。

B ロシアの南下を恐れた幕府は，蝦夷地を幕府直轄地にしようとしたが，松前藩によって阻止され，実現しなかった。

C 択捉島に上陸したロシア海軍軍人ゴローニンが抑留されて，ロシアとの緊張関係が高まり，幕府はロシア船打払令を公布した。

D 1798年に東蝦夷地を探査した近藤重蔵は，択捉島に「大日本恵登呂府」の標柱を建て，1807年には西蝦夷地も探査した。

問5 (オ)に関して，正しい記述をA～Dの中から1つ選び，その記号をマークしなさい。

A　(オ)に先立つ日露和親条約では，得撫島(うるっぷ)と占守島(しゅむしゅ)の間に国境を設け，樺太(からふと)島は両国人雑居の地として国境を定めなかった。

B　ロシアは，日本が日朝修好条規(江華条約)を結んで朝鮮を開国させるなどの，朝鮮半島への日本進出に脅威を感じたことが，(オ)の締結の契機となった。

C　(オ)の締結にあたっては，開拓使次官の黒田清隆が樺太の放棄を建議し，榎本武揚が派遣されて交渉に当たり，ロシアにて調印が行われた。

D　(オ)では，日本が千島列島を日本領とする代わりに，それまで帰属の決まっていなかった樺太の南半分をロシア領にするという領土交換を取り決めた。

問 6　(オ)が締結された年に公刊された書物を，A～Dの中から1つ選び，その記号をマークしなさい。

A　『文明論之概略』　　B　『民約訳解』

C　『吾輩は猫である』　　D　『蟹工船』

問 7　(カ)に関して，正しい記述をA～Dの中から1つ選び，その記号をマークしなさい。

A　明治政府は1872年，琉球王国を沖縄県に改め，国王尚泰を沖縄県知事に任命した。

B　琉球藩は台湾出兵に際して，自らも派兵して明治政府に忠誠を示した。

C　琉球人漂流民殺害事件を契機に，琉球王国内で親日派と反日派の内乱が起きた。

D　日本と清への両属関係を望む琉球藩を明治政府は軍事的に威圧し，琉球藩を廃した。

問 8　(キ)は明治政府が領有を宣言したが，第二次世界大戦後にアメリカの統治下におかれた。(キ)が日本に返還された年よりも前に起きたできごとをA～Dの中から1つ選び，その記号をマークしなさい。

A　サンフランシスコ平和条約調印　　B　消費税課税の導入

C　ＰＫＯ協力法成立　　D　ロッキード裁判で有罪判決

問 9 (ク)を担った屯田兵に関して，誤った記述をA～Dの中から1つ選び，その記号をマークしなさい。

A 屯田兵制度は1874年に設けられ，その翌年から入植が始まった。

B 初期の屯田兵は窮乏した士族を救済するため，士族に限定して募集した。

C 屯田兵制度は，第二次世界大戦の際に北海道で徴兵の中心的な機能を担っていた。

D 屯田兵は家族を連れて入植し，土地と家を与えられ，屯田兵村に集住した。

問10 明治政府のお雇い外国人の中で，1871年にアメリカから来日し，(ウ)の顧問となり，お雇い外国人技師を指揮して道路建設や(ケ)の設立を指導するなど，北海道開拓の基礎を確立した人物を，A～Dの中から1人選び，その記号をマークしなさい。

A エドウィン・ダン　　B ウィリアム・スミス・クラーク

C ホーレス・ケプロン　　D ルイス・ベーマー

問11 (コ)に関して，正しい記述をA～Dの中から1つ選び，その記号をマークしなさい。

A (コ)の設置と同時に，北海道に衆議院議員選挙法が施行された。

B (コ)の下に，函館県・札幌県・根室県の3県と，開拓使出張所を設けた。

C (コ)第6代長官には，初めてアイヌ出身の人物が就任し，和人との宥和に尽力した。

D 北海道議会が設置されたのは，(コ)の設置から15年後の1901年であった。

問12 (コ)が設置された当時は，伊藤博文が初代内閣総理大臣として第1次伊藤内閣を率いていた。第1次伊藤内閣に関する説明としてふさわしいものを，A～Dの中から1つ選び，その記号をマークしなさい。

A　井上毅の憲法草案をもとに検討を進め，ロエスレルの助言も得て憲法草案を完成させた。

B　府県制を公布し，藩閥超然内閣として第一議会の乗り切りに努めた。

C　領事裁判権の撤廃，最恵国待遇の相互平等を内容とする日英通商航海条約の調印に成功した。

D　大隈重信を外相に迎え，金本位制を確立し，大幅な軍備増強予算を国会で通した。

問13　(サ)は，「北海道旧土人」に何を提供することを規定したのか。当てはまる説明をA～Dの中から1つ選び，その記号をマークしなさい。

A　農業に従事する，または従事しようとする者に，1戸あたり15,000坪以内の土地

B　鮭や昆布などの水産業に従事する者に，恒久的な漁業権と最低販売価格の保証

C　鹿や熊などを狩猟する，または狩猟しようとする者に，狩猟権と訓練機会の確保

D　観光業や運送業など，新たな事業を始めようとする者に，創業資金と営業の自由

問14　(サ)が制定された年に，それまでの『反省会雑誌』が改題して創刊された月刊総合雑誌は何か。この月刊総合雑誌は，後に滝田樗陰が編集長となり，大正デモクラシーの理論的指導誌になったとされている。当てはまるものをA～Dの中から1つ選び，その記号をマークしなさい。

A　『国民之友』　　B　『中央公論』

C　『日本人』　　D　『明星』

問15　(シ)について，北海道旧土人保護法は，何という法律の公布によって廃止されたか。法律の略称として当てはまるものをA～Dの中から1つ選び，その記号をマークしなさい。

A　アイヌ差別禁止法　　B　アイヌ文化振興法

C　先住民族文化保護法　　D　先住民族人権擁護法

解説 蝦夷地の先住民族アイヌの歴史

「蝦夷地の先住民族アイヌの歴史」というテーマで，近世〜現代の設問に答えることが求められた。問 11 では北海道庁に関連する知識が問われ，北海道議会が設置された時期を判断しなければならず，やや難問と言える。

問1　答：A　標準

A―○　松前藩とアイヌとの交易地は商場あるいは単に場所などと称された。松前藩が交易地を家臣に知行として与えることを**商場知行制**と呼ぶ。江戸後期になると，特定の商人が知行主から商場（場所）を請け負って交易にあたるようになった（**場所請負制**）。

B―×　「蝦夷錦」は中国東北部から樺太・蝦夷地を経て松前にもたらされた中国製の絹織物である。

C―×　箱館戦争では**榎本武揚**らが**五稜郭**に立て籠もり，新政府軍と戦った。

D―×　1869 年，松前藩は版籍奉還後に館藩となり，1871 年の廃藩置県で館県となって廃藩に至った。

問2　答：D　標準

D―○　下線部(イ)の年は，太政官布告で「北海道」という名称が周知された 1869（明治２）年であり，版籍奉還が行われたのも 1869 年である。

A―×　田畑永代売買の禁を解いたのは 1872 年である。

B―×　岩倉具視らを米欧に派遣したのは 1871 年である。

C―×　民撰議院設立建白書が提出されたのは 1874 年である。

問3　答：B　標準

B―○　**開拓使**は北海道の開発を担当した政府機関である。

A―×　開拓使は政府機関であり，開拓者集団ではない。

C―×　1882 年に開拓使が廃止されてから函館・札幌・根室の３県がおかれるので，札幌県知事の特命で開拓使を設置するはずがない。

D―×　**開拓使官有物払下げ事件**は，政府機関の開拓使が，官有物を企業に安価で払い下げようとしたことが問題化した事件である。

問4　答：D　標準

D―○　**近藤重蔵**は 1798 年に松前蝦夷地役人となり，最上徳内らとともに択捉島に渡り，「大日本恵登呂府」の標柱を建てた。

A―×　田沼意次は**最上徳内**らに北方探査を行わせたが，ロシアとの交易はしていない。

B―×　蝦夷地の幕府直轄化は実現し，松前藩と蝦夷地は**松前奉行**の支配のもとにおかれた。

C－×　択捉島ではなく，国後島に上陸した**ゴローニン**が1811年から約2年にわたり抑留された。また，ロシア船打払令は，1806年と1807年にロシアの外交使節レザノフが日本の北方拠点を部下に襲撃させた事件を受けて公布されたので，ゴローニン事件より前の出来事である。

問5　答：C　標準

C－○　日露和親条約で両国雑居の地と定められた樺太を放棄することを開拓使次官の黒田清隆が建議し，榎本武揚が日本側全権となって，1875年に**樺太・千島交換条約**が締結された。これにより，樺太はロシア領，全千島列島が日本領となった。

A－×　日露和親条約では，得撫島と択捉島の間に国境を設けた。

B－×　**日朝修好条規**を結んだのは1876年であり，1875年の樺太・千島交換条約締結の契機にはなり得ない。

D－×　樺太の南半分ではなく，樺太すべてがロシア領となった。

問6　答：A　標準

A－○　福沢諭吉の『文明論之概略』が刊行されたのが1875（明治8）年だと知らなくても，明治初期の書物であることから判断したい。

B－×　中江兆民の『民約訳解』は1882（明治15）年に刊行され，自由民権運動に大きな影響を与えた。

C－×　夏目漱石の『吾輩は猫である』は1905（明治38）年から文芸誌『ホトトギス』で発表された。

D－×　小林多喜二の『蟹工船』は1929（昭和4）年に文芸誌『戦旗』で発表された。

問7　答：D　標準

D－○　1879年，明治政府は軍事的威圧のもとに琉球藩を廃し沖縄県とした（**琉球処分**）。清は日本の沖縄領有を認めず，最終的に帰属問題が解決したのは日清戦争の勝利によってであった。

A－×　明治政府は1872年，琉球王国を琉球藩に改め，国王尚泰を藩王とした。

B－×　1874年，明治政府は台湾へ出兵したが，琉球藩は出兵していない。

C－×　琉球漂流民殺害事件によって琉球王国内で親日派と反日派の内乱が起きたという記録はない。

問8　答：A　標準

A－○　小笠原諸島が日本に返還されたのは1968年であり，**サンフランシスコ平和条約**調印は1951年である。正確な西暦年を知らなくても，サンフランシスコ平和条約の際に，沖縄・奄美・小笠原の各諸島に対するアメリカの施政権継続を承認したことを知っていれば正解を選べる。

B－× **消費税**課税の導入は1989年である。

C－× **PKO協力法**成立は1992年である。

D－× ロッキード裁判では1983年に東京地方裁判所が有罪判決を下し，1995年に最高裁判所で有罪判決が確定した。

問9 答：C 標準

C－× 屯田兵制度は1904（明治37）年に廃止されているので，第二次世界大戦中には存在しない。

問10 答：C 標準

ケプロンは1871年に開拓使顧問として来日し，多数の外国人技師を率いてアメリカ式農業経営を指導した。

●主な来日外国人と業績

分野	人 物	期間	職歴・業績
宗教	ヘボン（米） フルベッキ（米） ジェーンズ（米）	1859～92 1859～98 1871～99	伝道・医学・教育 政府顧問，伝道・教育 伝道・教育
自然科学	ナウマン（独） ミルン（英） **モース**（米）	1875～85 1876～95 1877～79	地質学，フォッサマグナ発見 地震学 動物学，**大森貝塚**発見
医学	ベルツ（独）	1876～1905	内科・産科，『**ベルツの日記**』
工学	ダイアー（英）	1873～82	工部大学校教頭
建築	**コンドル**（英）	1877～1920	**ニコライ堂・鹿鳴館**の設計
産業	ケプロン（米）	1871～75	開拓使顧問，北海道開発指導
美術	キヨソネ（伊） フォンタネージ（伊） ラグーザ（伊）	1875～98 1876～78 1876～82	紙幣印刷，銅版画技術 工部美術学校で西洋画指導 工部美術学校で彫刻指導
教育	**クラーク**（米）	1876～77	**札幌農学校**教頭
哲学	**フェノロサ**（米）	1878～90	哲学，東京美術学校教師
文学	ハーン（小泉八雲）（英）	1890～1904	英文学，著書『怪談』
法学	**ボアソナード**（仏） **ロエスレル**（独） **モッセ**（独）	1873～95 1878～93 1886～90	政府顧問，**刑法・民法**起草 政府顧問，**大日本帝国憲法**制定に尽力 市制・町村制原案起草

問11 答：D やや難

D－○ 北海道庁が設置された1886年から15年後の1901年，北海道会法が制定され，北海道議会が設置された。

A－× 衆議院議員選挙法は公布が1889年なので，北海道庁が設置された1886年に北海道で施行されているはずがない。北海道に衆議院議員選挙法が施行されたのは1900年である。

B－× 1882年の開拓使廃止後におかれていた函館・札幌・根室の3県は，1886年の北海道庁設置により統合された。

C－× この時期の北海道はアイヌ固有の文化が尊重されず，アイヌは和人への同化を余儀なくされていた。アイヌと和人との宥和がはかられるのではなく，多くのアイヌが差別と貧困に苦しめられていた。

問12 答：A 標準

A－○ 憲法草案の作成は伊藤博文・井上毅・伊東巳代治・金子堅太郎らが行った。国権を重視した法治国家をめざす考えの政府顧問**ロエスレル**が助言を行い，憲法草案の中心人物である**井上毅**は特に影響を受けた。

B－× 府県制は1890年に第1次山県有朋内閣によって公布された。

C－× 日英通商航海条約の調印に成功したのは第2次伊藤博文内閣である。

D－× 大隈重信を外相に迎え，金本位制を確立したのは第2次松方正義内閣である。

問13 答：A 標準

A－○ 1899年に制定した**北海道旧土人保護法**により，政府はアイヌを農業に従事させようとした。しかし，農業に適した土地のほとんどに入植者がいたので，アイヌは限られた土地に集住させられ，貧困に苦しむことになった。

問14 答：B 標準

『中央公論』は総合雑誌として発展し，大正時代に吉野作造らを執筆者に迎え，大正デモクラシーの理論的指導誌になった。

問15 答：B 標準

1997年に**アイヌ文化振興法**が成立し，アイヌ民族の自立と人権擁護という目的が一部達成されたが，アイヌの権利回復は今日まで課題として残り続けている。

●蝦夷地・北海道史

1457	**コシャマインの戦い** →蠣崎氏の客将武田信広が鎮圧
1593	蠣崎氏が豊臣秀吉に蝦夷島主の地位を認められる
1599	蠣崎氏が松前氏に改姓
1604	松前氏が徳川家康から蝦夷地交易の独占を認められる …**商場知行制**による交易
1669	**シャクシャインの戦い**でアイヌが鎮圧される
18世紀	商場知行制から**場所請負制**へ
1789	クナシリ・メナシの戦い（アイヌ最後の蜂起）
1799	幕府が東蝦夷地を直轄地とする
1807	幕府が全蝦夷地を直轄地とする
1821	幕府が松前氏に蝦夷地を返す
1855	幕府が全蝦夷地を再度直轄化
1869	**開拓使**を設置，蝦夷地を**北海道**と改称 ※アメリカの**ケプロン**が開拓使顧問として指導
1874	**屯田兵**制度を採用
1876	**札幌農学校**開校 ※教頭にアメリカ人の**クラーク**を招く
1881	**開拓使官有物払下げ事件**
1882	開拓使廃止 …函館・札幌・根室の3県をおく
1886	**北海道庁**設置（3県統合）
1899	**北海道旧土人保護法**制定 …同化政策の推進
1950	北海道開発庁設置
1997	**アイヌ文化振興法**成立
2019	アイヌ施策推進法成立

解 答

問1 A　問2 D　問3 B　問4 D　問5 C　問6 A
問7 D　問8 A　問9 C　問10 C　問11 D　問12 A
問13 A　問14 B　問15 B

33

2020年度　農学部〔5〕

次の1から3の文章を読み，以下の設問に答えよ。

1　(ア)琉球王国は，江戸時代以来，事実上薩摩藩(島津氏)に支配されながら，名目上は清国を宗主国にするという複雑な両属関係にあった。政府はこれを日本領とする方針をとって，1872(明治5)年に琉球藩をおいて政府直属とし，琉球国王の［(1)］を藩王とした。しかし，宗主権を主張する清国は強く抗議し，この措置を認めなかった。そこで，政府は琉球漂流民が台湾で殺害された事件を理由に，1874(明治7)年に台湾に出兵し，清から賠償金をえた。これで琉球の領有が認められたとした政府は，1879(明治12)年には，琉球の人々の反対をおさえつけて，琉球藩を廃して(イ)沖縄県を設置した(琉球処分)。

また台湾では，日清講和条約締結後に台湾在住の中国人が台湾民主国の独立を宣言したが，日本軍に敗北した。日本は1895(明治28)年，台湾総督府を設置して海軍軍人の［(2)］を総督とし，軍事力によって抗日抵抗運動を弾圧しながら(ウ)植民地支配をすすめた。

問1　空欄(1)と(2)に当てはまる人名の組み合わせとしてもっとも適切なものを一つ選んで，その記号を解答欄にマークせよ。

A　(1)　尚泰　　(2)　樺山資紀

B　(1)　尚泰　　(2)　後藤新平

C　(1)　尚寧　　(2)　樺山資紀

D　(1)　尚寧　　(2)　後藤新平

問2　下線部(ア)に関連して，琉球王国をめぐる両属関係に関する記述として適切でないものを一つ選んで，その記号を解答欄にマークせよ。

A　琉球王国は，薩摩の島津家久の軍に征服され，薩摩藩の支配下に入った。

B　幕府は，琉球王国に対し，天皇の代替わりごとに謝恩使を，将軍の代替わりごとに慶賀使を江戸に送らせた。

C　薩摩藩は，琉球王国にも検地・刀狩をおこなって兵農分離を推し進めて農村支配を確立した。

D　清国の冊封を受けていた琉球王国は，２年に１回使節を乗せた進貢船を派遣して，朝貢貿易を行っていた。

問３　下線部(イ)に関連して，沖縄県設置後の地方自治に関する記述の正誤の組み合わせとしてもっとも適切なものを一つ選んで，その記号を解答欄にマークせよ。

①　衆議院議員選挙法が公布された翌年に，沖縄県では衆議院議員選挙が実施された。

②　謝花昇は県会設置を求める運動をおこなった。

③　沖縄県で府県制が実施されたのは，府県制の公布から10年以上経ってからであった。

〔選択肢〕

A	①－正	②－正	③－正
B	①－正	②－正	③－誤
C	①－正	②－誤	③－誤
D	①－誤	②－正	③－正
E	①－誤	②－誤	③－正
F	①－誤	②－正	③－誤
G	①－誤	②－誤	③－誤

問４　下線部(ウ)に関連して，①から④は日本の植民地支配に関連する出来事である。年代の古いものから順に並べたものとしてもっとも適切なものを一つ選んで，その記号を解答欄にマークせよ。

①　台湾が日本領となる

②　朝鮮総督府の設置

③　南満州鉄道株式会社の設立

④　旧ドイツ領南洋諸島の委任統治権を得る

〔選択肢〕

A　①②③④　　B　①②④③　　C　①③②④

D　①③④②　　E　①④②③　　F　①④③②

2　鮭やにしんの漁場だった蝦夷地は，いりこ・干あわび・ふかひれなどが俵物として長崎貿易の輸出品となり，重要性が高まっていった。蝦夷地における交易地(エ)は，17世紀後半には商人が担うようになり（　(3)　），大規模な資本を投下する者もあらわれた。商人のなかには，アイヌ(オ)を酷使する者もあった。

開国後，明治政府は北方を開発するため，1869（明治2）年，蝦夷地を北海道と改称して開拓使をおき，　(4)　式の大農場制度・畜産技術の移植をはかった。開発の陰で，アイヌは伝統的な生活・風俗・習慣を失っていった。

問5　空欄(3)と(4)に当てはまる用語の組み合わせとしてもっとも適切なものを一つ選んで，その記号を解答欄にマークせよ。

A　(3)　商場知行制　　(4)　アメリカ

B　(3)　商場知行制　　(4)　フランス

C　(3)　場所請負制　　(4)　アメリカ

D　(3)　場所請負制　　(4)　フランス

問6　下線部(エ)について，1604（慶長9）年に徳川家康からアイヌとの交易独占権を認められて形成された藩の名称を解答用紙裏面の解答欄に漢字で記入せよ。

問7　下線部(オ)について，アイヌに関する記述として適切でないものを一つ選んで，その記号を解答欄にマークせよ。

A　13世紀にはアイヌの文化が生まれるようになり，津軽の十三湊を根拠地として得宗の支配下にあった安藤（安東）氏との交易をおこなっていた。

B　アイヌたちは1457（長禄元）年，大首長コシャマインを指導者として蜂起し，和人の館を次々に攻め落とした。

C　幕府は八王子千人同心を蝦夷地に入植させたうえ，1802(享和２)年には，東蝦夷地を永久の直轄地とし，居住のアイヌを和人とした。

D　政府は1899(明治32)年，北海道アイヌ協会を設立してアイヌを農業に従事させようとした。

3　第二次世界大戦下で，アメリカ軍は1945(昭和20)年４月には沖縄本島に上陸し，島民を巻き込む３カ月近い戦いの末これを占領した(<u>沖縄戦</u>(カ))。第二次世界大戦後の沖縄は日本本土から切り離されて，アメリカ軍の直接軍政下におかれた。<u>日本の独立回復後</u>(キ)も，沖縄は引き続きアメリカの施政権下におかれたが，ベトナム戦争にともなう基地用地の接収とアメリカ兵の犯罪増加があり，祖国復帰運動が本格化していた。アメリカは，沖縄基地機能の安定のため，1969(昭和44)年の首脳会談で施政権返還を約束し，1971(昭和46)年，<u>沖縄返還協定が調印され</u>(ク)，翌年，沖縄は日本に返還された。

問８　下線部(カ)について，沖縄戦に関連する記述の正誤の組み合わせとしてもっとも適切なものを一つ選んで，その記号を解答欄にマークせよ。

①　沖縄戦における住民の犠牲者は，アメリカ軍の死者数を上回った。

②　沖縄の日本軍が最終的に降伏したのは，1945(昭和20)年の９月であった。

③　沖縄から鹿児島へ疎開する学童を乗せた対馬丸が，アメリカの潜水艦によって撃沈された。

〔選択肢〕

A　①－正　②－正　③－正
B　①－正　②－正　③－誤
C　①－正　②－誤　③－誤
D　①－誤　②－正　③－正
E　①－誤　②－誤　③－正
F　①－誤　②－正　③－誤
G　①－誤　②－誤　③－誤

問 9　下線部(キ)に関連して，以下はポツダム宣言と日本国憲法の一部である。空欄(5)に当てはまる語句を解答用紙裏面の解答欄に漢字で記入せよ。

ポツダム宣言

十　吾等ハ(略)一切ノ戦争犯罪人ニ対シテハ，厳重ナル処罰ヲ加ヘラルヘシ。日本国政府ハ日本国国民ノ間ニ於ケル民主主義的傾向ノ復活強化ニ対スル一切ノ障礙ヲ除去スヘシ。言論、宗教及思想ノ自由並ニ［(5)］ノ尊重ハ確立セラルヘシ　（『日本外交年表竝主要文書』）

日本国憲法

第十一条　国民は、すべての［(5)］の享有を妨げられない。この憲法が国民に保障する［(5)］は、侵すことのできない永久の権利として、現在及び将来の国民に与へられる。

問10　下線部(ク)に関連して，沖縄返還協定の調印時に内閣総理大臣であった人物が行った政策としてもっとも適切なものを一つ選んで，その記号を解答欄にマークせよ。

A　日米安全保障条約の改定について交渉をすすめ，日米相互協力及び安全保障条約に調印した。

B　日ソ共同宣言に調印し，日ソ国交回復を実現した。

C　内需拡大を掲げて貿易黒字・円高不況に対処し，日中平和友好条約を締結した。

D　アメリカのアジア政策に協力し，大韓民国の朴正熙政権と日韓基本条約をむすんだ。

解説 江戸～明治時代の琉球と蝦夷地，戦後の沖縄

琉球・沖縄史，蝦夷地・北海道史という頻出テーマからの出題であった。問3・問8の正誤組み合わせ問題は教科書の知識だけではなく，用語集なども併用しなければ正答を導くことは難しい。

1

問1 答：A 標準

空欄(1)の前にある「琉球藩」「琉球国王」から**尚泰**，空欄(2)の前後にある「台湾総督府」「総督」から**樺山資紀**を導き出そう。ちなみに，尚寧は1609年に薩摩藩に服属したときの琉球国王である。後藤新平は台湾総督府の民政局長として植民地経営に尽力した人物である。

問2 答：B 標準

B－× 「天皇」が誤り。幕府は，琉球王国に対し，国王の代替わりごとに謝恩使を江戸に送らせた。

問3 答：D やや難

①－× 沖縄県で衆議院議員選挙が実施されたのは1912年で，衆議院議員選挙法が公布された1889年の翌年ではない。沖縄では，県設置後もしばらくは土地制度や租税制度において旧慣が温存され，謝花昇らの運動により1899年からようやく土地整理が開始されたが，府県制や衆議院議員選挙の実施はさらに遅れた。

②－○ 謝花昇は，県会設置や県民の参政権を要求する運動を展開し，「沖縄の民権運動の父」と呼ばれている。

③－○ 府県制の公布は1890年であるが，沖縄県で府県制が実施されたのは1909年であり，10年以上経っている。

問4 答：C 標準

①台湾が日本領となる（1895年）→③南満州鉄道株式会社の設立（1906年）→②朝鮮総督府の設置（1910年）→④旧ドイツ領南洋諸島の委任統治権を得る（1919年）の順である。

流れ 日本の植民地支配の拡大

日清戦争後の**下関条約**（1895年）によって台湾が日本領となった。その後，日露戦争後の**ポーツマス条約**（1905年）で南満州の鉄道利権を譲渡されたことが南満州鉄道株式会社の設立につながり，さらに日露戦争後の大陸への膨張路線のなかで**韓国併合条約**（1910年）が結ばれ，朝鮮総督府のもとでの統治が始まった。第一次世界大戦後の**ヴェルサイユ条約**（1919年）で，日本は旧ドイツ領南洋諸島の委任統治権を得た。

2

問5 答：C 標準

空欄(3)の前にある「蝦夷地における交易地」「商人が担う」から**場所請負制**，空欄(4)の後にある「大農場制度・畜産技術の移植」から，札幌農学校で教頭として在職したアメリカ人**クラーク**を想起しよう。

問6 答：松前藩 標準

「徳川家康からアイヌとの交易独占権を認められ」から**松前藩**を導き出そう。中世から近世にかけて北海道南部に勢力をもった蠣崎氏が松前氏と改姓した。

問7 答：D 標準

D－× 「北海道アイヌ協会を設立して」が誤り。政府は1899年に**北海道旧土人保護法**を出し，アイヌを農業に従事させようとした。北海道アイヌ協会は，北海道に居住するアイヌ民族の尊厳を確立するため1930年に設立された。

3

問8 答：A 難

①－○ 沖縄戦における犠牲者は，一般の沖縄県民が推定値で約9万4000人，沖縄出身の軍人・軍属が2万8000人，日本軍が6万6000人，アメリカ軍が1万2500人であった。

②－○ 沖縄戦の組織的な戦闘は牛島満司令官らが自決した1945年6月23日に終了したが，その後も局地的な戦闘は続き，南西諸島守備軍代表が降伏文書に調印したのは1945年9月7日であった。

③－○ 1944年8月，沖縄から疎開する学童らを乗せた対馬丸が，鹿児島県沖でアメリカの潜水艦に撃沈された（**対馬丸事件**）。約1500人が犠牲となった。

問9 答：基本的人権 標準

1946年に公布され，1947年に施行された**日本国憲法**では，日本史上初めて**基本的人権**が保障された。その背景として，日本が1945年8月に受諾した**ポツダム宣言**が基本的人権の尊重を重視していたことが大きかった。

問10 答：D 標準

D－○ 沖縄返還協定（1971年）の調印時に内閣総理大臣であった人物は**佐藤栄作**であり，佐藤栄作内閣の存続期間は1964～72年。したがって，日韓基本条約（1965年）を結んだのは**佐藤栄作内閣**である。

A－× 日米相互協力及び安全保障条約（新安保条約，1960年）の調印時は**岸信介内閣**である。

B－× 日ソ共同宣言（1956年）の調印時は**鳩山一郎内閣**である。

C－× 日中平和友好条約（1978年）の締結時は**福田赳夫内閣**である。

●**沖縄現代史**

年	事項
1944	**対馬丸事件** …疎開する学童を乗せた対馬丸を米潜水艦が撃沈
1945	米軍の沖縄本島上陸
	• **鉄血勤皇隊**（男子中等学校生）の戦闘参加 • 女子学徒隊（**ひめゆり隊**など）の動員 • **集団自決**の悲劇 • 組織的な戦闘は6月23日に終了するが，その後も局地戦は続き，降伏調印式は9月7日 • アメリカの直接軍政下に置かれる
1952	**琉球政府**の発足
	サンフランシスコ平和条約の発効 →アメリカの施政権下に
1953	土地収用令公布 →米軍による土地強制収容，米軍基地拡充
1956	接収した軍用地使用料一括払いなどに関する「プライス勧告」
	→**島ぐるみ闘争**が沖縄全土に広がる
1960	**沖縄県祖国復帰協議会**結成（沖縄の即時無条件全面返還の要求）
1965	ベトナム戦争の激化 →沖縄の基地利用
1967	佐藤栄作首相とジョンソン大統領が会談
	→3年以内の返還決定で合意
1968	琉球政府主席の公選制実現 →**屋良朝苗**の当選
1969	**佐藤栄作**首相と**ニクソン**大統領が会談
	→日米共同声明を発表し，安保堅持のうえで「**核抜き・本土なみ**」の返還に合意
1970	コザ騒動 …群衆が米軍車両を炎上させる
1971	**沖縄返還協定**調印
1972	沖縄の日本復帰の実現 →米軍の基地使用は継続
1995	米軍兵士による少女暴行事件
	• 抗議のため県民総決起大会 • 大田昌秀知事は米軍用地強制使用手続きの代理署名を拒否
1996	日米両政府，5〜7年以内の普天間飛行場返還で合意
2000	九州・沖縄サミット開催
2004	沖縄国際大学（宜野湾市）に米軍ヘリが墜落
2006	普天間飛行場の辺野古移設などを掲げたロードマップで日米合意
2008	沖縄県議会，辺野古移設反対決議可決

解　答

1　問1　A　　問2　B　　問3　D　　問4　C

2　問5　C　　問6　松前藩　　問7　D

3　問8　A　　問9　基本的人権　　問10　D

34　2021年度　情報コミュニケーション学部〔1〕

次の文章を読み，各設問に解答しなさい。

国家成立以降，税徴収の基盤となる土地は重要な意味をもち，為政者は土地支配の安定につとめ，時代に応じた制度を導入した。ここでは，日本史における土地制度の問題を考察したい。

以下のＡからＣの文章を読み，各設問に解答しなさい。なお，設問で使用した史料は，読みやすいように改めてある。

Ａ　古代における朝廷の土地支配は，律令を基礎として，それを修正・補完することで進められた。（　ア　）天皇の治世下に藤原不比等らによって選定が進められた養老律令では，班田収授に関する定めのほか，田租の税率や調・庸(イ)などの租税制度，雑徭・仕丁などの夫役に関する規定が設けられていた。律令体制下での民衆は戸籍・計帳に登録されることで政府の統制下に置かれ，口分田の班給を受ける一方で，納税の義務を負った。

従来，8世紀(ウ)に整備・拡充された，このような支配体系は「公地公民制」と呼ばれ，墾田永年私財法(エ)による土地私有の開始によって，その基礎が掘り崩されたと論じられてきた。しかし，近年では墾田永年私財法は，それまで明確に管理することが困難であった開墾地を政府の管理下に組み込む積極的な政策として位置づけ直されている。他方で，同法は貴族や寺院(オ)による開墾を刺激し，それらによる大規模な私有地所有を促進することになった。

9世紀に入る頃には，重い税負担から逃れるために，浮浪・逃亡する者や戸籍の虚偽記載が増大し，律令体制を揺るがせることになった。このような地方統治の実態は，文人政治家であった菅原道真(カ)による漢詩にも詠まれている。彼が讃岐国司として下向した際に詠んだ「寒早十首」からは，浮浪・逃亡した者の困窮した生活や戸籍の不備による対応の難しさといった当時の実情を窺い知ることができる。

浮浪・逃亡・偽籍の増加は課役負担者の減少を意味し，国家財政に深刻な危機をもたらすものであった。このため，10世紀初めにかけて，律令制度に基づく土地支配を維持するための様々な方策(キ)が試みられたが，その効果は限定的なものであった。こうした事態を受け，政府は課税対象を人から土地に変更し，国司による徴税請負を軸とした新たな支配方式(ク)を導入することになる。

有力農民や任期終了後も地方に土着した国司の子孫のなかには田地を開発する者があらわれ，彼らは開発領主へと成長していく。開発領主層は在庁官人等となり国司と結びつきながら所領支配を固める一方で，中央の有力貴族・寺社に所領を寄進し，自らは荘園の荘官となり支配権確保をめざすこともあった(ケ)。これにより，平安中期(コ)以降には，一国内の様子は，荘・郡・郷といった荘園・公領が併存する，いわゆる荘園公領制へと編成されていった。

問１　空欄（　ア　）に入る天皇として，**もっとも正しいもの**を，次の①～④のうちから１つ選び，マーク解答欄に記入しなさい。

①　文武　　②　元明　　③　元正　　④　孝謙

問２　下線部（　イ　）に関連して，庸布の納入を課された以下に示す戸が納めるべき布の長さとして，**もっとも正しいもの**を，次の①～④のうちから１つ選び，マーク解答欄に記入しなさい。なお，正丁１名が負担する庸布の長さは２丈６尺とし，長さの単位は丈・尺のみ用いる。また，この戸においては，身分・障害等を理由とした庸負担免除者はいないものとする。

戸主　36歳	男　71歳	男　63歳	男　62歳
男　45歳	男　28歳	女　25歳	女　21歳
男　19歳	男　18歳	男　6歳	女　3歳

①　7丈8尺　　②　10丈4尺　　③　11丈7尺　　④　12丈

問３　下線部（　ウ　）の時期における出来事として**もっとも正しいもの**を，次の①～④のうちから１つ選び，マーク解答欄に記入しなさい。

①　唐から帰国した吉備真備や玄昉は長屋王に重用され，政界において活躍した。

②　藤原武智麻呂の子である仲麻呂は光明皇太后の後ろ盾を得て権力を握

り，紫微中台の長官に任じられた。

③ 平城京で鋳造が開始された盧遮那大仏の開眼供養はインド僧・中国僧が参列し，孝謙天皇の下で盛大に行われた。

④ 藤原広嗣の乱後，聖武天皇は恭仁京・難波宮・紫香楽宮といった畿内各地にある都への遷都を繰り返した。

問 4 下線部(エ)の前後に，さまざまな土地政策が打ち出されているが，これに関する(い)〜(に)の史料を年代順に並べたものとして**もっとも正しいもの**を，次の①〜⑥のうちから１つ選び，マーク解答欄に記入しなさい。

(い) 太政官奏すらく，「頃者百姓漸く多く，田池窄狭なり。望み請ふらくは，天下に勧め課せて，田疇を開闢かしめむ。其の新たに溝池を造り，開墾を営む者あらば，多少に限らず，給して，三世に伝へしめむ。若し旧の溝池を逐はば，其の一身に給せむ」と。

(ろ) 勅すらく，「今聞く，墾田は天平十五年の格に縁るに，自今以後，任に私財と為し，三世一身を論ずること無く，咸悉く永年取ること莫れと。(中略)自今以後，一切禁断して加墾せしむること勿れ。但し寺は先来の定地開墾の次は禁ずる限に在らず。」

(は) 太政官奏して日く，「(中略)望み請ふらくは，農を勧め，穀を積みて，以て水旱に備へん。仍て所司に委ねて人夫を差発し，膏腴の地良田一百万町を開墾せん。」

(に) 詔して日く，「聞くならく，墾田は養老七年の格に依りて，限満つる後，例に依りて収授す。是に由りて農夫怠倦して，開ける地復た荒る，と。自今以後は，任に私財と為し，三世一身を論ずること無く，咸悉く永年取ること莫れ。」

① (い)→(ろ)→(に)→(は)　② (は)→(い)→(に)→(ろ)

③ (は)→(ろ)→(い)→(に)　④ (い)→(は)→(に)→(ろ)

⑤　(は)→(い)→(ろ)→(に)　　⑥　(い)→(は)→(ろ)→(に)

問 5　下線部(　オ　)に関連して，この時代に来日した鑑真によって正式な授戒を行う戒壇が設置されたが，このうち，「天下の三戒壇」に**含まれないもの**を次の①〜④のうちから 1 つ選び，マーク解答欄に記入しなさい。

①　筑紫観世音寺　　②　東大寺

③　唐招提寺　　④　下野薬師寺

問 6　下線部(　カ　)の人物を政界から追放した人物名として**もっとも正しいもの**を，次の①〜④のうちから 1 つ選び，マーク解答欄に記入しなさい。

①　藤原基経　　②　藤原良房　　③　藤原忠平　　④　藤原時平

問 7　下線部(　キ　)に関連して，財政不足を補うために設定された政府が直営する田地のうち，大宰府管内に置かれたものの名称を記述解答欄に**正しい漢字**で記入しなさい。

問 8　下線部(　ク　)に関連して，10 世紀頃における，かつての租・庸・調や公出挙利稲に由来する税の名称と，その納入を請け負った者の名称の組み合わせとして**もっとも正しいもの**を，次の①〜④のうちから 1 つ選び，マーク解答欄に記入しなさい。

①　官物・田堵　　②　臨時雑役・田堵

③　年貢・名主　　④　公事・名主

問 9　下線部(　ケ　)に関連し，平安時代の荘園・公領に関する説明として**もっとも正しいもの**を，次の①〜④のうちから 1 つ選び，マーク解答欄に記入しなさい。

①　荘園増大が財政窮乏を招いたため，醍醐天皇は延喜の荘園整理令により違法な土地所有を停止させる一方，班田を実施し，律令制の再建をめざした。

②　国司権限が強化されるに伴って，これと結んだ郡司の権限も強まり，その役所である郡衙による公領支配が拡大・強化されていった。

③ 「尾張国郡司百姓等解」によって国司の悪政が明らかになると，三善清行は「意見封事十二箇条」を上奏し，地方政治改革の必要性を訴えた。

④ 後三条天皇は寛徳の荘園整理令以後の新立荘園廃止を命じたが，藤原頼通らの反対にあい，ほとんど成果をあげることができなかった。

問10 下線部（ コ ）の時期に，庶民が着用した衣服として**もっとも正しいもの**を，次の①～④のうちから１つ選び，マーク解答欄に記入しなさい。

① 狩衣　② 束帯　③ 直衣　④ 直垂

B (ア)11世紀，律令制度は崩壊し，天皇・皇族，公家，寺社等の所有する荘園が増加した。朝廷はたびたび，荘園整理令を出し，国衙領の保全を図った。この頃から，東国・西国を基盤とする(イ)武士が，先祖伝来の土地を核として周囲の荘園・国衙領を実力で侵略していった。鎌倉幕府の成立は，土地支配をめぐる武家と公家との妥協の結果ともいえる。朝廷は，無制限であった武士の荘園・国衙領侵略を食い止めるために，東国にある国衙領の支配を地頭に任せることにしたのである。しかし，鎌倉幕府・武士の土地侵略はそれにとどまらなかった。

(ウ)承久の乱以後，全国支配権を強固にした幕府の下，地頭による荘園・国衙領の侵略が加速，紛争をきらう公家・寺社は，係争地の荘園を二分し，双方の支配を認め合う（ エ ）の取り決めを行い，侵略のさらなる拡大をくい止めようとした。

南北朝の内乱期，幕府が(オ)半済令を発令したため，守護は領国内部の荘園を侵略していった。しかし，室町時代を通じても，荘園は消滅しなかった。

(カ)15世紀後半以降，戦国大名は領国内部の荘園を否定していった。そして，豊臣秀吉による(キ)太閤検地は，長きにわたって続いた荘園を消滅させた。

江戸幕府は，土地支配をより精緻なものへと変え，農民の土地所有を禁じ，また，(ク)土地細分化を制限し，土地の流動化を防いだ。しかし，実際には困窮する農民たちの質入れが起こり，地主に土地が集積されていった。(ケ)享保の改革でそれが問題となったが，解消することはできなかった。

19世紀に入ると，土地を手放し没落する農民と，耕作者のいない田畑が増加，とくに関東地域における農村荒廃と治安の悪化は社会的問題となっていた。これに対して，幕府は関東取締出役(コ)を設置したが効果は上がらなかった。

問 1　下線部(　ア　)の時期の美術作品として，**もっとも正しいもの**を，次の①～④のうちから１つ選び，マーク解答欄に記入しなさい。

①　平等院鳳凰堂　　②　教王護国寺両界曼荼羅

③　蓮華王院本堂　　④　信貴山縁起絵巻

問 2　下線部(　イ　)の説明として，**もっとも正しいもの**を，次の①～④のうちから１つ選び，マーク解答欄に記入しなさい。

①　藤原隆家が残した『小右記』には暴力により在地支配を強行する地方武士の様子が記述されている。

②　下総北部を本拠地とした平将門は常陸・下野・上野の国府を制圧したが，中央から派遣された源頼光によって討たれた。

③　陸奥守であった源義家は，清原氏一族の内紛を鎮定した功績を藤原頼通に認められ北面の武士に登用された。

④　未開墾の土地を自力で開発した開発領主は，私領の保全をはかるため，地方に土着した貴族に従い武士団を形成していった。

問 3　下線部(　ウ　)の説明として，**もっとも正しいもの**を，次の①～④のうちから１つ選び，マーク解答欄に記入しなさい。

①　法然が戦乱により荒れた京都を中心に専従念仏の教えを説いた。

②　鎌倉幕府は，全国支配権を強固にするため惣追捕使を初めて設置した。

③　北条泰時は，有力御家人を評定衆に選び，合議による政治を行った。

④　北条氏への権力集中が行われ，和田義盛などの有力御家人が滅ぼされた。

問 4　空欄(　エ　)に入る歴史名辞を，記述解答欄に**正しい漢字**で記入しなさい。

問 5　下線部(　オ　)に関連する次の史料の説明として，**もっとも正しいもの**

を，次の①～④のうちから1つ選び，マーク解答欄に記入しなさい。

諸国擾乱により，寺社の荒廃，本所の牢籠，近年倍増せり(中略)，次に，近江・美濃・尾張三ケ国の本所領半分の事，兵粮料所として，当年一作，軍勢に預け置くべきの由，守護人等に相触れおわんぬ，半分においては，よろしく本所に分かち渡すべし

① ここにある諸国擾乱とは，足利将軍家の内紛から始まったもので，高師直ら有力家臣も関与した。

② この史料は2代将軍足利義詮が出した最初の半済令である。

③ 擾乱の中心は東国であり，近江・美濃・尾張3カ国は比較的安定していた。

④ 朝廷の反発は強く，以後の半済令は期間をさらに短くしたものとなった。

問6　下線部(　カ　)の時期の作品として，**もっとも正しいもの**を，次の①～④のうちから1つ選び，マーク解答欄に記入しなさい。

① 神皇正統記　　② 応安新式

③ 四季山水図巻　　④ 唐獅子図屏風

問7　下線部(　キ　)に関連する次の史料の(　　　)部分に入る語句の説明として，**もっとも正しいもの**を，次の①～④のうちから1つ選び，マーク解答欄に記入しなさい。

一，仰せ出され候趣，国人ならびに百姓共に合点行き候様に能々申聞かすべく候，(中略)百姓以下にいたるまで相届かざるに付ては，一郷も二郷も(　　　　)仕るべく候。

① 説得し納得させるように　　② 兵役につかせるように

③ 他の領地に移住させるように　　④ ことごとく斬り捨てるように

問8　下線部(　ク　)に関連する次の史料を発令した時の将軍として，**もっとも正しいもの**を，次の①～④のうちから1つ選び，マーク解答欄に記入しなさい。

一　名主・百姓，各田畑持候大積，名主二十石以上，百姓は十石以上，

夫より内持候ものは，石高猥に分け申間敷旨仰せ渡され，畏り奉り候，もし相背き申し候はば，何様の曲事にも仰せ付けらるべき事

① 徳川家光　② 徳川秀忠　③ 徳川綱吉　④ 徳川家綱

問９　下線部（　ケ　）に関連する説明として，**もっとも正しいもの**を，次の①～④のうちから１つ選び，マーク解答欄に記入しなさい。

① 幕府は，江戸貧民対策として米価を下落させることを企図し，堂島米市場を直轄にした。

② 幕府は，漢訳洋書の輸入を積極的に認め，杉田玄白らの『解体新書』刊行の支援を行った。

③ 幕府は，江戸の火災対策として，それまでの町火消にかえて，大名による大規模消火体制を作った。

④ 幕府は，金銭貸借についての訴訟を取り上げないこととし，当事者間の話し合いによる解決を命じた。

問10　下線部（　コ　）が設置された時の年号（和暦）として，**もっとも正しいもの**を，次の①～④のうちから１つ選び，マーク解答欄に記入しなさい。

① 文化　② 文政　③ 天保　④ 寛政

C　戊辰戦争が終了しても，江戸時代以来の諸藩は存続していた。二度の大きな制度改革(ア)によって中央集権化と租税制度の基盤が形成された。その後，政府は士族を解体したが，西日本を中心に武力による抵抗(イ)が発生した。

政府は，財政基盤の安定と，近代的貨幣制度の確立を企図，松方正義による財政政策が実行された。一方この間，文明開化(ウ)とよばれる社会・文化現象がおこっていた。

日清・日露戦争に勝利した日本は，朝鮮の植民地化(エ)を進め，（　オ　）を実施，所有権の不明確な農地・山林を接収した。この政策は朝鮮民衆の怨嗟を招いた。

日本国内では日露戦争後における農村疲弊と地主小作の対立が問題となっていた。政府は戊申詔書(カ)を発令し，内務省主導による地方改良運動を進めた。それは，地域格差や小作争議という近代的社会問題を，江戸時代的な社会紐帯や

精神研磨によって乗り越えようとする側面が濃厚であった。

1930年，昭和恐慌(キ)が起こった。世界恐慌で消費が低迷するアメリカへの生糸輸出は激減，さらに米価も下落し，土地を手放す農民はさらに増加した。同時期，中国大陸における共産党勢力の拡大を恐れる軍部は，「満蒙の危機」を唱え，満州事変を起こした。(ク)その結果生まれた満州国を政府は容認，日本国内から農業移民を国策として送り込んだ。

1945年，敗戦により日本は連合国軍最高司令官総司令部の支配下に置かれた。最高司令官マッカーサーは，（　ケ　）首相に口頭で五大改革指令を伝え，日本の軍国主義と排他主義の温床となっていた諸制度と国家神道を解体させた。そして，農地改革により，明治維新以降の土地制度も大きく変わった。

問１ 下線部（　ア　）に関連する次の史料の（　　　）に入る歴史名辞として，**もっとも正しいもの**を，次の①～④のうちから１つ選び，マーク解答欄に記入しなさい。

朕さきに諸藩，版籍奉還の議を聴納し，新に（　　　　）を命し，各其職を奉せしむ，然るに，数百年因襲の久しき，或は其名ありて其実挙らざる者あり，何を以て億兆を保安し，万国と対峙するを得んや

① 知藩事　② 県令　③ 郡長　④ 貢士

問２ 下線部（　イ　）の説明として，**もっとも正しいもの**を，次の①～④のうちから１つ選び，マーク解答欄に記入しなさい。

① 西郷隆盛による西南戦争を鎮圧するために，政府は徴兵制による軍隊を派遣した。

② 江藤新平は，廃刀令に不満をもつ佐賀の士族を糾合し，反乱を起こした。

③ 地租改正による負担増に危機感をもった福岡県の士族は，秋月の乱を起こした。

④ 前原一誠は，条約改正への政府の対応に不満をもつ萩の士族を集め武装蜂起した。

問３ 下線部（　ウ　）に関連する次の史料にある文章の著者として，**もっとも**

正しいものを，次の①～④のうちから１つ選び，マーク解答欄に記入しなさい。

文明の物たるや至大至重，人間万事皆この文明を目的とせざるものなし。制度と云い文学と云い，商売と云い工業と云い，戦争と云い政法と云うも，これを概して互に相比較するには何を目的としてその利害得失を論ずるや。唯そのよく文明を進るものを以て利と為し得と為し，そのこれを却歩せしむるものを以て害と為し失と為すのみ。

①　吉野作造　　②　福沢諭吉　　③　徳富蘇峰　　④　渋沢栄一

問４　下線部（　エ　）の説明として，**もっとも正しいもの**を，次の①～④のうちから１つ選び，マーク解答欄に記入しなさい。

①　韓国皇帝高宗の退位をきっかけに，日本は第２次日韓協約を結び，韓国の外交権を奪った。

②　日本政府は，第３次日韓協約により，韓国の内政権を奪った。

③　日本政府は，第１次日韓協約により，韓国軍隊を解散させた。

④　朝鮮総督であった伊藤博文の暗殺を契機に，日本政府は韓国併合条約の締結を強要した。

問５　空欄（　オ　）に入る歴史名辞を，記述解答欄に**正しい漢字**で記入しなさい。

問６　下線部（　カ　）よりも以前のできごととして，**もっとも正しいもの**を，次の①～④のうちから１つ選び，マーク解答欄に記入しなさい。

①　『時代閉塞の現状』出版　　②　工場法公布

③　平民社結成　　④　大逆事件発生

問７　下線部（　キ　）に関連する以下の説明文の空欄に入る人物名として，**もっとも正しいもの**を，次の①～④のうちから１つ選び，マーク解答欄に記入しなさい。

大蔵大臣に就任した（　　　　）は，緊縮財政をとり，産業合理を進め，外国為替相場の安定のために金解禁を実行した。

① 高橋是清　② 若槻礼次郎　③ 井上準之助　④ 片岡直温

問 8 下線部(ク)よりも以前のできごととして，**もっとも正しいもの**を，次の①～④のうちから1つ選び，マーク解答欄に記入しなさい。

① 五・一五事件発生　② 国体明徴声明発令

③ 国際連盟脱退　④ 三月事件発生

問 9 空欄(ケ)に入る人名として，**もっとも正しいもの**を，次の①～④のうちから1つ選び，マーク解答欄に記入しなさい。

① 吉田茂　② 東久邇宮稔彦　③ 幣原喜重郎　④鈴木貫太郎

解説　古代～現代の土地制度史

古代～現代の土地制度に関するテーマからの出題であった。問題構成は，正文または正しい語句の選択問題と語句記述問題が中心となっており，ほとんどが例年通りの形式である。しかし，Aの問2は今までにない形式で，律令制時代の戸の性別・年齢構成の表を見て庸の負担を計算する問題が出題された。

A

問1　答：③　標準

大宝律令を修正・選定したものである養老律令は，③の**元正天皇**の時代（718年）に成立した。ただし，すぐには施行されず，約40年後の757年に④の孝謙天皇の治世下で，藤原仲麻呂によって施行された。

問2　答：②　やや難

庸が課される者を最初に確認しておこう。庸は，21～60歳の男性である正丁と，61～65歳の男性である次丁（老丁）のみに課せられる。ただし，次丁（老丁）は，正丁の2分の1の負担である。

設問文に示されている戸では，正丁の人数は3名で，次丁（老丁）の人数は2名である。設問に，「正丁1名が負担する庸布の長さは2丈6尺」とあるから，正丁の負担する庸布の合計は，2丈6尺×3=7丈8尺である。また，次丁（老丁）の負担は，正丁の2分の1なのだから，1丈3尺×2=2丈6尺である。7丈8尺+2丈6尺=10丈4尺であるから，答えは②となる。

●公民の課役負担

区分	正丁 (21～60歳)	次丁（老丁） (61～65歳)	中男（少丁） (17～20歳)	備考
調	諸国の諸産物から1種類を朝廷に貢納	正丁の 2分の1	正丁の 4分の1	京・畿内は他の2分の1
庸	中央での年間10日の労役（歳役）にかえて**布2丈6尺**	正丁の 2分の1	なし	京・畿内は免除
雑徭	年間60日を限度とする地方での労役	正丁の 2分の1	正丁の 4分の1	日数は国司が決定

問3　答：②　標準

②―○　**藤原仲麻呂**は，光明皇后の信任を得て政治的地位を向上させ，孝謙天皇が即位した749年に紫微中台の長官に任命された。孝謙天皇を後見した光明皇太后

のもとで，紫微中台は太政官とは別の政治・軍事機関として機能し，藤原仲麻呂の権勢を高めることにつながった。

①―×　吉備真備や玄昉は遣唐使として唐に渡ったのち，長屋王ではなく**橘諸兄**に重用され政界で活躍した。

③―×　盧舎那仏の鋳造が開始された場所は**紫香楽宮**である。のちに平城京に移され，752年に孝謙天皇のもとで開眼供養の儀式が行われた。

④―×　紫香楽宮は**近江国**に営まれており，畿内には含まれない。

問4　答：②　標準

奈良時代の土地政策に関する史料の年代順配列問題である。それぞれの史料からキーワードを探し，どの土地政策にまつわるものかを判断しよう。なお，この史料の出典はすべて六国史の二番目である『続日本紀』である。

(い)「三世に伝へしめむ」「其の一身に給せむ」から長屋王政権下の**三世一身法**（723年），(ろ)「一切禁断して加墾せしむること勿れ」「但し寺は…禁ずる限に在らず」から道鏡政権下の**加墾禁止令**（765年），(は)「良田一百万町を開墾せん」から長屋王政権下の**百万町歩開墾計画**（722年），(に)「私財と為し」「三世一身を論ずること無く，咸悉く永年取ること莫れ」から橘諸兄政権下の**墾田永年私財法**（743年）であると判断しよう。

問5　答：③　標準

754年，鑑真は**東大寺**に常設の戒壇を設置した。761年には**下野薬師寺**，**筑紫観世音寺**にも設置し，「本朝三戒壇」と呼ばれた。唐招提寺は，759年に鑑真が創建し晩年を過ごした寺院である。

問6　答：④　易

宇多天皇は譲位後，醍醐天皇が長じるまで藤原時平と菅原道真に政務をまかせた。**藤原時平**は899年に左大臣となり，901年には右大臣に昇っていた**菅原道真**を大宰権帥に左遷した。

問7　答：公営田　易

9世紀に置かれた政府の直営田のうち，大宰府管内に置かれたものを**公営田**と呼ぶのに対し，畿内に置かれたものを**官田**と呼ぶ。

問8　答：①　標準

設問に「10世紀頃」という時期の指定があるので，①の「官物・田堵」が正しい。臨時雑役は，主に律令制時代の雑徭などに由来する負担である。また，11世紀半ば頃から，名（土地）に対する権利を強めた田堵は次第に名主（みょうしゅ）と呼ばれるようになり，領主のもとで農民たちを使役しながら年貢・公事・夫役を負担した。

問9　答：①　標準

①―○　醍醐天皇によって**延喜の荘園整理令**が出された902年が，最後の班田が行われた年代であることも覚えておきたい。

②ー× 10 世紀以降，任国に赴く国司の最上席者である受領に権力が集中し，次第に郡司の役割が低下していき，郡衙は衰退していった。

③ー× 三善清行の「意見封事十二箇条」は，10 世紀前半に**醍醐天皇**へ提出されたものであり，10 世紀後半の「尾張国郡司百姓等解」が朝廷に提出された時期と合わない。

④ー× **後三条天皇**は，**記録荘園券契所**を置いて**延久の荘園整理令**を実施し，摂関家領についても例外なく荘園整理を行ったため，一定の成果をあげた。

問 10 答：④ 標準

平安時代中期に，庶民は**水干**や**直垂**（ひたたれ）などを着用していた。①の**狩衣**（かりぎぬ）と③の**直衣**（のうし）は貴族の平常服，②の**束帯**は貴族の礼服である。

B

問 1 答：① 標準

11 世紀の文化は，**国風文化**である。選択肢の中で国風文化の美術作品は，藤原頼通が建立した①の**平等院鳳凰堂**で，これが正解となる。②の教王護国寺両界曼荼羅は弘仁・貞観文化，③の蓮華王院本堂は鎌倉文化，④の信貴山縁起絵巻は院政期文化の作品である。

問 2 答：④ 標準

④ー○ その他，武士団の原点の一つとして，押領使や追捕使として地方に下った軍事貴族もいることも覚えておこう。

①ー× **『小右記』**は藤原隆家ではなく**藤原実資**が残した日記で，藤原道長の「望月の歌」が記されている摂関政治期の史料として有名である。

②ー× 平将門の乱を鎮圧したのは，源頼光ではなく**平貞盛**と**藤原秀郷**である。

③ー× 清原氏一族の内紛を鎮定した後三年合戦では，朝廷は私闘とみなして源義家に恩賞や官位を与えなかった。また，**北面の武士**は**白河上皇**が院の警衛のために設けたもので，藤原頼通とは直接関係がない。

問 3 答：③ 標準

③ー○ 北条泰時は，**評定衆**だけでなく**連署**も設置して，合議制を確立させた。

①ー× 法然の教えは，専従念仏ではなく**専修念仏**である。また，法然は承久の乱の前に亡くなっている。

②ー× 惣追捕使（守護のことを最初は惣追捕使や国地頭と呼んだ）が初めて設置されたのは 1185 年のことであり，承久の乱に際して置かれたものではない。**源義経追討**を目的に国ごとに設置され，有力御家人がこれに任命された。

④ー× **和田義盛**が滅ぼされたのは承久の乱以前の 1213 年である。

問4　答：**下地中分**　易

地頭の荘園侵略に直面した領主の対応として，地頭に荘園の管理一切を任せて一定額の年貢納入だけを請け負わせることなどを取り決めた**地頭請**がある。しかしながら，それでも地頭の横暴を防ぎきれずに，結果的に荘園を二分し，**下地中分**の取り決めを行わざるを得ないケースが多かった。

問5　答：①　やや難

①―〇　ここでの「諸国擾乱」は，1350～52年の**観応の擾乱**を指す。これは足利尊氏派の高師直と足利直義が衝突したことをきっかけに起こった。

②―×　この史料は1352年に最初の半済令として出された観応の半済令である。これは初代将軍**足利尊氏**が出したもので，足利義詮ではない。

③―×　この半済令は，軍費調達のために特に戦闘の激しかった**近江・美濃・尾張**に限定して出された。

④―×　以後の半済令（応安の半済令）などでは，半済期間は短くならず，逆に皇族領・寺社領・摂関家領を除く荘園については，永続的に半済が認められるようになった。

問6　答：③　標準

15世紀の文化は，初頭が北山文化，後半が東山文化にあたる。選択肢の中で該当するのは，**東山文化**期の雪舟の作品である③の『**四季山水図巻**』で，これが正解となる。北畠親房が著した①の『神皇正統記』と二条良基が制定した②の『応安新式』は14世紀の南北朝文化期のもの，狩野永徳が描いた④の『唐獅子図屛風』は16世紀の桃山文化期の作品である。

問7　答：④　やや難

史料中の空欄には，「なでぎり（撫で斬り）」という語句が入る。片端から斬り捨てることを意味し，ここでは④が正解となる。豊臣秀吉は，城主であれ，農民であれ，厳しく強引に検地を実施しようとしたことがこの史料からうかがえる。頻出史料であるから，史料集などで確認しておこう。

問8　答：④　やや難

この史料は，17世紀後半（1673年）に幕府が発令した**分地制限令**であり，当時の将軍は④の**徳川家綱**である。過度な分割相続による土地の細分化を防止し，本百姓体制を動揺させないようにする狙いがあった。

問9　答：④　標準

④―〇　享保の改革期に出された**相対済し令**の説明である。

①―×　「米価を下落させること」が誤り。**堂島米市場**の公認の狙いの一つは，米価安，諸色（諸物価）高の状況下での米価の安定である。

②―×　享保の改革期には，実学を奨励し，キリスト教に関係のない漢訳洋書の輸入の制限を緩和した。しかし，『解体新書』の刊行は田沼時代の1774年のことで

あり，このときの幕府が支援を行ったという事実もない。

③ー× 享保の改革期には，これまでの大名火消や定火消に加えて**町火消**が新設され，江戸の消防制度は強化された。

問10 答：① やや難

関東取締出役が設置されたのは文化・文政時代（徳川家斉の大御所時代）であることは知っているかもしれないが，ここでは文化年間か文政年間かを判断しなければならない。関東の農村で荒廃地が増大し，博徒や無宿人になる農民が増えていたことから1805（**文化2**）年に**関東取締出役**を設置して治安維持をはかり，1827（**文政**10）年には取り締りの効果をあげるために，関東のすべての農村に対し数十カ村を単位に**寄場組合**を結成させた。

C

問1 答：① 標準

この史料は，1行目にあるように**版籍奉還**に関するものである。版籍奉還の際に置かれた役職としては，①の**知藩事**が正しい。②の県令は，廃藩置県の際に府知事とともに置かれた役職，③の郡長は，郡区町村編制法が制定された1878年に郡に置かれた役職，④の貢士は，1868年に明治政府が新たな政権運営のために諸藩から差し出させた人材（代議員）のこと。

問2 答：① 標準

①ー○ **西南戦争**は**西郷隆盛**を首領とし，九州各地の不平士族が呼応して展開されたが，政府は**徴兵制**による軍隊を投じ，約半年をかけて鎮圧した。

②ー× 廃刀令が出されたのは，**江藤新平**が1874年に佐賀で反乱を起こした後の1876年である。佐賀の乱は，征韓を主張する征韓党などが江藤を擁して起こした。

③ー× 福岡県の士族による**秋月の乱**の背景には，廃刀令や秩禄処分の断行があった。地租改正事業に影響を受けるのは，主としてこれまで年貢を納めていた農民であり，士族が経済的に打撃を受けたのは秩禄処分である。

④ー× 前原一誠らによる**萩の乱**も士族反乱であり，背景には③と同様，廃刀令・秩禄処分などへの不満があった。

問3 答：② 標準

「唯そのよく文明を進るものを以て利と為し得と為し」などから，この史料は②の**福沢諭吉**の『文明論之概略』であると判断しよう。ほかにも福沢は，『学問のすゝめ』や『西洋事情』などを著し，西洋思想や文化の紹介などの啓蒙活動に努めた。

問4 答：② 標準

②―○ ハーグ密使事件を受けて，日本は韓国皇帝高宗を退位させ，第3次日韓協約を結び韓国の内政権を接収した。

①―× 第2次日韓協約が結ばれたのはポーツマス条約が締結された直後の1905年。韓国の外交権を奪い，漢城に統監府を置いた。高宗の退位はハーグ密使事件後の1907年である。

③―× 韓国軍隊は，第3次日韓協約締結時，秘密覚書によって解散させられた。

④―× 「朝鮮総督であった伊藤博文」が誤り。朝鮮総督府は伊藤博文暗殺の翌年である1910年，韓国併合条約締結後に設けられた機関。伊藤博文は第2次日韓協約締結後に初代の統監を務めた。

問5 答：**土地調査事業** 標準

1910年から朝鮮総督府は，日本の地租改正にあたる大規模な**土地調査事業**を実施した。これにより，多くの農民が土地を奪われるとともに，朝鮮を資本主義経済に組み込む基礎がつくられた。

●韓国の保護国化と韓国併合

内閣	年	事項
第1次桂	1904	**日韓議定書** …日本は軍略上必要な韓国の土地を臨機に収用する **第1次日韓協約** …韓国政府に日本政府が推薦する財政・外交顧問を置く
	1905	桂・タフト協定 …韓国に対する日本の指導権をアメリカが承認 第2次日英同盟協約 …韓国に対する日本の保護権をイギリスが承認 ポーツマス条約 …韓国に対する日本の指導・保護・監督権をロシアが承認 **第2次日韓協約** …韓国の**外交権**を接収（保護国化），**統監府**の設置（初代統監は**伊藤博文**）
第2次西園寺	1907	**ハーグ密使事件** …第2回万国平和会議（オランダのハーグ）に韓国皇帝の密使が提訴 →韓国皇帝高宗を退位させる **第3次日韓協約** …韓国の**内政権**を掌握，秘密覚書によって韓国軍隊を解散
第2次桂	1908	東洋拓殖会社設立 …朝鮮の拓殖事業を営む国策会社として設立
	1909	伊藤博文暗殺 …ハルビン駅頭で義兵運動・独立運動家の安重根が暗殺
	1910	**韓国併合条約** …大韓帝国を朝鮮と改称，**朝鮮総督府**の設置（初代朝鮮総督は**寺内正毅**） **土地調査事業** …農民の土地や村の共有地を官有地として接収

問6 答：③ 標準

戊申詔書が発布されたのは日露戦争後，第2次桂太郎内閣の時代の1908年である。①の『**時代閉塞の現状**』は，**石川啄木**が韓国併合や④の**大逆事件**（1910年）について日本政府の「強権政治」に危機感を抱き，これを綴った評論である。②の

工場法が公布されたのは，1911年である。しかし，施行は5年後の1916年と，少し期間があいていることも覚えておこう。③の**平民社**は，日露戦争を目前にして，非戦論を唱えて『万朝報』を退社した堺利彦，幸徳秋水らが1903年に結成した社会主義結社である。したがって，答えは③となる。

問7　答：③　易

説明文の「**緊縮財政**」「**産業合理（化）**」「**金解禁**を実行」から，大蔵大臣は③の**井上準之助**と判断しよう。

問8　答：④　標準

関東軍が満州事変を起こしたのは，第2次若槻礼次郎内閣の時代の1931年9月のことである。①の**五・一五事件**は，満州国建国の承認に慎重であった首相・犬養毅が暗殺された事件であり，1932年に発生した。②の**国体明徴声明**は，美濃部達吉の天皇機関説を否定した政府の声明で，岡田啓介内閣の時代の1935年に出された。③の**国際連盟脱退**は，国際連盟の臨時総会における満州国からの日本軍撤退などの勧告案採択を受けて日本政府が1933年3月に通告を行った（1935年に発効）。④の三月事件は，1931年3月に起きた，陸軍の橋本欣五郎らによって計画された政党内閣打倒のクーデタ未遂事件である。したがって，答えは④となる。

問9　答：③　標準

連合国軍最高司令官マッカーサーは，新任挨拶の**幣原喜重郎**首相に対して口頭で五大改革指令を伝えた。内容は，参政権付与による婦人の解放，労働組合の結成奨励，学校教育の自由主義化，圧政的諸制度の撤廃，経済機構の民主化であった。

解　答

A	問1　③	問2　②	問3　②	問4　②	問5　③
	問6　④	問7　公営田	問8　①	問9　①	問10　④
B	問1　①	問2　④	問3　③	問4　下地中分	問5　①
	問6　③	問7　④	問8　④	問9　④	問10　①
C	問1　①	問2　①	問3　②	問4　②	
	問5　土地調査事業	問6　③	問7　③	問8　④	問9　③

35 2021年度 情報コミュニケーション学部〔2〕

次の文章を読み，各設問に解答しなさい。

新型コロナウイルス感染症拡大にともない，2020年度は全国各地で学校の始期が遅れ，9月入学の制度化などが検討された。ここでは，明治期以降の学校教育の歴史を振り返ってみたい。

1871年に文部省が新設されると，翌年には大学区，中学区，小学区などの統一的な学校制度を定めた学制(ア)が公布された。同年には，東京に初の女学校ができた。政府は，国民皆学の理念を掲げ，小学校教育の普及に力を入れた結果，義務教育の就学率(イ)が高まりを見せはじめた。

教育令(ウ)の公布と改正を経て，1886年に公布された（　エ　）では，小学校・中学校・師範学校・帝国大学などからなる学校体系が整備された。

その後，教育政策は国家主義の性格を帯びるようになり，（　オ　）内閣では，忠君愛国を基本とする教育勅語が発布された。また官立の高等教育機関の拡充が進み，帝国大学(カ)の創設が相次いだ。1918年に公布された大学令(キ)では，官立の帝国大学以外に，公立・私立大学の設立が認められ，大学生の数が急増した。

同じく1918年の高等学校令にもとづき，高等学校の増設が進められたほか，1920年から1930年にかけては，中学校の生徒数も倍増した。この間の国民の識字率の向上や高等教育の拡充は，大正期における労働者やサラリーマンなどを担い手とする大衆文化や新聞・雑誌・ラジオ・映画などのマスメディアの発展(ク)を下支えした。

第二次世界大戦が勃発し，1941年になると，国民学校(ケ)が創設された。また太平洋戦争に突入した後，1943年からは学徒出陣や勤労動員(コ)が始まった。

戦後に入ると，アメリカ教育使節団の勧告により，1947年に教育基本法が制定され，義務教育が9年に延長されるとともに，同年の学校教育法により，4月から6・3・3・4の新学制が発足し，現在の学校教育の枠組みが築かれた。

問1　下線部（　ア　）に関して，学制序文「学事奨励に関する太政官布告」の別名を，記述解答欄に**正しい漢字四文字**で記入しなさい。

問 2 下線部（ イ ）に関する説明として，**もっとも正しいもの**を，①〜④のうちから１つ選び，マーク解答欄にマークしなさい。

① 学制公布の年，男子就学率は 40 %，女子就学率は 20 %を下回っていた。

② 義務教育授業料が廃止された年，男子就学率が初めて 50 %を超えた。

③ 義務教育授業料が廃止された年，女子就学率が初めて 50 %を超えた。

④ 日露戦争終結の年，男女を合わせた就学率が初めて 80 %を超えた。

問 3 下線部（ ウ ）に関する説明として，**もっとも正しいもの**を，①〜④のうちから１つ選び，マーク解答欄にマークしなさい。

① 森有礼文部大臣のもとで公布された。

② フランスの教育制度を参考に学制を改正して公布された。

③ 義務教育を 16 ヶ月と緩和した。

④ 公布翌年に改正後の教育令では，小学校教育の中央集権化を弱めた。

問 4 空欄（ エ ）を制定するうえで模範とした国から招聘した外国人教師とその業績に関する組み合わせとして，**もっとも正しいもの**を，①〜④のうちから１つ選び，マーク解答欄にマークしなさい。

① ナウマン　全国地質図の作成

② フェノロサ　東京美術学校の設立

③ ベルツ　日本地震学会の創設

④ モース　大森貝塚の発見

問 5 空欄（ オ ）に入る人物が総理大臣の内閣で発布・公布された語句として，**もっとも正しいもの**を，①〜④のうちから１つ選び，マーク解答欄にマークしなさい。

① 市制・町村制　　② 衆議院議員選挙法

③ 大日本帝国憲法　　④ 府県制・郡制

問 6 下線部(カ)に関して，大正から昭和初期にかけて増設された帝国大学として，**誤っているもの**を，①〜④のうちから1つ選び，マーク解答欄にマークしなさい。

① 大阪帝大　② 九州帝大　③ 京城帝大　④名古屋帝大

問 7 下線部(キ)に関する説明として，**誤っているもの**を，①〜④のうちから1つ選び，マーク解答欄にマークしなさい。

① 陸軍・海軍・外務大臣以外は立憲政友会員で組閣した最初の本格的政党内閣によって公布された。

② 大学生の数は，1918年には100万人以下であったが，1930年には250万人以上に増加した。

③ 明治大学の前身は，明治法律学校という名称であった。

④ 商科・工科・医科など，単一の学部を置く単科大学の設立も認められた。

問 8 下線部(ク)に関して，大正期の出来事の説明として，**もっとも正しいもの**を，①〜④のうちから1つ選び，マーク解答欄にマークしなさい。

① 『東京朝日新聞』『東京日日新聞』『読売新聞』の発行部数は，100万部を突破した。

② 『太陽』などの総合雑誌，『サンデー毎日』などの週刊誌が創刊された。

③ ラジオ放送は，東京・大阪・名古屋で開始され，これらの放送局を統合し，日本放送協会が設立された。

④ トーキーと呼ばれる有声映画の製作や上映が始まった。

問 9 下線部(ケ)に関する説明として，**誤っているもの**を，①〜④のうちから1つ選び，マーク解答欄にマークしなさい。

① ナチズムの教育制度を模倣した。

② 小学校と中学校を国民学校へ改称した。

③ 義務教育を計8年に延長しようとした。

④ 戦争が激化し，国民学校高等科の義務教育実施は無期延期となった。

問10　下線部(　コ　)に関する説明として，**誤っているもの**を，①〜④のうちから１つ選び，マーク解答欄にマークしなさい。

①　学徒出陣では，大学・高等学校・専門学校に在学中で徴兵適齢である，主に理科系学生が徴集された。

②　徴兵適齢は 20 歳であったが，後に 19 歳に引き下げられた。

③　国民学校初等科を除く学校授業が，1945 年から１年間停止された。

④　勤労動員では，労働力不足を補うため，女子挺身隊に編制した 14 〜 25 歳の未婚女性も軍需工場などで働かせた。

解説　近代以降の教育制度

明治時代以降の学校教育をテーマに出題された。6割が正文・誤文選択問題，残り4割が語句の選択・記述問題などで構成されている。教育史は明治大学で頻出のテーマなので，これを機会にしっかりと学習しておこう。

問1　答：**被仰出書**　やや難

「学事奨励に関する太政官布告（被仰出書（おおせいだされしょ））」は，学制の趣旨を説いたものである。実学思想，個人の立身出世の思想などが表明された。これによって**国民皆学**が目指されることになった。

問2　答：①　難

①―○　政府は義務教育としつつも，小学校の設立費用を地域住民の負担とし，授業料も各家庭の自費であったことから学制反対一揆が起きたこともおさえておこう。

②―×　義務教育授業料が廃止されたのは1900年である。1898年の段階で男子の就学率は80％を上回っていた。

③―×　義務教育授業料が廃止される1900年以前の1898年に女子の就学率は50％を上回っていた。

④―×　日露戦争終結の年は1905年である。男女を合わせた就学率は1900年に80％を上回っていた。

問3　答：③　標準

③―○　教育令によって，就学義務が小学校4年間のうち少なくとも16カ月と緩和された。

①―×　森有礼文部大臣のもとで公布されたのは，教育令ではなく**学校令**である。

②―×　1879年に出された教育令は，フランスの教育制度ではなく**アメリカ**の教育制度を参考にしていた。

④―×　教育令は1880年に改正されて地方の裁量権が弱まり，自由主義教育から中央集権的な教育制度に修正された。

問4　答：①　やや難

空欄エには**学校令**が入る。学校令を立案した初代文部大臣**森有礼**は**ドイツ**式の学校教育制度を導入している。①の**ナウマン**はドイツの地質学者で，フォッサマグナの発見で知られる。1875年に来日し，各地の地質調査を実施して1885年に帰国した。

②の**フェノロサ**はアメリカの美術研究家・哲学者で，岡倉天心とともに**東京美術学校**設立に尽力した。③の**ベルツ**はドイツから招聘した外国人教師だが，専門は医

学であり，明治時代の日本を知る貴重な史料である**『ベルツの日記』**を残したことでも知られる。日本地震学会の創設に尽力したのはイギリスの地質学者であるミルンである。④の**モース**はアメリカの動物学者で，**大森貝塚**を発見した。

問5　答：④　標準

空欄オに入る人物は**山県有朋**である。山県有朋が首相（第１次内閣）の時期に発布・公布されたものは④の**府県制・郡制**である。①の市制・町村制は伊藤博文，②の衆議院議員選挙法と③の大日本帝国憲法は黒田清隆が首相の時期に発布・公布された。ちなみに，①の市制・町村制は，山県有朋が内務大臣時代にモッセとともに整備した。

問6　答：②　やや難

九州帝国大学は明治時代の1911年に設立された。まず，1877（明治10）年創立の東京大学が，1886（明治19）年の帝国大学令にもとづき帝国大学と改称された。その後，明治期に京都帝国大学，東北帝国大学，九州帝国大学，大正期に北海道帝国大学，京城帝国大学（日本領朝鮮），昭和期に台北帝国大学（日本領台湾），大阪帝国大学，名古屋帝国大学が創立され，９帝大となった。

問7　答：②　標準

②―×　1918年の大学生の数は約9000人であったが，1930年には約７万人に増加した。大学生の数が250万人以上になったのは平成時代（1995年）である。

問8　答：③　標準

③―○　ラジオ放送は1925年に開始され，当初はラジオ劇やスポーツなどの実況放送で人気を博したが，満州事変が始まると人々は戦争の様子を知ろうと定時ニュースに耳を傾けるようになるなど，ラジオ放送の役目は時代とともに変化していった。

①―×　大正期に発行部数100万部を突破したのは，『東京朝日新聞』や『東京日日新聞』に加えて，『大阪朝日新聞』や『大阪毎日新聞』が挙げられる。

②―×　雑誌『太陽』が創刊されたのは明治期である。高山樗牛が雑誌の主幹を務め，日本主義を唱えた。

④―×　トーキーと呼ばれる有声映画が日本で製作されるのは1930年代に入ってからである。大正期は活動写真と呼ばれる無声映画で，弁士（活弁）が説明した。

問9　答：②　やや難

②―×　尋常小学校と高等小学校を**国民学校**へと改組し，初等科６年，高等科２年とした。義務教育を８年に延長（実施延期のまま終戦），「皇国の道」にもとづいて戦時体制を支える「少国民」の育成を目指した。

問10　答：①　標準

①―×　学徒出陣では，理科系学生ではなく文系学生が主として徴集された。理科系学生は，兵器の開発や医療に必要不可欠だったために徴兵が猶予されたが，戦

争末期には医学部を除く理科系学生も徴兵されるようになった。

●近代教育制度の確立と変遷

年	事項
1871	文部省を設置
1872	**学制**公布
	•「**被仰出書**」で趣旨を説く …**国民皆学**・実学主義 •**フランス**にならう …全国を8大学区に分ける •義務教育8年制
1879	**教育令**公布
	•地方に大幅な裁量権 •**アメリカ**にならう •就学義務を小学校4年間で最低16カ月に
1880	**改正教育令**公布 …教育の中央集権化
1886	**学校令**公布
	•初代文部大臣**森有礼** •**ドイツ**にならう •帝国大学令・師範学校令・中学校令・小学校令などの総称 •義務教育を3～4年間とする
1890	**教育勅語**公布
	•元田永孚・井上毅らの起草 •「**忠君愛国**」を強調
1900	改正小学校令 …義務教育**4年**制に統一
1903	小学校で**国定教科書制度**の開始
1907	改正小学校令 …義務教育**6年**制に
1911	義務教育の就学率が98％以上に
1918	**大学令**公布
	•原敬内閣のときに公布 •公立・私立大学，単科大学の設立を許可
1941	小学校を**国民学校**と改称
	•義務教育8年制（実施されず） •「皇国の道」にもとづいて「少国民」の育成を目指す

解　答

問1　被仰出書　問2　①　問3　③　問4　①　問5　④
問6　②　問7　②　問8　③　問9　②　問10　①

36

2017年度　商学部〔2〕

以下の文章は，化粧にかかわる歴史について述べたものである。A〜Eの【　　】に入る最も適切な語句を①〜⑤から選び，マークしなさい。また［ あ ］〜［ お ］の中に入る最も適切な語句を記しなさい。

日本人の化粧の始まりは古く，古墳時代にはすでに赤い顔料を施された埴輪が副葬されている。赤い色は邪悪なものから身を守ってくれるという呪術的意味を持っており，おしゃれ感覚のメークとは程遠いものであった。ただ，古代の人骨や埴輪には抜歯やお歯黒のような形跡が残されており，古くから日本列島に固有の身だしなみの習慣が生まれ，はぐくまれてきたことがうかがえる。

飛鳥時代には大陸から白粉や紅，香といった化粧品が輸入され，おしゃれとしてのメークが始まったといわれている。図は正倉院に所蔵されているA「【① 風俗図屛風　② 吉祥天像　③ 聖衆来迎図　④ 鳥毛立女屛風　⑤ 賢聖障子】」の一部である。顔に白粉を塗り，眉を太く描き，さらに紅を使ってふっくらとした唇を描いている。また額中央には「花鈿」，口元には「よう鈿」を描く（貼り付ける）ポイントメークも施されている。『日本書紀』には天智天皇の娘でのちの女帝，［ あ ］天皇（645〜702）が献上された鉛白粉を大変喜んだという記載も残っている。

平安時代，日本風の文化が花開くと，宮廷を中心にたおやかで優美な日本独自のファッション，髪型などが流行した。何枚もの色鮮やかな衣を重ねた五衣唐衣裳，いわゆる［ い ］に身を包み，長く伸ばした黒髪，ふっくらとした顔に細い目，小さな口元の宮廷の女性たちの白い顔が印象深い。

この時代の化粧は特権階級の権威を表現するたしなみでもあったため，女性のみならず男性もこれを施すことが多かった。中世，武士の世の中になっても，一部の武士は戦場で敗れ，首を討たれた場合でも見苦しくないよう白粉や紅，お歯黒で化粧したうえで戦場に赴いたともいわれている。後醍醐天皇の皇子で大塔宮と呼ばれていたB【① 義良 ② 宗尊 ③ 惟康 ④ 護良 ⑤ 守邦】親王(1308～35)の出陣を描いたといわれている「出陣図」には，馬上弓の弦を口にくわえながら，白粉，眉墨などで化粧をしている親王の姿が描かれている。

江戸時代に入ると次第に男性の化粧がすたれ，化粧は女性全般の身だしなみとなっていった。お歯黒や眉剃りも女性の結婚や出産などの際の通過儀礼としての性格が強く表れるようになった。歌舞伎役者や花魁などのファッションリーダーの登場などによって庶民への化粧文化の波及が急激に進んだ時代であった。髪型にも時代を反映した流行が表れるようになり，「唐輪髷」から「島田髷」，そして「燈篭鬢」など独特の美しい日本髪が現れ，髪結床など美容業界も発達していった。さらに，この結い上げた美しい髷につげ櫛やかんざしなどのアクセサリーをつける風習も生まれ，ファッション産業が開花していった。「櫛になりたやC【① 薩摩 ② 備後 ③ 土佐 ④ 駿河 ⑤ 長州】の櫛に諸国娘の手に渡ろ」などの歌とともに多くの地域ブランドが確立した。Cは上布や黒砂糖などの特産品，専売品で藩財政を立て直した地域としても有名である。

一方，化粧はベースメークに白粉を塗り，眉墨，紅という基本形は維持されるものの，時代を経るあいだに様々なバリエーションが生まれていった。江戸時代後期以降唇を緑色に光らせる「笹色紅」という化粧法も流行したが，この当時来日した西洋人たちの日本女性の化粧に対する評判は総じて悪かった。D【① 大西洋 ② 戦闘 ③ 東インド ④ 偵察 ⑤ 太平洋】艦隊司令長官のペリーも「厭うべき黒い歯」とその著書で記している。ただ，このお歯黒に対してはその美しさの意味を解き，それを擁護する見解も聞かれる。耽美的作風で知られるE【① 吉川英治 ② 志賀直哉 ③ 芥川龍之介 ④ 中里介山 ⑤ 谷崎潤一郎】(1886〜1965)はその著書『陰翳礼讃』において，闇のなかで眉剃り，お歯黒や玉虫色に光る青い口紅が白い顔をいかに浮かび上がらせるか，能や文楽人形との相似からの解明を試みている。

文明開化とともに明治政府は眉剃りやお歯黒を禁止するキャンペーンを実施した。西洋文化とのマッチングの一環として展開したもので，当初は上流階級の婦人たちをターゲットとした。当時の欧化政策を象徴するものとしては，イギリス人建築家コンドルの設計による鹿鳴館での夜会などが有名である。コンドルはほかにも旧岩崎邸や神田駿河台にある東京復活大聖堂，いわゆる［ う ］などの建築を手掛けている。以降，上流階級の女性たちから，しだいにドレスや学生袴に似合う「あげ巻」や「マガレイト」などの髪型，「洋風」化粧が普及するようになっていった。化粧品業界でも高橋東洋堂，平尾賛平商店，資生堂など洋風化粧品会社が創業し，業界を再編していく。とくに基礎化粧品や洗顔せっけんなどは高価な輸入品に頼っていたもので，その国産化は広く大衆に支持されることになった。

明治末期以降，タイピストや電話交換手などの職業婦人が自立を目指すようになり，昭和初期にはロングスカートなどの洋服を着用し，現代のショートボブスタイルである「断髪」姿の女性が銀座などを闊歩するようになる。当時このような姿の女性は［ え ］と呼ばれることもあった。既製服は今のようには普及していなかったため，服を自製するため型紙が付録された女性雑誌の創刊もこのころあいついだ。第二次世界大戦の敗戦後，モンペや防空頭巾を脱ぎ捨てた女性たちは再びおしゃれ心を取り戻し，パーマネントや赤い口紅で美しさと生活を楽しむこととなる。男性もチックやポマードなどの整髪料で髪型をきめ，街に繰り出していった。イギリスの女優ツイッギーの来日などをきっかけにミニスカートとつけ睫毛などのアイメークが一世を風靡したのが高度経済成長期の特徴である。この時期，「三種の神器」，3Cなどの普及で家事労働の時間が減少し，また日常の買い回りもスーパーマーケットの成長により一カ所で済ませることができるようになり，女性の社会進出を後押ししたのである。このような中間業者の一部排除を伴う大型小売連鎖店におけるセルフサービス方式への全般的な転換を一般に［　お　］と呼んでいる。

今日，少子高齢化の進行から女性労働力の顕在化がさらに進展するなか，男女を問わず身だしなみのなかに個性を光らせるお化粧は心に潤いを与えながらわれわれの生活に脈々といきづいている。

解説 古代～現代の化粧の歴史

化粧にかかわる歴史というなじみのないテーマのうえ，リード文が専門的な内容にまで言及していて難しく感じるかもしれない。しかし，問われているのは化粧に関する知識ではなく，古代～現代の文化・政治・社会経済などの基本的・標準的レベルの重要語句であり，高得点も可能である。

A 答：④ 易

「正倉院に所蔵」とあるのもヒントではあるが，図から**『鳥毛立女屛風』**を導く。一般的には，樹下に豊艶な唐風女性を描いた樹下美人図と紹介される。

B 答：④ 標準

「後醍醐天皇の皇子」では①の義良親王か④の護良親王のどちらか断定できない。決め手は生没年の「1308～35」である。没年1335年から**中先代の乱**を想起し，その最中，足利直義によって鎌倉で殺害された**護良親王**を導く。義良親王は，1339年の後醍醐天皇の死後，南朝第2代の天皇になっている。なお，②の宗尊親王・③の惟康親王・⑤の守邦親王は，鎌倉幕府の皇族将軍である。

C 答：① 易

「上布や黒砂糖などの特産品，専売品で藩財政を立て直した地域」とあることから①の**薩摩**とわかる。

D 答：③ 標準

東インド艦隊の役割は，東南アジアおよび東アジア諸国と外交交渉を行うこと（砲艦外交）で，司令長官ペリーもアメリカ大統領フィルモアの親書を携えて，日本に開国を強要した。

E 答：⑤ 標準

「耽美的作風」または著書『陰翳礼讃』をヒントに⑤の**谷崎潤一郎**を導く。谷崎潤一郎は**耽美派**の代表的作家であり，『刺青』『痴人の愛』『細雪』などの作品を著した。①の吉川英治と④の中里介山は大衆文学の作家，②の志賀直哉は白樺派，③の芥川龍之介は新思潮派の作家として知られる。

あ 答：持統 標準

「天智天皇の娘でのちの女帝」になった人物には，持統天皇と元明天皇がいる。そこで『日本書紀』が神代から持統天皇までの国史であること，または「645～702」の生没年をヒントに**持統天皇**を導く。

い 答：女房装束〔十二単〕 標準

「平安時代，日本風の文化が花開くと，宮廷を中心にたおやかで優美な日本独自のファッション」と「何枚もの色鮮やかな衣を重ねた」という五衣唐衣裳の説明文をヒントに**女房装束〔十二単〕**を導く。

う 答：ニコライ堂 標準

コンドルの設計で，「神田駿河台にある東京復活大聖堂」とあることから**ニコライ堂**とわかる。ニコライ堂はビザンチン様式の流れをくむ煉瓦造で，関東大震災後に一部改修している。イギリス人建築家のコンドルは，辰野金吾・片山東熊らを育て，**鹿鳴館**なども設計している。

え 答：モダンガール〔モガ〕 標準

「ロングスカートなどの洋服を着用」「ショートボブスタイルである『断髪』姿」を特徴とする女性を**モダンガール（モガ）**と呼んだが，これは批判的な意味を込めて用いられることが多かった。また，山高帽・ロイド眼鏡などにステッキといったいでたちの男性をモダンボーイ（モボ）と呼んだ。

お 答：流通革命 やや難

「日常の買い回りもスーパーマーケットの成長により一カ所で済ませることができる」，または「中間業者の一部排除を伴う大型小売連鎖店におけるセルフサービス方式への全般的な転換」とあるのをヒントに**流通革命**を導く。

解 答

A ④　B ④　C ①　D ③　E ⑤
あ 持統　い 女房装束〔十二単〕　う ニコライ堂
え モダンガール〔モガ〕　お 流通革命

37

2021年度 商学部〔2〕

以下の文章は、日本における医学の歴史について記したものである。文章内におけるA〜Eの【　　】に入る最も適切な語句を①〜⑤から選び、マークしなさい。また、［あ］〜［お］の中に入る最も適切な語句を記しなさい。

3世紀前後にかけて、中国で「傷寒論」、「神農本草経」などに代表される先進的な医学研究が推進されたのち、これら医療関係の知識、技術は他の様々な分野と同様に5世紀以降、朝鮮半島経由で徐々に日本にもたらされるようになった。『日本書紀』では、A【① 任那 ② 高句麗 ③ 高麗 ④ 百済 ⑤ 新羅】から五経博士として513年に段楊爾が渡来して以来、様々な分野での知識が易博士、暦博士、医博士らによって日本にもたらされたとしている。6世紀末には仏教を保護した聖徳太子が難波に四天王寺を建て、療病院などを併置し、難民に医療救恤を行ったともいわれている。730年には光明皇后によって、貧困者や孤児を救済する悲田院、そして、貧窮の病人を治療するための施設である［あ］が皇后宮職に置かれている。この間、遣隋使らも隋・唐の最新医療手法を直接日本に導入する努力がなされていた。701年には大宝律令に医疾令が定められ、医学修得制度及び宮中周辺での医療体制が整備され、さらに753年には唐僧、鑑真が来日し、医術薬物鑑別の技術をもたらした。

ただし、この間庶民は最新の医療技術の恩恵を受けることは少なく、時として襲われる痘瘡、麻疹や咳逆病などの感染症にたびたび苦しめられていた。その治療方法はもっぱら加持祈禱が主流で、一部で薬湯、丸薬、排膿、洗浄、あるいは湯治や鍼灸あんまといったものも使われ始めた。庶民の間では薬師信仰や病魔除けの絵札などの風習が根強く維持されてきた。

中世の乱世では病人は惨憺たる状況を強いられており、多くの宗教的活動において彼ら弱者を救済する動きも広まった。真言律宗の僧、忍性は奈良に［い］を設置し、ハンセン病患者を救済する慈善事業を展開した。戦国の動乱で数多くの戦傷者が苦しむ中、刀傷等をみる外科専門医も現れた。平戸に上陸して日本とマカオ間の貿易で富を得たポルトガル人商人でさらに医師免許を持つ

B【① ヴァリニャーニ　② ガスパル・ヴィレラ　③ ルイス・フロイス　④ フランシスコ・ザビエル　⑤ ルイス・デ・アルメイダ】(1525 ?～1583)は、山口でイエズス会の布教活動に加わり各地を巡ったが、豊後にとどまり、乳児院を建設し、さらに1557年には、大友宗麟から譲り受けた土地に外科、内科、ハンセン病科を備えた総合的な病院を建設した。

近世まで、医療現場を下支えする医学はいわゆる漢方であり、中国の本草学を起源とする日本の伝統医学であった。貝原益軒は『 う 』を完成したが、それは日本の本草学の基本的文献となった。漢方薬は桂枝、芍薬、大棗、甘草、生姜といった植物、あるいは動物や鉱物などの薬効となる部分を医師の処方により通常複数組み合わせて調剤されたが、江戸時代中期には、これら医療用医薬品だけではなく市販薬(売薬)の庶民への浸透が急速に進んだ。標準化された調剤手法を確立し、本草栽培、加工、そして小売りを含めた流通経路全体を卸・問屋が組織していった。17世紀末から19世紀にかけて小野、田辺、武田、塩野義といった現代まで続く製薬企業が薬種問屋として創業を果たしている。

各家庭が一年間で使用した分だけの料金を翌年徴収し、使用分を補充する、いわゆる置き薬タイプの販売方式で知られる え の薬売りはユーザーの家族構成などのデータベース構築に基づくマーケティングによって市場を開拓した。小田原の「ういろう透頂香」などの丸薬は街角で行商され、また、遠出の際、専用の携帯器具(ピルケース)である印籠に様々な薬を入れて持ち歩くことも日常化していった。透頂香の早口の売り口上を題材とした「外郎売」は二代目市川団十郎が創作し、1718年の正月に江戸三座の一つ、C【① 都座　② 南座　③ 森田座　④ 桐座　⑤ 河原崎座】で初演された歌舞伎十八番の一つである。

18世紀以降、蘭学が医学界の一つの柱となると、腑分けなどの基礎医学研究も進み、それが臨床医療へ応用され、さらには種痘などの予防医療体制の整備へとつながった。1824年にシーボルトが長崎に開いた蘭学塾である お からは種痘所を開いた伊東玄朴や高野長英などの俊才が輩出している。

幕末の開港以降、人々の交流が劇的に増す中、さまざまな新しい病が日本を襲った。1894年、香港での大流行の際、パスツール研究所の細菌学者、アレクサンドル・イェルサンとほぼ同時に北里柴三郎によって発見されたD【① マラリア　② コレラ　③ 腸チフス　④ ペスト　⑤ 日本脳炎】菌は中世以来各国で猛威を振るっていた。国内へは数年後に来航した船便の船客によって最初に持ち込まれたといわれているが、同菌を保有する蚤の宿主であるネズミを駆除するために、各自治体によるネズミの買い取り運動が行われるなど市民レベルでの防疫運動が盛んに行われた。

1874年には文部省から医制が発布され、しだいに近代的病院制度が整備されていったが、貧困層を含めたすべての国民の健康、生命を守るためには、社会福祉制度の樹立が不可欠であった。日本において最初の公的医療保険制度は、1922年に制定された健康保険法によるものであったが、これは企業雇用者の職域健康保険であった。農家・自営業者を含めた地域保険については、埼玉県南埼玉郡越ヶ谷町の一般住民を対象とした、「越ヶ谷順正会」や山形県角川村の健康保険組合など、地域の住民運動から開始され、やがて1938年に政府レベルでの国民健康保険法(旧法)が創設された。E【① 1943 ② 1959 ③ 1973 ④ 1989 ⑤ 1993】年に施行された新国民健康保険法によって全国の自治体において国民皆保険体制が整えられていった。

解説 古代～現代の医学の歴史

医学の歴史についてのやや専門的な文章を利用して，古代から現代の医学に関連する知識を問う。CとEの選択問題，えの記述問題は難問だが，やや難問のBについては消去法で正解を導けるとよい。

A 答：④ 標準

百済からの**五経博士**の渡来によって日本に儒教が伝わった。なお，段楊爾が渡来した513年は，大伴金村が百済に加耶の一部を割譲した翌年である。

B 答：⑤ やや難

豊後に日本初の西洋医学による総合病院を建設したルイス=デ=アルメイダは，外科医としての優れた技量をもち，九州を中心に医療活動を行った。①のヴァリニャーニはイタリア人，②のヴィレラと③のフロイスはポルトガル人，④のザビエルはスペイン人。それぞれの業績を整理しておけば，消去法で⑤のルイス=デ=アルメイダを導くことは可能である。

●来日した宣教師

イエズス会	**フランシスコ=ザビエル** （スペイン）	1549年に来日。日本にキリスト教を伝えた。鹿児島・山口・豊後府内で布教。大内義隆・大友義鎮（宗麟）の保護を受けた。
イエズス会	**ガスパル=ヴィレラ** （ポルトガル）	1556年に来日。将軍足利義輝の許可を得て布教。『**耶蘇会士日本通信**』で堺を「ベニス市の如く」と報告。
イエズス会	**ルイス=フロイス** （ポルトガル）	1563年に来日。織田信長・豊臣秀吉の保護を受けた。『**日本史**』を執筆。
イエズス会	オルガンティノ （イタリア）	1570年に来日。織田信長の信任を得た。京都に南蛮寺，安土にセミナリオを建立。
イエズス会	**ヴァリニャーニ** （イタリア）	1579年に来日。**天正遣欧使節**を伴って離日したが再来日。金属製の活字による**活字印刷術**を伝えた。
フランシスコ会	ペドロ=バウティスタ （スペイン）	1593年に来日。豊臣秀吉と外交交渉を行った。1596年，26聖人殉教事件で処刑された。
フランシスコ会	ルイス=ソテロ （スペイン）	1603年に来日。仙台藩主伊達政宗に使節派遣を勧め，慶長遣欧使節の支倉常長に同行。

C 答：③ 難

中村座・市村座・森田座を江戸三座と呼ぶ。絵島生島事件によって山村座が廃絶した後，この三座のみが幕府から歌舞伎興行を許された。

D 答：④ 標準

ドイツ留学中に破傷風菌の純粋培養に成功し，破傷風血清療法を発見した**北里柴三郎**は，帰国して伝染病研究所を設立し，その所長として香港で**ペスト菌**を発見した。

E 答：② 難

1938年に制定された国民健康保険法は，国民皆保険制度の確立のため全面的に改正され，新国民健康保険法として1958年に制定，翌1959年に施行された。施行の背景には高度経済成長のはじまりがあった。

あ 答：施薬院 標準

光明皇后は，仏教の慈悲の思想にもとづき，貧しい病人に施薬・治療をする**施薬院**，貧窮者・孤児を収容する**悲田院**を設置した。施薬院は旧長屋王邸の皇后宮内にあった可能性があり，設置されたのが730年というのも前年（729年）の長屋王の変と関わっていることを示唆している。

い 答：北山十八間戸 標準

「奈良」「ハンセン病患者を救済」から**忍性**が設置した**北山十八間戸**とわかる。その名称は十八間の棟割長屋に由来する。

う 答：大和本草 標準

貝原益軒は，本草学者として『**大和本草**』を著した。また儒学にも通じており，女子教育に影響を与えた『女大学』，児童教育書とされる『和俗童子訓』など数多くの教訓書を著したこともおさえておきたい。

え 答：富山 難

「置き薬タイプの販売方式」は，富山の薬が効くと江戸で評判となったことを機に富山藩が編み出して全国に広げた。

お 答：鳴滝塾 標準

シーボルトの診療所兼私塾である**鳴滝塾**は長崎郊外の鳴滝村に置かれ，研究室・診療所や門人の寄宿舎があり，庭園には日本各地の薬草が栽培された。「伊東玄朴や高野長英」が輩出したことはおさえておきたい。

解 答

A ④　B ⑤　C ③　D ④　E ②

あ 施薬院　い 北山十八間戸　う 大和本草　え 富山

お 鳴滝塾